Hans–Werner Schroeder
Drieëenheid en drievuldigheid
Het geheim van de triniteit

Hans-Werner Schroeder

Drieëenheid en drievuldigheid

Het geheim van de triniteit

Uitgeverij Christofoor, Zeist

CIP-gegevens

Schroeder, Hans-Werner
Drieëenheid en drievuldigheid: het geheim van de triniteit / Hans-Werner Schroeder;
[vert. uit het Duits door Ollif Smilda]. - Zeist: Christofoor
Vert. van: *Dreieinigkeit und Dreifaltigkeit: vom Geheimnis der Trinität* - Stuttgart: Urachhaus, 1986
ISBN 90 6238 413 7
SISO 251.31 UDC 231.01 NUGI 631 SBO 31
Trefw.: drieëenheid

Omslagontwerp: Ernst Thomassen
Omslagillustratie: De heilige Drievuldigheid, een Russische icoon uit de tweede helft van de 17e eeuw; eitempera op hout; 110,5 x 69,5 cm; Ikonen-Museum te Recklinghausen (Inventarisnummer 455)
Nederlandse rechten: Uitgeverij Christofoor, Zeist 1990
© Verlag Urachhaus Johannes M. Mayer GmbH, Stuttgart 1986

Niets uit deze uitgave mag worden verveelvoudigd en/of openbaar gemaakt, door middel van druk, fotokopie, microfilm of op welke andere wijze ook, zonder voorafgaande schriftelijke toestemming van de uitgever.
No part of this book may be reproduced in any form, by print, photoprint, microfilm or any other means, without written permission from the publisher.

Inhoud

Inleiding	9
Vader, Zoon en Geest	10

Deel 1
Vader, Zoon en Geest

Ter inleiding: kunnen wij God kennen?	15
1 De Vadergod	18
De grond der wereld	18
De aarde als dragende grond	18
Gods almacht	20
Rust en verhevenheid van het hooggebergte	21
De sterrenhemel	21
Waarom is er niet niets?	23
Een christelijke verhouding tot de natuur	24
Vanwaar stamt de substantie der wereld?	25
Voorjaar	26
Tussenbalans	27
Is God een persoonlijk wezen?	27
God als Vader	30
Het Onze Vader	30
Hemelse en aardse vader	31
Het vrouwelijke aspect van God	33
Het voorgaan van God	34
De natuur in augustus	35
Samenvatting	36

2 De Zoongod — 38

Van de Vader naar de Zoon — 38
Menswording van de Zoon I — 40
Menswording van de Zoon II — 43
Christus – mensenbroeder — 45
Hoe nabij is Christus ons? — 46
Kruis en opstanding — 47
De kosmische Christus – wereldwording — 51
Christus en het jaarverloop — 54
De herrezene – mannelijk–vrouwelijk — 55
Overzicht — 56

3 De Geestgod — 58

Wijsheid en schoonheid in de wereld — 58
Wat betekent 'heilige' Geest? — 60
Helende Geest – heil-loze wereld — 61
Eerste voorbeeld: De slaap — 62
Tweede voorbeeld: De afstamming van de mens — 63
Onheilige geesten — 64
Fascinatie... of verheffen we onze gedachten tot de Geest? — 65
Uitschakeling van de mens — 68
De Geest, uitgaand van de Vader *en* de Zoon — 69
Geestwerking door Christus — 71
Spirituele gedachten in de cultus — 71
Tussenbalans — 73
Vrijheid door inzicht — 73
Derde voorbeeld: Het leven is niet zinloos en leeg — 74
Nietzsches 'Übermensch' — 75
De mens is als scheppend wezen vrij — 79
Pinksteren — 80
Eerste beeld van de Geest: Het licht en de vlam — 81
Tweede beeld van de Geest: De duif — 82
Oude en nieuwe schepping — 84
Derde beeld van de Geest: De wind — 85
De trooster — 86
Individualiteit en gemeenschap — 87
De idee van de kerk — 88
Het vrouwelijke aspect van de Geest — 89

Deel 2
Drieëenheid en drievuldigheid

Drie Goden of één God?	93
Van geloven naar kennen	94
Opbouw in drieën	95
Driedeligheid en drieledigheid	98
Drieledigheid van de plant – een oerbeeld	101
De triniteit – drieledig, niet driedelig	102
De mens – deel of lid van de wereld?	103
Drie in één	104
De samenwerking binnen de triniteit	106

Deel 3
De triniteit – zienswijze en dogma

1 De triniteit in de geestesgeschiedenis van de mensheid	114
Mythologische voorstellingen	114
De mysteriën van de oudheid	116
Het Oude Testament	119
Het Nieuwe Testament	122
Ontwikkeling van het dogma	125
2 Levende opvatting van de triniteit in onze tijd: antroposofie	130
Grondbegrippen	130
De kennistheorie van Rudolf Steiner	132
Driegeleding	134
De triniteit en het boze	135
Vader, Zoon en Geest in het leven van de mens	136
Triniteit en natuurbeschouwing	142
3 Werkzaamheid vanuit de kracht van de triniteit: vernieuwd religieus leven	144
Grondbeginselen	144
De doop	145
Het jaarverloop: trinitarisch	146

De epistels	148
De triniteit en de sacramenten	152
Slotwoord	157
Aantekeningen	159

Inleiding

Eén van de meest raadselachtige begrippen binnen het christendom is de geloofsopvatting van de 'drieëenheid' van God, namelijk dat in het Goddelijke een drieheid werkzaam is, die in wezen een eenheid vormt. Heel veel denkinspanning hebben mensen zich getroost om het raadsel, dat met dit begrip verbonden is, dichter bij een oplossing te brengen. Ten tijde van het vroege christendom laaide de geloofsstrijd rond het vraagstuk van de triniteit steeds weer op. Met wat voor heftigheid en verbetenheid vóór en tegen bepaalde opvattingen werd gestreden, kunnen wij tegenwoordig nauwelijks begrijpen.

Voor ons is de actualiteit van vraagstukken als deze op de achtergrond geraakt. We vinden het tegenwoordig over het algemeen nauwelijks de moeite waard, over zulke dingen na te denken. Slechts de stellige uitspraak van de islam 'God heeft géén zoon' en de daarmee verbonden pretentie, zelf tegenover het christelijke 'veelgodendom' de 'enig geldende waarheid' in pacht te hebben, kan ons misschien nog enigszins tot nadenken stemmen. Echter, wat voor argumenten zouden we tegen zo'n pretentie kunnen aanvoeren? Zal het niet zo gaan, dat we ons ten slotte schouderophalend ondeskundig verklaren en de hele aangelegenheid als onbelangrijk voor ons leven afdoen?

En toch raakt de waarheid van de triniteit, van de goddelijke drieëenheid, diepere lagen van ons menszijn en ons begrip van de wereld. Enerzijds leidt begrip van het geheim van de triniteit namelijk tot inzicht in het wezen van mens en wereld, wat we in de huidige tijd dringend nodig hebben. Anderzijds kan dit begrip ook onze menselijke belevingswereld zo verdiepen en verrijken als we nodig hebben om vanuit een innerlijke zekerheid het leven van onze tijd aan te kunnen. Daarom willen wij hier trachten het raadsel van de drieënige God te benaderen. Wij zullen zo te werk gaan dat we allereerst de afzonderlijke goddelijke 'personen', reeds in het vroege christendom met Vader, Zoon en Geest aangeduid, zullen bespreken. In het tweede gedeelte van dit boek zullen we dan overgaan tot de moeilijke vraag, hoe de drieheid in één en de eenheid in drieën gedacht kan worden. Op deze wijze willen wij een weg gaan van het afzonderlijke tot het geheel. In het derde gedeelte zal dan een historisch overzicht worden gegeven. Ook zullen er aanzetten worden gegeven om de triniteit op nieuwe wijze, passend in onze tijd, te beleven en te begrijpen.

VADER, ZOON EN GEEST

De opvatting dat God uit drie 'personen' bestaat, namelijk Vader, Zoon en Geest, die innerlijk een eenheid vormen, is in deze vorm slechts in het christendom te vinden. Wel is het zo, dat ook in de heidense mythologieën goden-driemanschappen, zogenaamde *triaden*, voorkomen. We kunnen bij voorbeeld aan Brahma, Visjnoe en Sjiva denken, en aan Osiris, Isis en Horus. Hierin kunnen we aanduidingen en voorboden van de christelijke opvatting zien. Het is alsof hoogste en laatste goddelijke geheimen in de religies van andere volkeren hier en daar doorschemeren. De eigenlijke christelijke drieëenheid echter, de Vader als oergrond der wereld, die de Zoon verwekt en met hem in de Geest verbonden is, vinden we daar nog niet.[1]

Ook in het jodendom is, zoals bekend, geen sprake van een goddelijke triniteit. Toch bevat het Oude Testament passages die wij als aanduidingen of voorboden van dit goddelijke oergeheim kunnen duiden. Om een voorbeeld te noemen: interessant genoeg verschijnt de naam van God in het boek Genesis in een Hebreeuwse meervoudsvorm, namelijk 'Elohim'. Dit betekent niet, zoals we bij Luther en bijna alle bijbelvertalers vinden, 'God', maar 'Goden'. Over de schepping van de mens lezen we daar: 'Laat *ons* mensen maken naar *ons* beeld, naar *onze* gelijkenis...'[2] Dus zelfs in een zo sterk op het monotheïsme gerichte religie als de joodse is een vaag vermoeden van een differentiatie en veelheid binnen het Goddelijke niet geheel verloren gegaan.[3]

Een opmerkelijke passage vinden we in het verhaal van Abraham, wanneer aan Abraham de geboorte van een zoon verkondigd wordt (Genesis 18). Wie dit verhaal met aandacht leest, zal ontdekken dat het aantal personen wisselt. We lezen daar: 'Daarna verscheen hem de Heer aan de eikenbossen van Mamre (...) En hij *(Abraham)* hief zijn ogen op en zag; en ziet, daar stonden drie mannen tegenover hem...'[4] De Heer verschijnt, en het volgende ogenblik zijn het drie mannen. De wisseling van enkelvoud en meervoud komt nog meerdere keren terug in dit verhaal. In het christendom heeft men hierin al vroeg een aanduiding van de triniteit gezien. Op iconen vinden we dit motief uitgebeeld in de vorm van drie engelen die de triniteit voorstellen. Het meest bekend en beroemd is de zogenaamde Drievuldigheidsicoon van Roebjlov.

Ook in de drie aartsvaders van het joodse volk schemert iets door van het wezen van de triniteit. Tot in de karakterisering van de personen toe kunnen we dit waarnemen. Abraham is de grote 'vaderfiguur' van het jodendom. Als 'Vader Abraham' leeft hij in het bewustzijn van het volk. Isaäk is de 'eniggeboren zoon' die geofferd moest worden. Jakob ten slotte is degene die zijn plaats in de erfopvolging dank zij geestelijke inspanning verovert door tegenover zijn broer

Esau een list te gebruiken. Een soortgelijke ordening zouden we bij de drie grote koningen Saul, David en Salomo kunnen aantonen. Bij Salomo is de verhouding tot de Geest zelfs nog duidelijker; zijn wijsheid is spreekwoordelijk.

In de overleveringen uit voorchristelijke tijden wordt de waarheid van de drieënige God nergens rechtstreeks uitgesproken. Niettemin wordt deze hier en daar aangeduid en verschijnt op indrukwekkende wijze in de beelden van de oude vertellingen. Daaruit blijkt dat men heel goed aanvoelde, dat er in wezen sprake is van drie personen. Achter deze aanduidingen en beelden lag wijsheid verborgen, die toentertijd nog niet geopenbaard kon worden. Deze wijsheid leefde in het verborgene van de mysteriën en ook daar slechts in de hoogste graden van inwijding.[5]

Pas met de komst van Christus werd het anders. De Zoon bracht door zijn verschijnen op aarde de Vader tot openbaring, en middels de Zoon werd de werkzaamheid van de Geest voor de mensen zichtbaar. Zo treedt met het christendom voor het eerst in het licht van de openbaarheid, wat tot dan toe als goddelijk geheim in de mysteriën bewaard werd.[6]

Toch is het besef van de triniteit ook in het Nieuwe Testament geenszins zonder meer aanwezig. We zullen later beschrijven, hoe dit besef vanuit de zeer levendige formuleringen in de evangeliën, de brieven van Paulus en de Openbaring van Johannes zich langzaam in de loop van de eerste eeuwen ontwikkelt tot steeds sterker ondubbelzinnig dogmatische formules en zo een proces van verstarring doormaakt. Het *dogma* van de triniteit is voortgekomen uit de ontwikkeling van het denken gedurende met name de derde tot vijfde eeuw. De *waarheid* van de triniteit is nochtans als levende werkelijkheid in het Nieuwe Testament aanwezig. Vooral het evangelie volgens Johannes bevat vele formuleringen, waarin het geheim van de triniteit verborgen is. Voorts de beschrijving van de doop in de Jordaan bij Mattheüs, Markus en Lukas, waarin de triniteit klaarblijkelijk verschijnt. Evenzo in de 'opdracht alle volkeren te dopen' (Mattheüs 28:19), alsmede in op de triniteit duidende zinswendingen in de brieven van Paulus en de Openbaring van Johannes, om maar iets te noemen. Zeker, een complete leer van de triniteit hebben we in het Nieuwe Testament niet voor ons. Het evangelie is geen leerboek op het gebied van de dogmatiek. Des te sterker echter treft ons de dynamische werkzaamheid van de Vader, de Zoon en de Geest. Ongeveer zo, zoals ons, wanneer we een mens leren kennen, allereerst het levendige samenspel van denken, voelen en willen tegemoet komt, en we pas daarna deze drie krachten van de ziel ook begripsmatig kunnen leren onderscheiden. Zo beleefden de mensen in vroeger tijden, wanneer zij het evangelie in zich opnamen, daarin tevens de triniteit. Pas later nam dit beleven dogmatische vormen aan. Tegenwoordig wordt de triniteit amper nog beleefd en daardoor wordt ook het dogma van de triniteit nauwelijks meer begrepen.

Het is in onze tijd belangrijk, vanuit een nieuw begrip weer tot een nieuw beleven van de drievoudige God te komen.
Wij zijn ons ervan bewust dat, ondanks alle pogingen het mysterie van God te doorgronden, toch altijd iets van het geheim zal blijven bestaan. Want de waarheid van de triniteit blijft tot op de dag van vandaag in mysteriën gehulde wijsheid. Men zou met Goethe ook van een 'openlijk geheim' kunnen spreken, dat wil zeggen, een diepere waarheid die, ook wanneer ze geopenbaard wordt, nog voldoende geheimen in zich bergt. Of anders gezegd: een waarheid die van de mens krachten vergt om begrepen te kunnen worden.
Deze uitdaging aan te nemen om te trachten het geheim te doorgronden, zonder de eerbied voor het mysterie van God te verliezen, is de bedoeling van dit boek.

Het zou voor de schrijver niet mogelijk zijn geweest, dit vanuit de inzichten van de traditionele theologie en de belevingswereld van het traditionele christendom te doen. De moderne geesteswetenschap, de antroposofie, bleek in staat hem een weg te wijzen tot het denkend erkennen en ten slotte begrijpen van dit goddelijke mysterie.[7] Mogelijk werd het ook mede door de omgang gedurende tientallen jaren met de vernieuwde christelijke cultus, zoals deze in de Christengemeenschap vanuit de krachten van de goddelijke triniteit wordt voltrokken.[8]
Binnen het kader van dit boek kan geen wetenschappelijke verhandeling worden verwacht. Wel wordt op velerlei wijze een aanzet tot het leren begrijpen van de triniteit gegeven. Voor de in theologie en geestesgeschiedenis geïnteresseerde lezer wijzen we op de aanvullende gezichtspunten die in de aantekeningen aan het slot van het boek zijn opgenomen. Uitgaande van inzicht en beleven, wil dit boek de lezer een weg wijzen tot het begrijpen en beleven van de goddelijke triniteit.

Deel 1

Vader, Zoon en Geest

Ter inleiding: kunnen wij God kennen?

Wanneer we ons verdiepen in de vraag naar het wezen van God, rijst in ons de twijfel – niet vandaag pas, maar al sedert een ver verleden – of we God eigenlijk wel kúnnen kennen. In de christelijke theologie vinden we het steeds weer uitgesproken: God is verheven boven alles wat mensen kunnen denken en ervaren. God kan niet met menselijke, door de aardse werkelijkheid gevormde voorstellingen begrepen worden. Ook de menselijke belevingswereld is ontoereikend om God te kunnen omvatten. Het is altijd slechts een God 'naar menselijke maat' die zich aan de mens toont, niet de ware, ver boven al het menselijk denken en beleven uitstijgende God. God blijft voor de gedachten en beschouwingen van de mens verborgen. Hij is een verborgen God. Men kan over hem alleen dat zeggen, wat hij *niet* is. Een positieve uitspraak over hem is onmogelijk, omdat de werkelijkheid van God alle menselijke voorstellings-kracht te boven gaat.[9]
In drie begrippen kan deze zienswijze worden samengevat: God is onzichtbaar, onbegrijpelijk en onuitsprekelijk. 'God blijft voor de mens 'de totaal andere', die hij nooit op eigen kracht tot object van zijn ervaring en kennis kan maken...'[10] 'Kennen impliceert een zeker beschikken over de zaak. Over God echter kan de mens als schepsel nooit beschikken...'[11]
Hier moet echter (eveneens in de geest van de hier geciteerde katholieke dogmatiek) direct het volgende aan toegevoegd worden: 'Wanneer God zich zo aan het menselijk kenvermogen heeft onttrokken, dan heeft hij zich anderzijds toch ook zelf in de diepte van onze menselijke persoonlijkheid ontsloten.'[12] Dit geschiedde vooral in de openbaring van zijn Zoon, in de menswording van Christus. Vanuit deze openbaring, die in het Nieuwe Testament zijn neerslag vindt en zo tot sleutel van de kennis omtrent God wordt, is het voor de mens mogelijk God te begrijpen.
Naast de hierboven genoemde openbaring van God in de bijbel kennen we nog een ander soort openbaring. Ook deze heeft een zekere erkenning (hoewel niet geheel onomstreden) in de traditionele theologie gevonden.[13] Waarom zou God zich voor de mens geheel en al verborgen houden, wanneer hij toch als schepper in een oorspronkelijke verhouding tot de mens, zijn schepsel, staat? Zou God, menselijk gesproken, er niet eerder belang bij hebben, overal merktekens van

zichzelf, aanduidingen van zijn aanwezigheid in de wereld op te richten, opdat de mens daaraan Gods bestaan kan vermoeden en aflezen, als hij zijn blik tot hem wil verheffen? Wat voor zin zou de absolute verborgenheid van God hebben? Zou de mens die naar de zin van zijn bestaan zoekt en deze uiteindelijk alleen in zijn verhouding tot God kan en moet vinden, daarmee niet in een onmogelijke positie worden gebracht? Waarom zou God, zo te zeggen, verstoppertje spelen voor de mens?

Zeker, de mens heeft allereerst vrijheid nodig voor zijn leven op aarde. Dat is juist de zin van zijn aardse bestaan. Hij moet ook vrij van God kunnen zijn. Daarom zijn er ook geen logische bewijzen van Gods realiteit aan te voeren. Geen mens kan ertoe gedwongen worden God te erkennen. God wil de mens vrij laten en heeft zich daarom met een geheim omgeven. Gods voortdurende tegenwoordigheid wordt erdoor verhuld en is zo voor de mens niet rechtstreeks waarneembaar. Toch zal ieder mens, wanneer hij de wereld onbevooroordeeld beschouwt, voldoende sporen van God kunnen vinden om tot de erkenning van een door de wereld werkend goddelijk wezen te komen. Het is waar: voor onze directe beleving is God verborgen. Wie zich echter tot hem wil verheffen, neemt overal zijn openbaring waar. Zo kan God voor de mens tot een 'openlijk geheim' worden, om met Goethe te spreken.

Dat God voor de mens niet verborgen hoeft te blijven, schijnt ook Paulus ons te willen zeggen, wanneer hij in zijn brief aan de Romeinen schrijft: '... het vermogen om God te kennen leeft nog steeds in de mensen; God heeft zich eens aan hen geopenbaard. Wat van hem onzichtbaar is, wordt sedert de schepping der wereld als oerbeelden in de werken der schepping aanschouwd; zo komt zijn eeuwige wereldkracht en godheid tot verschijning.' (Romeinen 1: 19-20)[14]

Toch mag het motief dat tot de opvatting van de 'verborgen God' heeft geleid, hier niet buiten beschouwing blijven. We lopen namelijk werkelijk het risico, onze voorstellingen omtrent het wezen van God te zeer in het menselijke te trekken. Het beeld van de oude man met de lange baard, die streng, maar vol liefde in de hemel boven de mensheid troont, is zeker geen passend beeld van God. Toch leeft deze voorstelling als karikatuur ook nu nog in de ziel van vele mensen. Wanneer God zo voorgesteld wordt, is het slechts één stapje tot zijn algehele afwijzing en loochening. Tegen deze achtergrond begrijpen we het streven van vele theologen om God tegenover de wereld en de mens te kenschetsen als de 'totaal andere', die onder geen enkele menselijke en aardse noemer gebracht mag en kan worden. We noemen in dit verband speciaal Karl Barth. Overigens mogen we niet vergeten dat God hoe dan ook niet in begrippen van ruimte en tijd te vatten is.

Zou een wereld die uit Gods hand ontsproten is, niet het stempel van Gods wezen dragen? Zou de gedachte dat de mens naar Gods evenbeeld geschapen is, niet duiden op het bestaan van samenhangen tussen God en de mens? Niet in die zin, dat God als een mens in het groot gedacht moet worden. Eerder zo, dat op het vlak van ons zijn als mens en onze menselijke ervaringen vele tekenen te vinden zijn, die op een ver boven al het menselijke uitstijgende goddelijke dimensie wijzen.

Hiermee hebben we ons uitgangspunt gekarakteriseerd. In de loop van onze beschouwingen zullen we telkens weer naar dit punt terugkeren. We zullen trachten het geheim van God, dat in de wereld en in de mens tot verschijning komt, te ontsluieren, zonder aan Gods bovenaardse grootsheid en verhevenheid iets af te doen.

1 De Vadergod

DE GROND DER WERELD

In de tekst van de vernieuwde sacramenten zoals deze in de Christengemeenschap worden voltrokken, wordt veelvoudig over het wezen van de Vadergod gesproken. In verschillende variaties klinkt in dit verband telkens weer het woord 'grond', dat niet slechts een beeld voor God de Vader is, maar de essentie van zijn wezen uitdrukt. Om er enkele te noemen: wereldgrond, oergrond, bestaansgrond. Afgezien van het woord 'vader' karakteriseert geen enkel woord zo treffend het wezen van God de Vader als het woord 'grond'. Twee betekenissen kunnen we in dit woord ontdekken: grond in de betekenis van bodem, fundament, en grond in de betekenis van oorzaak, reden.
Het wezen van God de Vader ervaren we in de eerste plaats als *fundament*, het fundament van de hemelse en de aardse wereld – zoals in het Credo wordt uitgesproken: 'de bestaansgrond der hemelen en der aarde'. De dragende grondslag van alle bestaan, de eeuwige grond, geplaatst tegenover het vergankelijke, veranderlijke karakter van de wereld. Ons vergankelijk bestaan, de onbestendige wereld van de verschijnselen, dit alles vindt zijn oorsprong en grondslag in de onaantastbare, goddelijke substantie en het eeuwige zijn van de Vader.

DE AARDE ALS DRAGENDE GROND

Ieder van ons ervaart dagelijks deze dragende kracht. We hebben een rotsvast vertrouwen dat de aardbodem ons onwankelbaar draagt. Onbewust ontlenen we hieraan levenszekerheid. We gaan onze wegen over de aarde in voortdurende wisseling en onbestendigheid. Daarmee hebben we deel aan het vergaan, aan de ver-gankelijkheid van de wereld. Toch zijn we hiertoe slechts in staat dank zij de vaste grond onder onze voeten.

Wie een keer een aardbeving heeft meegemaakt, weet hoe diep dit vertrouwen in de dragende kracht van de aarde met ons levensgevoel verbonden is. Alle levenszekerheid verdwijnt, wanneer de aardbodem begint te wankelen. Plotseling ben je al je houvast kwijt. Een dergelijke ervaring betekent een geweldige schok, die voor je gevoel je hele existentie op losse schroeven zet. Vaak gaat dit met enorme angstgevoelens gepaard, want diep onbewust putten we houvast en vertrouwen in de wereld uit de ervaring, dat de aarde vast en zeker onze schreden draagt. Deze ervaring is voor ons werkelijk fundamenteel in de diepste zin van het woord.
Het wijst echter nog op een diepere ervaring. Dat wat in uiterlijke zin ons bestaan draagt, is tevens een beeld voor datgene wat ons innerlijk draagt en steunt. Deze ervaring, dat we uiterlijk gezien op vaste grond kunnen bouwen, kan in ons tot een nog veel sterkere innerlijke ervaring worden. We kunnen God beleven als de onwankelbare rots die het zijn van ieder mens draagt. Van oudsher is dit ook zo uitgesproken:

> 'Mijn God is de rotssteen waarop ik bouw'
> (Psalm 18:3)[15]
>
> 'Ook op aarde verlang ik niets buiten U!
> Al bezwijken mijn vlees en mijn hart,
> God is voor eeuwig de Rots van mijn hart
> en mijn erfdeel.'
> (Psalm 73:25-26)[16]

Door zulke gevoelens kan een beleven van de Vadergod ontstaan. Innerlijk houvast en zekerheid kunnen in onze ziel rijpen, wanneer we ons op deze wijze innerlijk tot de vaderlijke wereldgrond wenden. Ons gehele innerlijke zijn kan gedragen worden door de grondstemming:

> Niets valt buiten Gods wezen;
> mijn leven is geheel in hem.
> Hij draagt geheel mijn zijn,
> het innerlijke en het uiterlijke.
> Nooit kan ik vallen uit deze oergrond
> van mijn bestaan, wat er ook mag komen;
> ik weet mij in hem geborgen.

Zo drukt ook Paulus het uit in zijn rede tot de inwoners van Athene, waarin hij zegt dat God 'toch niet ver is van ieder van ons. Want in hem leven wij en

bewegen wij ons en zijn wij.' (Handelingen der apostelen 17:27-28)
Laat ons nog een stap verder gaan. De goddelijke bestaansgrond moeten we ons niet voorstellen als een lege schaal die de wereld omgeeft en draagt, of als een ruimte die in uiterlijke zin alle wezens omvat. Dat zou een veel te uiterlijke voorstelling van zaken zijn, een al te materialistische opvatting van de verhouding tussen de goddelijke bestaansgrond en de aardse wereld.
Het Goddelijke is in werkelijkheid alles doordringend. Het staat niet tegenover de wereld, maar het doordringt deze van binnenuit tot in elke vezel, tot in elk atoom. De goddelijke wereldgrond is dus niet alleen de rots onder onze voeten, maar reikt tot in het binnenste van ons wezen, ons gehele zijn van binnenuit dragend en steunend.
Samenvattend kunnen we zeggen dat God ons niet alleen omvat en draagt, maar dat hij ook in ons diepste wezen is. Wij zijn in God en God is in ons. Op deze tweevoudige wijze sta ik als mens in een oorspronkelijke verbinding met God, enkel en alleen door het feit dat ik *ben*. Deze realiteit die de grondslag van mijn bestaan vormt, kan ik in mijn levensgevoel trachten op te nemen. Dan ontstaat in mij een levendige gewaarwording van de vaderlijke bestaansgrond der wereld.

GODS ALMACHT

Deze overwegingen werpen ook licht op de vraag naar de almacht van God. De mensen hebben als argumenten tegen Gods almacht aangevoerd, dat God gebeurtenissen niet ongedaan kan maken, dat hij uit twee maal twee geen vijf kan maken, enzovoort. Volgens hen heeft zijn almacht dus niet veel om het lijf. Wij zien echter dat deze gedachte eenvoudig radicaal omgekeerd moet worden, wil hij juist zijn. Gods wezen doordringt alle bestaan, is in alle wezens op machtige wijze aanwezig. We kennen als geologische vakterm tegenwoordig nog het woord 'machtigheid'. In de geologie wordt hiermee de dikte van een steenlaag aangeduid. Deze uitbreiding in de diepte vinden we ook bij God. Zijn wezen strekt zich uit tot in de diepten van alle wezens. Daarom mogen we God almachtig noemen.
Tegenover de argumenten die tegen Gods almacht aangevoerd worden, kunnen we stellen: God bewerkstelligt door zijn wezen juist dat gebeurtenissen niet eenvoudig in het niet verzinken, maar de basis voor verdere ontwikkelingen vormen. God bewerkstelligt dat de wereld van wetmatigheden doordrongen is en er geen zinloze chaos heerst. Dit is juist een teken van Gods almacht.[17]
Bij het hier geschetste beeld van God sluiten twee fundamentele kwaliteiten van

zijn wezen aan, namelijk rust en verhevenheid. Wie het goddelijke zijn niet alleen denkend probeert te begrijpen, maar ook voelend tracht te benaderen, benadert zo de van eeuwigheid vervulde, goddelijke rust.

RUST EN VERHEVENHEID VAN HET HOOGGEBERGTE

Menige ervaring die je als mens kunt opdoen, bij voorbeeld in het hooggebergte, kan een hulp zijn om deze goddelijke kwaliteiten waar te nemen en te beleven. Bij de aanblik van de met eeuwige sneeuw bedekte bergtoppen op een heldere dag kan ons een gevoel van diepe, onverstoorbare rust en verhevenheid doorstromen. Als met majestueuze eeuwigheidskracht, volkomen in zichzelf rustend en tegelijk machtig oprijzend staat daar een wereld voor ons, waarbij vergeleken wij onszelf heel klein en nietig voelen.
Hier lichten ervaringen op die ons de grondslag van de gehele schepping kunnen doen aanvoelen. Zij kunnen ons de rust en majesteit, de onwankelbaarheid en eeuwige kracht van het Goddelijke doen beseffen, dat zich op aarde rechtstreeks in zulke beelden uitdrukt. Wie eenmaal een dergelijke fundamentele ervaring diep in zich opgenomen heeft, is in staat deze ook in sommige andere indrukken te herkennen. De avondstemming bij voorbeeld straalt dikwijls een serene rust uit, die ons op diepere wijze nader tot een beleven van het Goddelijke kan voeren. Wanneer de vredige stilte van de avond neerdaalt en de dag in de ondoorgrondelijke diepten van de nacht wegzinkt, kunnen we ons opgenomen voelen in het alomvattende, eeuwige zijn.

DE STERRENHEMEL

Algemeen gesproken kan met het beleven van de nacht, waarin we ons dichter bij de diepe gronden van het bestaan kunnen voelen dan overdag, het ervaren van de Vadergod verbonden zijn. Het is vooral een zintuiglijke waarneming die ons hier een weg kan wijzen. Wanneer vanuit de donkere, oneindige verten van de nacht de sterrenhemel stralend oplicht en we de verhevenheid, rust en bovenaardse glans ervan met een zuiver gemoed in ons opnemen en op ons laten inwerken, zullen we ons nauwelijks kunnen onttrekken aan een diep gevoel van de aanwezigheid van een eeuwige, grotere, boven mens en aarde uitstijgende macht in de wereld. Zeker, in onze moderne steden zijn zulke indrukken nauwelijks meer mogelijk. Ook de natuurwetenschap die de kosmos als een mechanisme zonder ziel met een onvoorstelbare uitgestrektheid beschouwt, maakt het ons heel moeilijk om de sterrenhemel nog onbevangen waar te nemen. Het kan voor ons een hulp zijn, tijdens reizen de sterrenhemel in andere streken, met name in de bergen of in de woestijn, in al zijn schoonheid en overweldigende lichtglans waar te nemen. Zo'n indruk is onvergetelijk en kan ons ook nog naderhand in de herinnering tot de fundamentele religieuze ervaring voeren, waarover we hier spreken. Met name, wanneer we de kosmos niet als een onbezielde oneindigheid beschouwen, maar als een van geest vervuld heelal, zoals de antroposofie ons laat zien.[18]

Zo kan de aanblik van de met sterren bezaaide hemel, wanneer we deze helder en rustig tot ons laten spreken, ons iets van de eeuwigheid der wereld openbaren. Hoe ver van ons vandaan de sterrenhemel ook mag lijken, het licht van de sterren bereikt toch ons oog; iets uit de wereldhoogten en wereldwijdten wordt voor ons ervaarbaar. We ervaren iets van de eeuwigheid in al zijn grootsheid en openbaringsglans.

Deze zintuiglijke waarneming kunnen we nog uitbreiden. We kunnen het beeld dat zich aan ons oog vertoont nog verder aanvullen, wanneer we ons ervan bewust worden dat de sterrenhemel zich niet alleen boven ons en om ons heen bevindt, maar zich ook onder onze voeten voortzet: aan alle kanten omgeeft en omstraalt hij de aarde. De hemel is niet slechts boven ons, maar ook onder ons. Ons aardse bestaan wordt door de hemel geheel en al omsloten. Daarmee krijgt ons beleven van de Vadergod pas zijn veelomvattende dimensie. Naar alle kanten toe zijn we door het Goddelijke omgeven. Het oude beeld van Gods handen die de wereld dragen, ontvangt zo een verdieping en intensivering. 'In hem leven wij en bewegen wij ons en zijn wij.'

De ons aan alle kanten omgevende sterrenhemel kan nog een andere gewaarwording in ons oproepen. Het sterrenlicht straalt, het komt naderbij. De sterrenhemel is niet zonder relatie tot de aarde. Sterrenkrachten doordringen op veelvoudige wijze de levens- en vormingsprocessen op aarde. Niet alleen de zon is voor de ontwikkeling van de aarde van belang, ook de planeten en de vaste sterren zenden hun levens- en vormingskrachten naar de aarde. De aarde is doordrongen van de hemel.[19]

De hemel boven ons, onder ons en in ons – onszelf en alle aardse materie doordringend en dragend – vol rust, verheven, vervuld van eeuwige kracht. In dit beleven mondt onze beschouwing van de wereld der sterren uit. De sterrenhemel brengt voor ons het wezen van de Vadergod tot uitdrukking en kan ons tot een echte, waarachtige beleving van Gods werkzaamheid voeren. We kunnen zelfs zeggen: zulke zintuiglijke indrukken zijn aan ons mensen gegeven, opdat wij hieraan het oerbeleven van het Goddelijke kunnen spiegelen en ons bewust kunnen maken.

Op deze wijze komen we via zintuiglijke indrukken tot fundamentele religieuze ervaringen. Niet in die zin dat we de zintuiglijke waarneming rechtstreeks gelijkstellen met de beleving van God, evenmin als we de uiterlijke verschijning van een mens direct gelijkstellen met zijn geestelijk wezen. Toch kan op sommige momenten zijn geestelijk wezen zich uiterlijk openbaren.

Het ervaren van God gaat uiteindelijk alle aardse ervaringen te boven. Doordat aarde en kosmos uit goddelijke rijken zijn ontstaan, dragen ze ook Gods signatuur. Wanneer we in innerlijke rust de ervaringen in ons laten rijpen, die ons ten deel vallen, wanneer we ons de onwankelbaarheid van de aardbodem realiseren of onze blik tot de sterrenhemel verheffen, wekken ze in onze ziel de stemming, te zoeken naar een godservaring.

WAAROM IS ER NIET NIETS?

Wanneer we de goddelijke bestaansgrond als fundament van de schepping opvatten, zoals we tot nu toe hebben gedaan, beleven we God als het *zijn*, waarop alles berust, dat aan alles ten grondslag ligt. Hierbij ligt de nadruk op het *ruimtelijke aspect* van Gods wezen.

Het woord 'grond' heeft echter, zoals reeds aangeduid, ook de betekenis van oorzaak, reden. Bij deze betekenis komt meer het *aspect van de tijd* naar voren.[20] We komen tot de vraag naar het 'vanwaar' en 'waarom'. Want vanwaar komt deze wereld? En waarom *is* er eigenlijk iets? Waarom is er niet *niets*? Met deze vraag raken we een eerste en diepste, fundamentele laag van ons begrip van de wereld. Voordat we naar de details kijken, kunnen we onze blik richten op het pure feit van het 'zijn' zelf, dat aan de oneindig vele details ten grondslag ligt. Op het 'simpele' oerfeit dat er een bestaan is.

In het verleden hebben mensen verschillende antwoorden op deze vragen trachten te geven. In het geheel van onze beschouwingen past het niet, de werkelijke oorzaak van het ontstaan van de wereld in het uiterlijke toeval te zoeken of uit een zuiver causaal mechanistische evolutie af te leiden.[21] Immers, wanneer we God als wereldgrond beschouwen, dan moeten we God ook als oorzaak van het ontstaan van de wereld kunnen aannemen. Dan stamt de wereld uit God. Dát er iets is en wát dat is, komt niet voort uit een ontwikkeling zonder enige waarde of zin, die geen doel in zichzelf heeft. Dat er een wereld is en wat deze inhoudt, is het resultaat van Gods doelstelling en werkzaamheid.

Deze zienswijze heeft echter een belangrijke consequentie. Een wereld die zijn oorsprong in God heeft, draagt namelijk niet alleen de sporen van Gods werkzaamheid. Hij moet ook een goddelijke zin en vooral een goddelijk doel kennen, dat boven het waarneembare uitgaat. Tot een werkelijk begrip hiervan moet de mens nog komen.[22] Vragen zoals: heeft het leven op zichzelf, heeft mijn leven zin; waar kom ik vandaan, waar ga ik naar toe, hangen samen met dit feit dat God de oer-grond van alle bestaan is.[23] Wij mensen zijn geroepen, ons in deze zin betekenis en doel van de wereldontwikkeling duidelijk te maken en ons eigen bestaan, dat een deel van het bestaan van de gehele wereld vormt, te denken als ingevoegd in deze van zin vervulde, naar een doel leidende wereldontwikkeling.

EEN CHRISTELIJKE VERHOUDING TOT DE NATUUR

De gedachte dat de wereld zijn oorsprong in God vindt, impliceert ook een christelijke verhouding tot de natuur. Immers, de natuur die zijn grondslag in God heeft, kan voor ons niet iets zijn, wat geen enkele betekenis voor het religieuze leven zou hebben. Het is veeleer zo, dat de wereld in zijn verschijningsvormen, vooral in de natuur, nader tot ons spreekt en ons aan de verborgen scheppingskracht van het Goddelijke kan herinneren. Iets hiervan hebben we aan het slot van het vorige hoofdstuk reeds aangeduid. Hier moeten we echter nog een stap verder gaan.
In de moderne theologie treedt in samenhang met de steeds ernstiger vormen aannemende milieuproblematiek een thema op de voorgrond, waaraan tot dan toe nauwelijks aandacht was geschonken: het thema van de schepping, de verhouding van de schepping tot God en tot de mens. Hiermee wordt de blik op een 'theologie van de schepping' gericht.[24] Die komt echter maar moeilijk op gang. Deze aandacht voor de natuur werd maar al te vaak en gemakkelijk als 'heidens' bestempeld.[25] Wat echter, als zelfs aan de zogenaamd 'heidense' verering van de natuur iets ten grondslag ligt, dat niet eenvoudig alleen maar afgewezen kan worden? Ook al zien we afgodendienst en fetisjisme niet als gerechtvaardigde vormen van godsdienstoefening.
Wanneer namelijk het christendom de visie dat ook de natuur zijn oorsprong, zijn grond in God heeft (niet dat deze zelf goddelijk is) sterker had doorgezet en werkelijk had kunnen ontplooien, dan had veel vermeden kunnen worden van dat wat ons heden ten dage als uitbuiting van de aarde, als milieuvervuiling, enzovoort, zorgen baart. Albert Schweitzer riep op tot 'eerbied voor het leven'.

Te laat echter voor een ontwikkeling die reeds eeuwen aan de gang was. Pas in de huidige tijd worden we ons er werkelijk van bewust dat wij, die ons geroepen voelen heer over de natuur te zijn, daarmee ook een verantwoordelijkheid en verplichting op ons hebben genomen tegenover een wereld, waaraan wij te danken hebben dat we kunnen *leven*, maar die wij niet zelf kunnen *scheppen*. Een christelijke natuurbeschouwing moet twee eenzijdigheden zien te vermijden. Ze moet enerzijds de natuur niet met het goddelijke zijn zelf verwisselen, maar ten volle de vergankelijkheid van de natuur beseffen.[26] Anderzijds moet ze niet in de mening vervallen dat de wereld enkel bestaat uit aardse, geestloze materie, die met God niets te maken heeft. Op deze laatste gedachte willen we wat nader ingaan en ons afvragen:

VANWAAR STAMT DE SUBSTANTIE DER WERELD?

We hebben God beschreven als de grond van alle bestaan. Daarbij moeten we nu ook alle substantie betrekken, niet enkel het bestaan en zijn als zodanig.[27] De dingen om ons heen zijn immers niet alleen in algemene zin voorhanden, maar ze hebben ook een concrete, 'lijfelijke' gestalte. Deze komt, afgezien van zijn algemene hoedanigheid, tot uitdrukking in buitengewoon uiteenlopende kenmerken van een bepaalde, zich van andere dingen onderscheidende verschijningsvorm: in gewicht, traagheid, omvang, ondoordringbaarheid, geur, kleur, enzovoort. We hebben hier te maken met de wereld van de aardse (maar ook in de ziele- en geestessfeer realiteit bezittende) substanties zoals goud, water, bot, zuurstof, enzovoort, die zich met concrete stoffelijkheid in de ruimte manifesteren. *Middels* en *in* deze substanties kunnen zich geestelijke wezens zo in de wereld openbaren als ze zijn. Het wezen mens bij voorbeeld verschijnt op aarde middels en in een bepaalde substantialiteit (lichamelijkheid). Vanwaar stamt eigenlijk, afgezien van het algemene zijn, de substantie van de aardse wereld?

Het was met name Augustinus die in de 4e–5e eeuw een merkwaardige tegenstelling tussen God en de wereld heeft vastgelegd, doordat hij God de wereld 'uit het niets' liet scheppen. Het ging hem erom, God boven al het aardse te verheffen. Dat kon hij alleen door God heel anders en vooral verhevener voor te stellen dan alles wat zich in de wereld bevindt. Daarom mocht het aardse niet van God stammen, maar moest 'uit het niets' geschapen zijn. Deze opvatting heeft ingang gevonden in de christelijke dogmatiek.[28]

Voor ons beleven van de wereld wordt de voorstelling die we ons van God maken, niet kleiner, maar integendeel des te groter, wanneer we hemel en aarde, het geestelijke en het stoffelijke, het zichtbare en het onzichtbare door God omvat en van God doordrongen denken. Niet dat het Goddelijke het aardse nodig zou hebben om te kunnen bestaan. Het feit dat God alle aardse substantie uit de eigen goddelijke substantie laat ontstaan, vormt zijn eigenlijke grootsheid. Met andere woorden: de wereld stamt ook wat haar substantialiteit betreft uit God. Uit Gods substantie stamt de substantie der wereld.

Dit is voor het tegenwoordig gangbare begrip van de wereld ongetwijfeld moeilijk voor te stellen. Maar is het voor een consequent denken zinvoller, het aardse bestaan uit inhoudsloze, materiële toestanden te laten voortkomen en zich via eindeloze ontwikkelingsstadia 'vanzelf' tot een wereld te laten ontwikkelen, of het aardse bestaan als stammend uit het geestelijke zijn van God te denken? We zouden echter niet zo overtuigd zijn van onze opvatting, wanneer niet in onze tijd door de antroposofie het ontstaan van de wereld – ook van de aardse, materiële wereld – uit een oorspronkelijk geestelijk zijn op consequente wijze uiteengezet kon worden: het geestelijke verdichtte zich tot aardse substantie, die zijn oorsprong in het Goddelijke heeft.[29] Het is dus toegestaan, aan de tegenwoordig gangbare voorstellingen een andere toe te voegen: de wereld stamt ook wat haar substantialiteit betreft uit het wezen van de Vadergod. De voorstelling van een 'creatio ex nihilo', een 'schepping uit het niets', die pas door Augustinus als fundamentele opvatting in het christendom is gekomen, kan in onze tijd overwonnen worden. In het begrip '*Vader*god' ligt ook de voorstelling van 'substantie die voortkomt uit' besloten. Ouders leggen immers tot in het substantiële toe de basis voor het lichamelijke zijn van hun kinderen. De kinderen zijn van hetzelfde 'vlees en bloed' als de ouders. Met recht kan dus worden gezegd: onze substantie is de substantie van de goddelijke Vader.

Naast de ervaring dat God de onwankelbare bestaansgrond onder mijn voeten is, kan ik God ook beleven als de bron van alle substantie, uiteindelijk ook van mijn menselijke lichamelijkheid. Niet alleen mijn bestaan in het algemeen, maar ook mijn concrete menszijn stamt uit het wezen van God.

VOORJAAR

Als in een oerbeeld verschijnt deze fundamentele realiteit van ons leven, wanneer we in het voorjaar gadeslaan, hoe de planten uit de aarde te voorschijn komen. Ze ontspruiten uit de moederbodem van de aarde, die hun de mogelijkheid geeft te bestaan. In analogie hiermee mogen we zeggen: alle bestaan ontstaat zo uit de schoot van de bestaansgrond. Alle vormen van bestaan ontspruiten uit het zijn, waarin hun wezen wortelt.

Nog een ander beeld willen we hieraan toevoegen. Uit het donker van de intredende nacht lichten de sterren op. Ook dit is een zintuiglijke waarneming die ons indachtig kan maken aan het oplichten van de dingen uit het donker van de bestaansgrond.

TUSSENBALANS

Laat ons hier in het bewustzijn roepen, welke weg we tot nu toe in onze beschouwing zijn gegaan. We zijn uitgegaan van het beleven van de Vadergod als grond der wereld, ook als oergrond van mijn eigen bestaan, als rotsgrond van alle bestaan. In de beelden van de aardbodem, het hooggebergte en de sterrenhemel zijn voor ons kwaliteiten als rust, verhevenheid en almacht – alles doordringend beleefd – aanschouwelijk geworden.

Aan de hand van de vraag naar het 'vanwaar' en 'waarom' van alle bestaan en de substantie ervan werden we ons ervan bewust dat de wereld en wijzelf niet alleen op God 'berusten', maar dat ook ons concrete bestaan, ons 'zo-zijn', qua substantie van God stamt, uit God ontsproten is, ongeveer zo zoals in het voorjaar de plantenwereld uit de aardbodem te voorschijn komt.

Beide zienswijzen – God als verheven, onwankelbare, almachtige oergrond van de wereld, en God als 'stam-vader' van alle werelden en wezens – kunnen ons leiden tot het gewaarworden, tot de religieuze beleving van de Vadergod. Dit gewaarworden en beleven steeds opnieuw in onszelf te wekken en te verdiepen, behoort tot de basiselementen van het religieuze leven en vormt het uitgangspunt van elk gebed dat de toewijding van ons hart aan de goddelijke Vader tot inhoud heeft.

Vanuit dit uitgangspunt rijst echter een andere belangrijke vraag:

IS GOD EEN PERSOONLIJK WEZEN?

Met veel van wat we tot nu toe hebben uitgesproken, zijn we in de buurt gekomen van een godsbegrip dat met 'pantheïsme' wordt aangeduid: het volkomen opgaan van God in de verschijnselen van de wereld. Volgens deze leer is God niet buiten de wereld te vinden, maar zijn God en de wereld één. Deze voorstelling van God staat lijnrecht tegenover de andere, die God in geen enkele concrete verbinding met de wereld wil denken om Gods eeuwige, onwankelbare, onveranderlijke majesteit, die zich niet kan inlaten met de onbestendige dingen van de wereld, te waarborgen. De consequentie van deze opvatting moet, zoals we hebben gezien, de 'schepping uit het niets' zijn. God is weliswaar de schepper van de wereld, maar staat er als de 'totaal andere' tegenover.

Zoals zo vaak, zal vast ook hier de voorstelling die het midden houdt tussen beide eenzijdigheden, ons de juiste weg wijzen. Waarom zou God niet enerzijds als de uit zijn wezen en substantie al-schenkende gedacht kunnen worden en anderzijds niet helemaal zichzelf kunnen blijven?

Ook voor deze voorstelling kunnen we in het gewone, natuurlijke leven beelden vinden. Een moeder kan vanuit haar eigen substantie aan kinderen het leven schenken en daarbij toch helemaal zichzelf blijven. Een boom kan duizenden zaadjes voortbrengen en zo voor vermeerdering van het leven zorgen zonder daarbij maar enigszins aan eigen volheid en kracht in te boeten.

Het zijn weliswaar zwakke vergelijkingen, maar ze kunnen ons toch in de buurt van dit geheim brengen: dat God zich met de wereld heeft ingelaten en uit zijn eigen wezen het wezen van de mensheid heeft opgebouwd, zonder zichzelf daarbij te verliezen of in pantheïstische zin in de verschijnselen van de wereld op te gaan. We mogen ons God voorstellen als zijnde werkzaam in de wereld en de mensheid, wat het zijn en de substantie betreft, en hem toch tegelijkertijd en juist in deze werkzaamheid zien als boven de wereld staand. Zo komen we ver van elk pantheïsme tot de voorstelling dat wereld en mens in God echt een wezen tegenover zich hebben. God is met alles verbonden, maar hij is niet identiek met het heelal. Hij stijgt boven het heelal uit en kan juist daarom alles omvatten. Als een wezen van de allerhoogste orde, aan gene zijde van alle verschijnselen in de wereld, overkoepelt hij het al.

Het zou ons echter twijfelachtig kunnen lijken of we dit bovenaardse wezen God tegenover ons als iets persoonlijks moeten voorstellen, dat we met 'Gij' kunnen aanspreken.[30] Wanneer we aan het verloop tot nog toe van onze beschouwingen denken, zal de voorstelling voor de hand liggen dat God een gecentreerd, doelgericht *bewustzijn* heeft. Want wanneer de wereld een zin en doel kent, wat we na de voorafgaande uiteenzettingen mogen veronderstellen, en de wereld uit God stamt, zoals we hebben gezien, dan verwijst dit op zijn beurt weer naar God zelf en de geaardheid van zijn wezen. Zingeving en doelbepaling zijn tekenen van een gecentreerd, vanuit overzicht handelend bewustzijn, dat wil zeggen, van een persoonlijk wezen. Wanneer dat zo is, moeten we over God spreken als over iets 'persoonlijks', dat echter ver boven al het menselijk-persoonlijke uitgaat.

Maar zou God, die het heelal geheel omvat en toch als persoon gedacht kan worden, in al zijn grootsheid, almacht en onwankelbaarheid bewustzijn en zelfs hart voor zo'n nietig schepsel als een mens hebben? Is dat eigenlijk denkbaar? Met onze voorstellingen komen we hier aan een belangrijke grens. Op het eerste gezicht beschikken we, zoals ervaring leert, in alle bewustzijnstoestanden alleen over ons eigen bewustzijn en dit lijkt ons in eerste instantie uiterst beperkt. Er zijn echter ogenblikken, waarin een ruimer bewustzijn ons bewustzijn van alledag overstraalt. Bij voorbeeld wanneer een moeder in oorlogstijd plotseling 'weet' of misschien zelfs helderziend meebeleeft dat haar zoon op een ver slagveld in doodsgevaar verkeert. Wanneer ervaringen van voor de geboorte of na de dood tot bewustzijn komen,[31] of wanneer in geval van levensgevaar bij verkeersongevallen en dergelijke plotseling beelden van het gehele voorafgaande leven als één groot panorama voor de ziel staan, moeiteloos en met een helderheid en duidelijkheid die in het gewone bewustzijn onvoorstelbaar is. Met name de laatstgenoemde ervaring is veelvuldig beschreven.[32] Er kan geen twijfel over bestaan dat hier ervaringen oplichten, die op de mogelijkheid van veel ruimere menselijke bewustzijnstoestanden wijzen.[33] Wanneer in onze tijd over bewustzijnsverruiming wordt gesproken, liggen zulke menselijke mogelijkheden als realiteit hieraan ten grondslag.

Door het dank zij Rudolf Steiner mogelijk geworden inzicht in de werkelijkheid van de geestelijke wereld kunnen we weten dat boven de mens staande hiërarchieën zoals engelen en aartsengelen een hoger en meer omvattend bewustzijn bezitten dan de mens.[34] Dit wordt voor ons begrijpelijk, wanneer we de zojuist aangeduide, hogere bewustzijnstoestanden van de mens serieus nemen. Wanneer reeds de mens gedurende ogenblikken een hoger, ruimer bewustzijn kan bereiken, dan zal bij een engel een dergelijk bewustzijn zonder meer vanzelfsprekend aanwezig zijn. Hoe hoger in rangorde de geestelijke wezens zijn, des te machtiger, helderder en doordringender zijn hun bewustzijnskrachten. In hoogste mate is dit bij God het geval. Volkomen helder en zonder enige moeite doordringt hij met zijn weten en schouwen de wereld. Alle wezens kent hij en begeleidt hij met zijn bewustzijn. We moeten eenvoudig zeggen: God zou geen goddelijk bewustzijn hebben, wanneer dit niet het geval was.[35] Dit is ook de leer van het christendom. Heel duidelijk wordt het uitgesproken in de woorden van Christus: 'Uw hemelse Vader *weet*, dat gij al deze dingen nodig hebt.' (Mattheüs 6:32)

GOD ALS VADER

De zojuist aangehaalde woorden kunnen ons een stap op weg helpen. Christus spreekt tot ons over God als over 'uw hemelse Vader'. Dit woord kan in ons de vraag oproepen: Mogen we dit persoonlijke wezen tegenover ons, dat ons als een goddelijk 'Gij' tegemoet treedt en met een alles overziend bewustzijn het gehele zijn doordringt, werkelijk 'Vader' noemen en als vaderlijk beleven?

In het tot nog toe besprokene kunnen we hiervoor aanknopingspunten vinden. Ons zijn, ons wezen, onze substantie stammen van God; ze zijn uit hem geboren. Reeds in deze zin is God 'onze vader' (en onze moeder). Wanneer God nu alles, wat uit hem is ontsproten, met bewustzijn begeleidt, zou dit medeleven dan niet liefdevol, vaderlijk zijn? Zou God niet met dat, wat van hem stamt, innerlijk verbonden blijven, zoals een goede aardse vader, en meestal een moeder nog meer, altijd met de kinderen verbonden blijft, wat er ook gebeurt? Kunnen we ons iets anders voorstellen? Deze vaderlijke aandacht van God voor de wereld moeten we ons echter geenszins sentimenteel voorstellen. God kan ook terechtwijzen, straffen, oordelen – maar altijd houdt hij voor ogen, wat het beste voor ieder wezen is. Ook de aanwezigheid van het boze, juist zijn aanwezigheid, moet en kan daarmee in overeenstemming worden gedacht.[36]

Wanneer Paulus met betrekking tot het Goddelijke de oude zegswijze '... in hem leven wij en bewegen wij ons en zijn wij' gebruikt, zegt dit allereerst iets over onze verhouding tot God. Maar hiermee wordt toch ook uitgesproken dat God van zijn kant een verhouding zal hebben tot datgene wat 'in hem leeft, zich beweegt en is': een bewuste, vaderlijke verhouding tot zijn schepselen.

HET ONZE VADER

De voorafgaande overweging is van grote betekenis voor ons praktische, religieuze leven. In het gebed richten we ons tot God met de woorden 'Vader' of 'Onze Vader'. Mogen we ons hierbij voorstellen dat God persoonlijk zich rechtstreeks tot ons wendt? Treden we bij het spreken van de aanhef 'Onze Vader' werkelijk onder Gods ogen? *Hoort hij ons?*

Als onze voorafgaande beschouwingen juist waren, luidt ons antwoord op deze vragen bevestigend. God ziet ons en hoort ons, wanneer we bidden. In het gebed vinden we God als onze Vader. Zijn liefde omgeeft ons heel reëel, zonder enig sentiment. Ieder die zich met een oprecht hart tot God wendt, ook al is hij zelf de 'geringste' (zo voor God enig waardeverschil tussen mensen bestaat), verneemt van Christus de aanwijzing: 'Wanneer gij bidt, zo spreekt de woorden: Vader...' (Lukas 11:2). Deze woorden van Christus zouden een misleiding van de mens zijn, als ze ons niet zouden wijzen op een goddelijke werkelijkheid, waarop we mogen vertrouwen.[37]

In deze zin wordt elk oprecht gebed *verhoord*, omdat het *gehoord* wordt, omdat de biddende mens zich in de werkelijkheid van de luisterende God opgenomen kan voelen. Zo kan het gebed – en het meebidden in de cultus – tot een steeds diepere ervaring van Gods tegenwoordigheid worden, van de realiteit dat God ons aan–ziet en ver-hoort. Ik zie op naar God en weet: ik word gezien en gehoord. In dit feit op zichzelf ligt reeds de eigenlijke gebedsverhoring.

Of er daarnaast ook 'aantoonbare' gebedsverhoringen plaatsvinden, is dan helemaal niet het belangrijkste. Het 'Uw wil geschiede' treedt op de voorgrond. Hoe onzelfzuchtiger ons gebed wordt, des te sterker zal zijn kracht als gevoel van Gods nabijheid tot in ons gewone, dagelijkse leven reiken. Dit zal ons leven geleidelijk aan de noodzakelijke kracht van vernieuwing en tegenwoordigheid van geest verlenen, waarin zich de ware gebedsverhoring toont.

HEMELSE EN AARDSE VADER

Voor sommige mensen vormt het tegenwoordig een probleem, zich God als 'Vader' voor te stellen. We beklemtonen hier nog eens dat het beeld van 'de oude man met de lange baard' nauwelijks meer dan een kinderlijk hulpmiddel is, wanneer men zich een beeld van God tracht te vormen. Daarom zijn we ook uitgegaan van de voorstelling van de wereldgrond, omdat daardoor in de ziel een gewaarwording kan ontstaan van het alomvattende, eeuwige, dat met het beleven van de Vadergod verbonden is. Dat we dan tevens niet slechts een onpersoonlijk zijn, maar een in de hoogste zin persoonlijk wezen waarnemen, vormde de tweede stap.

Wanneer we de kosmische dimensie van het Goddelijke beschouwen, nadat we ons eerst hebben losgemaakt van de menselijke, al te menselijke beelden die de woorden 'persoon' en 'vader' bij ons oproepen, mogen we vervolgens toch ook weer terugkeren naar die oude woorden, om ze in deze kosmische dimensie op nieuwe wijze te beleven. Dan lijkt het gerechtvaardigd over de goddelijke Vader te spreken op de wijze zoals wij het hebben gedaan. Natuurlijk is het beeld van 'de vader' door de huidige levensomstandigheden voor veel mensen vertroebeld, vaak zelfs misvormd. Zodoende is het moeilijk, dikwijls ten gevolge van negatieve ervaringen met de eigen vader, de blik voor het beleven van de Vadergod weer vrij te krijgen.

En toch, wanneer we het vaderlijke als kwaliteit beschouwen, onafhankelijk van alle negatieve ervaringen, dan kan daarin het wezen van de Vadergod oplichten. Het kind kan aan zijn vader veiligheid en bescherming, overzicht en leiding beleven. Het weet dat het van de vader stamt, dat hij de voortbrenger is en dat het de mogelijkheid om nu op aarde te zijn, te danken heeft aan het vaderlijke zijn en handelen. Ieder kind heeft ten opzichte van zijn vader aanvankelijk het gevoel dat vader alles kan en weet. Waarom is dit eigenlijk zo? Waarom beleven we aan kleine kinderen in oorsprong een onbegrensd vertrouwen, juist dit onvoorwaardelijke gevoel van vaders 'almacht', dat pas later door velerlei met pijn en smart verbonden ervaringen gekrenkt wordt?

Het kind brengt deze grondhouding mee in het leven. We kunnen daarin de naklank zien van ervaringen die tot in het voorgeboortelijke bestaan van het kind reiken, tot in het bestaan dat vóór elk aards bestaan ligt.[38] Dit bestaan was even concreet en werkelijk, vol leven en zich in de tijd uitstrekkend als ons aardse bestaan. In de voorgeboortelijke wereld hebben we de wereld vanuit een geestelijk perspectief beleefd en deze ervaren als doordrongen met de kracht van de Vadergod. We beleefden er de aanwezigheid van het Goddelijke. Zo brengt ieder mens vanuit het voorgeboortelijke een beleving mee van de Vadergod, die naklinkt in het vertrouwen dat een kind tegenover zijn aardse ouders toont. Het gevoel dat vader alles kan en weet, is een naklank van het godsbeleven in het voorgeboortelijke. In zijn volle omvang geldt het slechts voor de goddelijke Vader. Wat de ziel in het voorgeboortelijke aan God ervaren heeft, zoekt het kind nu ook in zijn aardse ouders.

Wanneer we zo het wezen van de Vader trachten te benaderen, wordt ons het absurde duidelijk van de volgende gedachte, die in het verleden veel verwarring heeft gesticht: Omdat de mens het zonder een God in de hemel eenvoudig niet kon uithouden, heeft hij zelf een God uitgedacht door zijn eigen menselijke beeld in de hemel te projecteren en er dan de trekken van de ideale vader aan toe te voegen.

Het omgekeerde is waar: Het eigenlijke vader-beleven heeft de mens in het voorgeboortelijke. Op aarde tracht hij het in zijn lichamelijke vader terug te vinden. Bij dit zoeken wordt hij vaak teleurgesteld, totdat de ouder wordende mens leert begrijpen dat hij dit zoeken in waarheid slechts op het Goddelijke kan richten, want alleen daar kan het zijn volle vervulling vinden.

HET VROUWELIJKE ASPECT VAN GOD

Nog vanuit een andere richting komen tegenwoordig bezwaren tegen het beeld van de Vadergod. Het beeld van God is eenzijdig mannelijk gevormd, zo wordt er gezegd, en stamt uit de tijd van het allang achterhaalde 'patriarchaat', waarin aan de vrouw slechts een ondergeschikte plaats was toebedeeld.

Wanneer we de agitatie die in zulke bezwaren vandaag de dag vaak meeklinkt terzijde schuiven, komt de blik vrij voor iets belangrijks dat hier aan de orde is. Op het mannelijke aspect van het godsbeeld is inderdaad in het Oude Testament, maar ook gedurende de christelijke ontwikkeling, sterk de nadruk gelegd. God werd op een eenzijdige manier tot de wereldrechter die over eeuwige verdoemenis of eeuwige zaligheid besliste, die met goddelijke toorn de zonden van al zijn schepselen vervolgde en bestrafte. De oordelende en straffende God – die Luther tot de vraag noopte: 'Hoe krijg ik een genadige God?' – stond verregaand op de voorgrond. Deze oudtestamentische voorstelling van God werd door het christendom opgenomen.[39]

In het Nieuwe Testament vinden we echter aspecten die het beeld van God alleszins naar de moederlijke kant aanvullen. We hoeven maar te denken aan het verhaal van de verloren zoon en we ontmoeten een troostende, verwelkomende vader, in plaats van één die oordeelt en straft. Liefde en mildheid als kenmerken van Gods wezen zijn pas door Christus tot openbaring gekomen. Het zijn, welbeschouwd, karaktertrekken die iets moederlijks uitdrukken. We vinden dit ook in de Openbaring van Johannes, waar van God gezegd wordt: 'En God zal uit hun ogen wegwissen alle tranen.' (Apocalypse 7:17) Dit woord zou zo niet kunnen gelden voor een God die als eenzijdig mannelijk beleefd wordt. Het laat ons zien dat in het vaderlijke zeer zeker ook het moederlijke aspect van God kan en moet worden meebeleefd, in de zin van schenkende, troostende, helende wereldliefde. Kracht en zekerheid, dragende en leidende krachten werken in de Vadergod met liefde en mildheid samen.

In een nog diepere laag komt ons een vrouwelijk aspect van God tegemoet. De Vader is het, die – volgens de oude christelijke zegswijze – de Zoon 'verwekt', maar die hem ook uit zichzelf 'geboren' laat worden. In de komst van de Zoon werken twee aspecten van God samen: het vaderlijk-verwekkende, dat wil zeggen, het stimulerende, impulserende aspect, en het moederlijk-barende, dat wil zeggen, het dragende, substantie-vormende aspect. Wat bij het verschijnen van de goddelijke Zoon duidelijk wordt, geldt echter ook voor het ontstaan van de schepping en de schepselen uit God. We hebben erop gewezen dat niet alleen het zijn, maar ook de substantie der wereld van God stamt. De wereld is ook wat zijn substantie betreft uit God ontstaan, uit hem geboren. Daar hebben we weer het moederlijk schenkende, substantie-vormende en voedende aspect van God voor ons.

In God zijn beide krachten in hun werkzaamheid verenigd. In de mens zijn ze gescheiden in een mannelijk en een vrouwelijk element. Daarom heeft onze taal ook geen mogelijkheid om de eenheid van beide krachten rechtstreeks tot uitdrukking te brengen.

Derhalve blijven we bij het woord 'Vadergod' als aanduiding voor het oorspronkelijk Goddelijke. Te spreken van de vaderlijk-moederlijke God zou niet gaan, omdat daarmee de voorstelling van een tweeheid in het wezen van God verbonden zou zijn, terwijl er slechts eenheid is. De eisen stellende en gebiedende (vaderlijke) God tegelijk als de liefde schenkende (moederlijke) God te verstaan, dat behoort tot een werkelijk christelijke voorstelling van God en wordt uitgedrukt in het Credo, waar gezegd wordt dat God zijn schepselen vaderlijk voorgaat.

HET VOORGAAN VAN GOD

In het Credo van de Christengemeenschap luidt de eerste zin als volgt: 'Een almachtig geestelijk-natuurlijk Godswezen is de bestaansgrond der hemelen en der aarde; vaderlijk gaat het zijn schepselen voor.' In onze beschouwingen is reeds het een en ander gezegd over de afzonderlijke componenten van deze zin.[40] Op deze plaats willen we nog nader ingaan op het niet zonder meer begrijpelijke slot van deze zin, namelijk dat God zijn schepselen vaderlijk 'voorgaat'. Wat wordt hiermee bedoeld? Aristoteles heeft over God als de 'onbewogen beweger' gesproken, die onveranderlijk in eeuwige rust en volmaaktheid volhardt. In de theologie is echter steeds weer de vraag gesteld of er niet toch een beweging, een ontwikkeling in God mogelijk zou zijn.[41] Alleen al het feit dat God uit zichzelf de Zoon laat ontstaan, die dan een mensenlot op aarde te vervullen heeft, duidt toch wel op een verandering, een innerlijke beweging in God zelf.

Het woord 'voorgaan' heeft een dubbele betekenis. Enerzijds betekent het: vooropgaan; anderzijds kan het, verbonden met een tijdsaspect, ook betekenen: er eerder zijn, voorafgaan. De Vadergod gaat in het tijdsverloop zijn schepselen voor, doordat hij eerder bestaat dan zij. Zo gaat het zijn van God alle bestaan van de wereld en de schepselen vóór. In Gods zijn ligt het oorspronkelijke ten opzichte van alles wat uit hem volgt.

Hiervan uitgaand kunnen we dan ook zeggen: Waarheen ik mij als mens ook wend, waarheen ik ook ga of door mijn lot geleid word, God is reeds vóór mij daar aanwezig. Overal ervaar ik de aanwezigheid van God, die mij is voorgegaan, ja sterker nog, die voor mij daar waarheen ik door mijn lot kom, reeds een plaats heeft bereid. Ook dit aspect klinkt mee in de eerste zin van ons Credo.

Ten slotte kan voor ons nog een diepere betekenis oplichten. Hoezeer we ook in het voorafgaande op het eeuwigheid in zich bergende zijn van God hebben gewezen en we ons dit zijn als oneindige rust en onverstoorbaarheid kunnen denken, hoe weinig toch moeten we ons dit zijn als star, doods of eenvoudig onbeweeglijk voorstellen. We kunnen veeleer denken aan een in zichzelf oneindig kalme, onverstoorbaar stromende beweging, aan een in beweging zijnde, stromende en tegelijk alle bestaan dragende rust, wanneer we in onze voorstelling de 'zijnsgrond' der wereld willen benaderen. Rust en beweging doordringen en beïnvloeden elkaar in het wezen van de Vadergod.

DE NATUUR IN AUGUSTUS

Iets hiervan kunnen we beleven en leren begrijpen, wanneer in de hoogzomertijd het rijpingsproces in de natuur zijn hoogtepunt tegemoet gaat. Dan ontstaan er stemmingen die iets bevatten van datgene waarop we hier willen wijzen: een diepe rust breidt zich in augustus in de natuur uit, maar deze rust is niet doods, star, zonder leven. Hij komt voort uit het stromende leven van de zon, dat zelfs in deze tijd van het jaar geheel van rust doordrongen is en dat uit zijn warmte en licht het kalme zijn van dit jaargetijde laat ontstaan. We kunnen hier beleven dat het stromen en weven van de zonnekrachten en een diepe rust samengaan, dat ze geen tegenstelling vormen – zoals ze ook bij het beleven van de Vadergod geen tegenstelling vormen, maar één geheel. Ook in het zijn van de Vadergod verbinden zich stromende kracht en dragende rust met elkaar.

Wanneer we dit beseffen, kunnen we ons vast beter voorstellen, wat met het voorgaan van God bedoeld wordt. Dan kunnen we zeggen: in God zijn oneindige diepten van stromend, kalm zijn voorhanden. Uit deze diepten ontstaan, stromen 'stap voor stap' steeds nieuwe krachten, die als iets nieuws de voortgang van de schepping bewerkstelligen.

Reeds de schepping zelf is in oorsprong zulk een stap naar voren. Het woord 'oor-sprong' duidt de daarmee verbonden beweging aan. God laat door zelf de 'oor-sprong', de stap tot de schepping te doen, krachten uit zich stromen die het scheppingsgebeuren bewerkstelligen. Daarmee gaat God uit boven de oertoestand van het zijn. Hij gaat zijn schepselen in vaderlijke werkzaamheid voor en ontsluit voor hen de mogelijkheid om te zijn, te bestaan. De schepselen sluiten zich bij het scheppingsgebeuren aan en volgen zo in de richting van het doel waar God met zijn scheppingsplan op afstevent.

Wat zo in de oorsprong van de schepping leefde, vindt zijn voortzetting. In het verdere verloop van de ontwikkeling stromen steeds weer nieuwe krachten uit God, die de wereldontwikkeling bewerkstelligen en verder voeren. Het zijn van God leidt tot steeds nieuwe stappen in de ontwikkeling. Uit de diepten van zijn wezen offert de Vader wat van zijn substantie en van zijn zijn voor het bestaan van de wereld en het voortbestaan van de wezens nodig is. Het goddelijke offer is daarbij steeds het oorspronkelijke. Het gaat voor al het andere uit en maakt het pas mogelijk.

In deze zin kunnen we van het voorgaan van God spreken.

SAMENVATTING

We hebben ons in het voorafgaande verdiept in een reeks fundamentele motieven, zienswijzen en ervaringen die met het wezen van de Vadergod samenhangen. Volledigheid is hierbij niet nagestreefd. Tot slot willen we ze nog eens samenvattend in het bewustzijn roepen.

1. De Vadergod werd voor ons aanschouwelijk als grond, als onwankelbaar fundament der wereld. In het beleven van de onwankelbare, zekerheid gevende aardbodem en in de verhevenheid en rust van het hooggebergte en de sterrenhemel spiegelt zich deze fundamentele goddelijke realiteit als zintuiglijke waarneming.

2. Ook de vraag naar het vanwaar en waarom van de wereld voert ons terug tot de goddelijke oer-grond van al het zijn en alle substantie – waarbij grond ook in de zin van 'oor-zaak' is opgevat. Het beleven van het voorjaar omvat in de zintuiglijke waarneming een spiegeling van deze werkelijkheid voor ons leven.

3. De motieven 'God als persoon' en 'God als vader en moeder' wezen ons de richting waarin we kunnen kijken, wanneer we onze eigen, persoonlijke verhouding tot God willen beschouwen.

4. Ten slotte werd ons aan het woord over het voorgaan van God duidelijk dat Gods 'zijn' niet uit starre rust bestaat, maar uit kalme beweging – zoals we het gespiegeld vinden in de rust van de stil rijpende natuur in augustus.

Hiermee zijn de belangrijkste uitgangspunten genoemd, die ook de hedendaagse mens met zijn religieuze beleven een weg tot de werkelijkheid van de Vadergod kunnen wijzen.
Het motief van de kalme beweging in Gods zijn brengt ons reeds bij het thema dat in het volgende hoofdstuk aan de orde zal komen. Uit deze beweging komt ons namelijk de goddelijke Zoon tegemoet, die zelf geheel en al scheppende beweging vanuit het wezen van de Vader is.

2 De Zoongod

VAN DE VADER NAAR DE ZOON

Wanneer we kijken naar het godsbeleven zoals we dit tot nu toe hebben beschreven, kunnen we het in zijn grootsheid en volheid op het eerste gezicht als compleet ervaren. Ontbreekt er nog iets aan dit beleven van God? Waarom verschijnt in het christendom naast de Vader nog de Zoon?
Een eerste antwoord op deze vraag vinden we reeds in de naamgeving, in de begrippen Vader en Zoon zelf. Enerzijds is de Zoon niet denkbaar zonder de Vader. De Zoon bestaat slechts dank zij de Vader. Anderzijds is de Vader geen Vader zonder de Zoon. Dat wil toch zeggen dat een bepaalde kwaliteit van Gods wezen, om precies te zijn: het vaderlijke, pas tot verschijning komt door het feit dat God *Vader* is en niet alleen Heer, Gebieder, Almachtige, enzovoort. God zou weliswaar, abstract gedacht, ook zonder de Zoon kunnen bestaan, maar hij zou dan geen Vader kunnen zijn. Ook zijn verhouding tot de wereld zou dan anders zijn.
Hier kunnen we weer aan gewone, menselijke verhoudingen denken om duidelijk te maken, wat deze 'goddelijke verhoudingen' inhouden. Vader zijn betekent op menselijk niveau al oneindig veel. De hele verhouding tot de wereld wordt anders voor een mens, wanneer hij vader is geworden. Nieuwe ervaringen, nieuwe verplichtingen en verantwoordelijkheden, maar ook nieuwe mogelijkheden dienen zich aan. Een bepaalde verhouding tot de wereld, wat de verhouding tot de eigen kinderen in wezen is, krijgt nu pas echt realiteit. Dit alles kan men ook van God zeggen. Wanneer God Vader is – wat als oerbeeld in zijn verhouding tot de Zoon verschijnt en wat immers ook een veranderde verhouding tot de wereld tot gevolg heeft – duidt dit op verplichtingen en verantwoordelijkheid, maar ook op heel andere mogelijkheden met betrekking tot de schepping en de schepselen.
Rudolf Frieling heeft in zijn boek *Christendom en islam*[42] gewezen op de zwakheid die ligt in het dogma van de islam: 'God heeft geen Zoon'. Deze loochening van het vaderschap van God slaat terug op het beeld van God in de islam, zoals Rudolf Frieling laat zien. Het onttrekt God aan de wereld, verbant

hem naar een eeuwigheid aan gene zijde, houdt alles tegen wat voor ons oog verschijnt, wanneer we God niet alleen als heerser, gebieder en almachtige schepper zien, maar naar hem als Vader kijken en dan pas het gevoel van een diepe verbondenheid tussen God en de wereld kunnen hebben.

Maar nog meer: Wanneer het christendom spreekt over God als de Vader, die de Zoon uit zichzelf laat ontstaan, dan blijkt daaruit dat God niet alleen in zichzelf en voor zichzelf wil bestaan, maar dat hij liefdevol andere wezens zelfstandig naast zich accepteert door aan hen iets van zijn wezen en zijn te offeren. Ook dit ligt immers in de vergelijking met de menselijke vader. Deze geeft aan zijn zoon het bestaan en de basis om te bestaan, maar toch met de bedoeling dat de zoon een eigen bestaan met eigen verantwoordelijkheid opbouwt, dat de zoon zich als een zelfstandig wezen tegenover de vader kan plaatsen. In het verschijnen van de Zoon openbaart zich dus Gods wil, een ander zijn, een ander wezen niet alleen uit zichzelf te laten voortkomen, te scheppen, maar ook vaderlijk te erkennen dat zich daar iets nieuws, iets toekomstigs ontwikkelt. De vaderlijke verhouding van God tot de schepping garandeert dat de schepselen niet eenvoudig tot 'marionetten in Gods hand' worden, die aan een absolute, goddelijke autoriteit onderworpen zijn, maar dat ze tot een eigen bestaan met een eigen karakter, met andere woorden, tot 'zoonschap' geroepen zijn, om met de apostel Paulus te spreken.

Deze realiteit heeft zijn oerbeeld in de Zoon Gods. Wat in hem reeds werkelijkheid is, namelijk dat de zoon tegenover de vader staat en dat toch de diepste verbinding met hem blijft bestaan, is ertoe bestemd de schepselen stap voor stap ten deel te vallen.

De Zoon is echter niet alleen het *oerbeeld* van deze verhouding van schepsel tot schepper, maar tegelijk ook de *oerbron* van de kracht die deze verhouding kan bewerkstelligen. Want zoals de Vadergod ten grondslag ligt aan het zijn en de substantie van de wereld en de mensheid, en ieder van ons deel heeft aan dit zijn en deze substantie, zo kunnen we nu zeggen: Ook aan de Zoongod, ook aan zijn wezen en scheppen hebben wij deel; echter op een wijze die niet eenvoudig gegeven is, maar waaraan we zelf scheppend moeten meewerken.

In het eerste godsbeleven ligt het ervaren van onze geborgenheid in de diepste gronden van het zijn besloten. Doordat ik nu echter ook leer voelen: Ik mag bij alle geborgenheid in God een persoonlijk bestaan ontplooien, dat door God erkend wordt, ja sterker nog, dat hij wil – daardoor beleef ik God als Vader, die door de Christus in mij het zoonschap, dat wil zeggen, de vrije, zelfstandige verhouding tot hem, wil aanbieden en mogelijk maken. Zo kan duidelijk worden dat in het feit van Gods 'vaderschap' juist iets van de kern van de christelijke wereldbeschouwing ligt. Vaderlijk ten opzichte van de wereld en de schepselen staan betekent voor God: niet slechts op een goddelijke afstand er tegenover staan, maar een innige verbinding ermee willen hebben.

We kunnen deze gedachte aan de hand van een tegenbeeld misschien nog duidelijker maken. In het weekblad *Die Zeit* was eind maart 1983 in de humoristische rubriek 'Hier spreekt de dichter' zoals gewoonlijk een van de originele cartoons van Robert Gernhardt afgedrukt, ditmaal onder het motto 'Wat is de mens?' De tekst bij de tekeningen luidde: 'O mens, gij zijt een inktpot' (er is een mens getekend als een inktpot), 'waarin een God zijn pen doopt' (er verschijnt een grote hand die een ganzeveer in de mens–inktpot doopt). 'Doet hij dit uit liefde? Of haat? Ach, onzin! Omdat hij inkt nodig heeft...' (de ganzeveer wordt teruggetrokken, en hiermee schrijft de grote hand nu de volgende woorden boven de mens–inktpot op de muur:) 'Ik ben de Heer, uw God; gij zult...'

Tot zover de cartoon uit *Die Zeit*, waartegen op zichzelf niets in te brengen valt, behalve dat hier een opvatting vorm heeft aangenomen, die God een autoriteit en almachtig heerser laat zijn, eventueel ook met vriendelijke trekken, maar geen vader. Op groteske wijze wordt duidelijk, waarin het beeld van God wat de grondstemming betreft kan ontaarden, wanneer God niet in een vaderlijk liefdevolle verhouding tot de wereld wordt gedacht. Zien we God slechts als de heersende, dan komen we in gevaar onszelf enkel te beschouwen als object van een geestelijke wereld dat zich alleen maar onvoorwaardelijk aan de doelen ervan kan onderwerpen.

Maar wij, Gods schepselen, moeten juist *niet* 'marionetten in Gods hand zijn', zoals in de inktpot–cartoon zo grotesk tot uitdrukking komt. Wij zijn geroepen, in de hoogste zin zelfstandige wezens met een eigen, persoonlijk bestaan te zijn. Dit wil ons de verschijning van de Zoon zeggen. Uit en naast de Vader heeft Jezus Christus een eigen bestaan, hoewel of juist omdat hij tegelijkertijd ten zeerste met de Vader verbonden is.

MENSWORDING VAN DE ZOON I

Aan de mens is in het scheppingsplan een zelfstandig bestaan toegedacht. Dit feit betekent echter om te beginnen, dat de mensheid ook het lot op zich moest nemen ver van God vandaan te zijn, omdat de mensheid in Gods nabijheid nooit tot zichzelf had kunnen komen. Hij moest zich wel uit de overmachtige nabijheid van God afzonderen om zichzelf te kunnen vinden. Daarin ligt de zin van de zondeval. De mensheid 'valt' uit de nabijheid van God, maar daarmee zet hij tegelijk de stap naar een bestaan dat niet direct overschaduwd – of overstraald – wordt door de alles bepalende nabijheid en macht van God. De mens kan op een 'veilige afstand' van God zijn eigen wezen beproeven, alle fouten begaan en alle zijwegen verkennen, die onder de ogen van God onmogelijk zouden zijn.

Daarbij komt hij echter ook in de buurt van de afgronden der wereld, waarin de tegenstander-machten huizen. Aan hen kan hij ten prooi vallen; aan hun werkingen wordt hij nu onderhevig. Hoe verder de wereldgeschiedenis met de zondeval vordert, des te groter wordt het gevaar. De 'val' kan leiden tot 'ver-vallen-zijn' aan het boze.

Mag God ingrijpen? Hij zou de hele zin van de schepping in gevaar brengen, wanneer hij eenvoudig door middel van goddelijke machtsontplooiing het kwaad uit de wereld wilde ruimen en de mensheid naar de 'rechte weg' terugvoeren. De zelfstandigheid van de mens zou dan verloren zijn.

God kiest een andere weg om de mensen te hulp te komen; hij wordt mens. De weg die de mens door de zondeval in de afzondering van God heeft gedreven, deze weg gaat Christus ook – niet door zelf de 'val' te ondergaan, maar door uit eigen vrije wil de weg van de opperste hoogte van het goddelijke zijn tot in de diepte van het menselijke bestaan bewust af te dalen. Paulus beschrijft in het tweede hoofdstuk van zijn brief aan de Filippenzen deze daad:

> 'Laat de gezindheid onder u zijn
> die ook was in Christus Jezus.
> Hij die goddelijke gestalte bezat,
> begeerde toch de godgelijkheid niet als eigendom,
> maar ontledigde zichzelf
> door knechtsgestalte aan te nemen
> en de mensen gelijk te worden.
> En in mensengedaante levend
> vernederde hij zichzelf en nam gehoorzaam alles op zich
> tot in de dood, de dood aan het kruis.'
> (Filippenzen 2:5–8)

Christian Morgenstern heeft hetzelfde motief uitgesproken in een van zijn gedichten uit de bundel *Wij vonden een pad*.[43] Hij verheft zijn blik tot de zonnehoogten en kosmische verten, waarin Christus oorspronkelijk met de Vader verbonden was, en tracht innerlijk na te beleven, hoe het was, toen Christus uit deze hoogten afdaalde om de mensheid nabij te zijn.

Neem in u op, wat zich aan u onthult!
Tast voelend naar de weg die tot de zon u leidt!
Voorvoel, welk scheppende heerlijkheid
elk wezen daar vervult!

Klim langs de treden dezer geesten
dan omhoog tot aan de hoogste schaar!
En wordt dan eindelijk Hem gewaar:
de Meester van ál deze geesten!

En daal dan met Hem af!
Ga, onder mensen en demonen
met Hem in het lichaam wonen
dat vroom een mens Hem gaf.

Begrijpt een hart geheel de grootheid,
meet een geest de omvang van dit offer gans?
Dat een God des hemels glans
ruilt voor 's mensen nood en naaktheid!

Niet pas de dood op Golgotha, maar reeds de menswording was voor Christus een enorm offer. Echter alleen door de menswording van Christus kon het Goddelijke voor de aardemens, aan wie het in het geestgebied ontrukt was, heel dichtbij komen. Christus wordt voor ons in zijn menselijkheid tot een *broeder*. In deze realiteit vinden we nu een tweede kenmerk, dat ons het bestaan van de Zoon in onderscheid tot de Vader duidelijk kan maken. In het beleven van de Vader ligt toch iets dat ons mensen verre te boven gaat. De grootsheid van de Vader – we hebben deze in de beelden van de sterrenhemel en het hooggebergte trachten te benaderen – gaat ver boven alle aardse grenzen uit. In tegenstelling hiermee mogen we ons Christus als heel nabij, menselijk nabij voorstellen. Hij is niet de alles omvattende die het zijn der wereld draagt, maar hij is de mensenbroeder die in zijn eigen mens–zijn ook alle diepten van het aardse bestaan heeft leren kennen.
Hier blijkt heel duidelijk dat in de christelijke wereldbeschouwing met recht naast het beleven van de Vader het beleven van de Zoon met zijn geheel andere geaardheid treedt. Want de directe, menselijke nabijheid zoals die in Christus voor ons voelbaar wordt, is in het beleven van de Vader zo niet gegeven. En al vroegen we ons in het begin af of we aan het beleven van de Vadergod niet voldoende zouden hebben, nu komt juist uit deze gezichtshoek nog een duidelijker antwoord. In Christus kunnen we ons met het Goddelijke verbonden

voelen tot in onze meest alledaagse, menselijke gevoelens. Er is niets menselijks dat hij niet óók heeft ervaren en daarom niet ook geheel uit het perspectief van de aardemens kan meevoelen.
Paulus heeft deze realiteit ook zeer diep beleefd. Met betrekking tot de Vadergod hebben we van hem de uitspraak aangehaald 'In hem leven wij en bewegen wij ons en zijn wij', terwijl het beleven van de Zoongod ons in het Paulus-woord 'Christus in mij' tegemoet straalt. Zo is de gebruikelijke, korte formulering, maar eigenlijk luidt deze voluit: 'Mijn ik leeft niet meer, Christus leeft in mij. Het leven dat ik nog als aardse mens heb, leef ik in het geloof, in de kracht van de goddelijke Zoon, die mij zijn liefde schonk en zichzelf voor mij gaf.' (Galaten 2:20)
In Christus, in de goddelijke Zoon, komt God heel dichtbij ons. God blijft niet eenvoudig in wereldverten en geesteshoogten, maar hij zendt de Zoon en wordt door hem tot mensenbroeder voor ons. Het godsbeleven draagt en omhult ons niet alleen, het neemt intrek in ons hart; het wil daar tot centrum van ons zijn worden. Dit is wat uit het Paulus-woord spreekt.

MENSWORDING VAN DE ZOON II

'Hij is mens geworden.' Het mag voor velen ondenkbaar zijn, zich God als mens op aarde voor te stellen, en het is makkelijk een dergelijke voorstelling als dwaze uitwas van een met alle gezond verstand spottende fantasie te beleven. Moeten we dus de menswording van God eenvoudig als geloofsfeit aannemen? Het simpele aannemen van dit dogma enkel en alleen op grond van geloof kan ons echter niet binnenleiden in de diepte van het geheim; te groot is het gevaar, dat we heenkijken over het geweldige dat hier ter sprake wil komen. Ook een gewoonweg accepteren is te lichtvaardig.
In het Nieuwe Testament, bij voorbeeld in de eerste brief van Johannes, klinkt nog iets na van de innerlijke beweging, die voor de leerlingen van de levensontmoeting met de Christus, door wie zij het Goddelijke in de directe, menselijke nabijheid beleefden, moet zijn uitgegaan. Johannes schrijft: 'Het was van het oerbegin, wij hebben het gehoord, wij hebben het met onze ogen gezien, wij hebben het geschouwd en met onze handen getast: het Wereldwoord dat in zich draagt het Leven.' (1 Johannes 1:1)
Men zal dit geheim nauwelijks begrijpen, wanneer men niet in de mens zelf het uitgangspunt voor een begrijpen ervan zoekt. Wat is de mens – naar wezen en oorsprong?

De bijbel geeft ons daarop in het scheppingsverhaal het antwoord: Hij is als evenbeeld van God geschapen. Tussen God en het beeld van de mens bestaat een oorspronkelijke samenhang. Zeker, we spreken hier over het ideaal en het diepste wezen van de mens, dat in iedere werkelijke aardemens slechts als een zwakke afschaduwing zichtbaar wordt. En toch is in de mens dit ideaal en dit diepere wezen voorhanden; het werkt in elk aardeleven door.

Zo mogen we zeggen dat hetgeen in de mens als zijn eigenlijke wezen leeft, als het beeld waar ieder mens in de grond van zijn hart om worstelt, waarnaar hij vurig verlangt, in God reeds van tevoren is gedacht en gewild. Het is in God werkelijkheid. Wat in God als 'voor-beeld' al aanwezig is, verschijnt in de mens afgezwakt tot een aardse vorm, verkleind tot de alledaagsheid van het menselijk bestaan. In God is het beeld van de mens reeds naar zijn eeuwige oergestalte voorhanden, en de aardemens moet gedacht worden als zijnde uitgekristalliseerd uit het wezen van God. Omgekeerd uitgedrukt: in iedere aardemens bestaat een spanning ten opzichte van het eeuwige, goddelijke in hem, en in al het waarachtig menselijke kan iets van de gouden glans van het eeuwige zichtbaar worden.

Wanneer er een dergelijke oerverhouding tussen God en de mens is, zal de menswording van God ons weliswaar niet minder groots, maar toch niet meer zo totaal onbegrijpelijk voorkomen. In de menswording van Christus ligt dan niet meer het ongelooflijke, dat gegeven zou zijn als de mens helemaal niets met God te maken zou hebben. Nu echter is de mens immers uit het wezen van God voortgekomen; de mens *is*, idealiter, het evenbeeld van God. In het evangelie volgens Johannes wordt deze realiteit uitgedrukt, waar van Christus gezegd wordt: 'Hij kwam tot het zijne' (als mogelijke vertaling van Johannes 1:11). Christus kwam bij zijn menswording niet in een volkomen vreemd element, maar in iets dat hem vertrouwd was. We kunnen zelfs zeggen: met de menswording van Christus leefde het gevallen, verminkte oerbeeld van de mens in de mensheid weer op. 'Ziedaar, dat is *de* mens!' (Johannes 19:5) Dit woord van Pilatus over de Christus Jezus is de waarheid.

Men kan de verborgen overeenstemming bewonderen tussen het begin van het Oude Testament, dat met de schepping van de mens 'uit het beeld van God' begint, en het Nieuwe Testament, waarin getoond wordt, hoe de kracht van het oerbeeld, van God, op nieuwe wijze het evenbeeld, de mens, doordringt zonder daarmee het mens-zijn uit te doven. Hoe dit doordrongen worden voor de mens veeleer betekent dat zich in hem de gouden glans van het eeuwige, scheppende als ware menselijkheid opnieuw kan openbaren.

Door Christus' verschijnen op aarde werd het menselijke in zijn oorspronkelijke verhouding tot het eeuwige en Goddelijke hersteld. Sterker nog: nu pas was het zover dat naar de mensheid de volle kracht kon toegroeien, om dat wat sinds het oerbegin in aanleg in de mensheid aanwezig was, langzaam en geheel op eigen kracht tot ontwikkeling te brengen. Dat 'God mens werd' moet ertoe leiden dat de mens op zijn beurt bewust de weg leert vinden naar het eeuwige, scheppende en daardoor opklimt van mens-zijn tot christen-zijn, tot de Christus in hem. Zoals de Christus destijds 'woning' heeft genomen in de mens Jezus, zo wil hij in onze tijd in ieder mens 'wonen'. Niet om ons ik uit te doven, maar om het juist tot het ware mens-zijn te verheffen. Dat is het geheim van het 'Christus in mij'.

CHRISTUS - MENSENBROEDER

In Christus treedt het Goddelijke in een directe relatie tot de mens op aarde, het komt in zijn onmiddellijke nabijheid. Dit geldt niet alleen voor de mens die zich wendt tot het Goddelijke en zich tot God wil verheffen, maar ook voor de mens in zijn belevenissen van alledag, in zijn menselijke ervaringen van vreugde en leed, in zijn hoopvolle verwachtingen en teleurstellingen, in zijn idealen en dwalingen, in zijn fouten en zwakheden. Zo verschilt ons beleven van de Zoon wezenlijk van ons beleven van de goddelijke Vader, zoals ook in het leven van ons mensen de verhouding tot de eigen vader, hoe innig deze ook mag zijn, toch altijd anders is dan die tot een vertrouwde vriend of broer. De verhouding tot de aardse vader wordt toch altijd mede bepaald door het generatieverschil en door de levensrealiteit dat ik aan hem de grondslag van mijn bestaan op aarde te danken heb. Dat is ten opzichte van een broer of vriend niet zo. Daar is vanuit gelijksoortige ervaringen, vanuit een verwante wijze van beleven een directe, innige verbinding van gevoelens en gedachten mogelijk. In het ritueel bij de kinderbegrafenis zoals we dat in de Christengemeenschap kennen, wordt over Christus als over de 'onsterfelijke broeder van sterfelijke mensen' gesproken. Hij is als Zoon, anders dan de Vader, dicht bij de mensen gekomen als een vriend, als een broeder. En zo leeft hij met ons aardse mens-zijn mee, onzichtbaar ons leven begeleidend.
Er zijn woorden in het evangelie die van deze directe nabijheid van Christus getuigen: 'En zie, ikzelf ben met u al de dagen tot de voleinding der wereld' (Mattheüs 28:20), en nog duidelijker: 'Zoveel als gij gedaan hebt voor één van deze mijn geringste broeders, hebt ge aan mij gedaan.' (Mattheüs 25:40) Juist in dit laatste woord komt tweeërlei tot uitdrukking: ten eerste dat Christus ons mensen werkelijk zijn 'broeders' noemt en daarmee de hierboven aangeduide directe nabijheid tot uitdrukking brengt (in het evangelie volgens Johannes

gebruikt hij dan het andere woord: 'U heb ik vrienden genoemd' – Johannes 15:15); ten tweede ligt in dit woord ook besloten dat Christus alles wat een mens wordt aangedaan, ook al is deze nog zo 'gering', beleeft als hemzelf aangedaan. Zo diep is zijn verbinding met de mens en zo dicht staat hij bij hem, dat dit mogelijk is.

In Christus is het Goddelijke in de wijze van beleven, in de ervaringen van ons aardse mens-zijn binnengetreden. Voor het beleven van de Vader konden we op de grote beelden van de onwankelbare aardbodem wijzen, hoe ze majesteitelijk voor ons oog verschijnen, bij voorbeeld in het hooggebergte, of op de kosmische dimensie van de sterrenhemel. Wanneer we zoeken naar een uitdrukkingsmogelijkheid voor het beleven van de nabijheid van de Zoon, worden we nog in een andere richting gewezen.

HOE NABIJ IS CHRISTUS ONS?

Wanneer men over de nabijheid van Christus spreekt, wordt niet zelden daartegen ingebracht: Maar ik kan geen verhouding tot Christus vinden, ik heb geen verbinding met hem, ik voel niet dat hij er is.

Een dergelijke tegenwerping is maar al te begrijpelijk. Maar misschien berust die wel op een verkeerde veronderstelling, namelijk als zou het beleven van Christus met een overweldigende kracht in de ziel moeten optreden. Misschien is Christus innerlijk zo dicht bij ons dat we een zo sterke nabijheid niet vermoeden, ja zelfs niet eens voor mogelijk houden en daarom niet kunnen vatten. Misschien is deze nabijheid van Christus in ons zo natuurlijk, zo vanzelfsprekend dat het ons daarom niet opvalt.

In ons lichamelijke zijn vinden we iets vergelijkbaars: hartslag en ademstroom. Ook de hartslag begeleidt ons onmerkbaar vanaf het eerste ogenblik van ons leven tot en met het laatste ogenblik. We denken er zelden aan, en toch zou ons leven niet kunnen bestaan zonder de nooit aflatende klop van ons hart; ons leven zou niet mogelijk zijn zonder de uit- en instromende adem.

De Christus mogen we gewaarworden als het innerlijkste leven van ons leven, als het hart van ons hart, als het onzelfzuchtige zijn in al ons zijn. Hij is juist in zijn vanzelfsprekendheid en onzelfzuchtigheid onbemerkt in ons en voor ons aanwezig, net zoals we onze hartslag en onze ademstroom normaal gesproken niet opmerken, terwijl ze toch ons gehele leven onbaatzuchtig dragen.

We kunnen zeggen: Het is helemaal niet zo, dat we eerst van ons uit een verhouding tot Christus moeten opbouwen. Deze verhouding is er al, want

Christus heeft deze allang van zichzelf uit opgebouwd – hij is in ons. In de eerste brief van Johannes lezen we dat 'hij ons eerst zijn liefde gaf' (4:20). Dat wij leren hem lief te hebben, is het antwoord op zijn liefde voor ons. Als iemand erover klaagt dat hem maar steeds geen concrete Christuservaring ten deel wil vallen, dan moeten we vragen: Wat verwacht je? Een overweldigende beleving? En zou je dan vrij zijn? Christus zal zich misschien pas aan je vertonen, als je vrij genoeg geworden bent. Maar in welke richting kijk je, als je een ervaring van zijn nabijheid zoekt? Kijk je naar buiten? Te ver! Zoek het dichterbij! Zie in het 'hart van je hart'! Zo zegt Paulus het, terwijl hij aan een oud woord een nieuwe inhoud geeft: 'U nabij is het woord, in uw mond en in uw hart' (Romeinen 10:8).

Het Christusbeleven is voor de mens juist veel dichterbij te vinden dan hij aanvankelijk geneigd is te geloven. Het is in al het mens–zijn 'geïnvesteerd'. Feitelijk is dit dezelfde waarheid die we in de mens als evenbeeld van God voor ons hebben, alleen van een andere kant bekeken; daar moeten we attent op worden. Van hieruit beleven we op nog diepere wijze het woord 'Christus is mens geworden'. Ook in datgene wat in ons mens is, is hij mens in ons. Hierin ligt de ervaring van zijn nabijheid. Zich dit langzaam steeds meer bewust maken betekent: van mens–zijn geleidelijk doordringen tot christen–zijn, tot het 'Christus in ons'.

KRUIS EN OPSTANDING

We kunnen zo over de diepe verhouding tot Christus spreken, die ons van nature, als het 'hart van ons hart', gegeven is, ook al doen we er niets voor en weten we er niets van. De blik op deze werkelijkheid kan een eerste stap zijn, Christus in onszelf te vinden. Als een grondakkoord kan de steeds nieuwe bezinning op deze realiteit ons leven doorklinken.

En toch mogen we bij deze waarheid niet blijven staan, want de volle werkelijkheid en werkzaamheid van de diepe verhouding tot Christus ontplooit zich pas, wanneer deze verhouding steeds bewuster wordt en in een door ons bewust gewilde en gezochte persoonlijke verhouding overgaat. Ook de nabijheid van een beminde medemens, een vriend, vindt pas zijn vervulling, wanneer het samenzijn niet stom en roerloos blijft, maar resulteert in gesprek, ontmoeting en gemeenschappelijke activiteit.

Tot gesprek, tot ontmoeting, tot handelen met Christus wil de nabijheid van Christus leiden.

Wij mensen zijn uit onze oorspronkelijke nabijheid tot God gevallen. Dit heeft ons weliswaar vrijheid gebracht, maar ook aan de gevaren van de tegenstander-machten blootgesteld. Op basis van deze vrijheid kan een volkomen vrije verhouding tot Christus ontstaan. Niets dwingt ons ertoe zijn nabijheid en zijn liefde te voelen en te erkennen; ook de toewijding aan hem wordt vrij en moet vrij zijn.

Anderzijds wordt in onze tijd het gevaar steeds duidelijker, waarin wij mensen geraken door de dwingende macht van de tegenkrachten, die ons op hun weg willen trekken. De afgrond heeft zich in onze tijd geopend voor het beleven hiervan; we dreigen met een verdere 'val' in deze afgrond te storten. Tegenover de overmacht van het boze staat echter de Christus. Christus is niet alleen mens geworden, hij heeft zich op zijn lijdensweg aan de tegenmachten overgeleverd en... hij heeft hen overwonnen. Het kruis en de dood aan het kruis, het graf en de paaszon zijn de diepste signaturen van Christus, de eigenlijke tekenen van zijn heil. In deze tekenen moet de mensheid zelf de kracht der overwinning, ook ten opzichte van het boze, vinden.

Daarvoor is echter niet alleen de van nature gegeven, maar ook de bewust gezochte verhouding tot Christus nodig. Dan pas wordt de nabijheid van Christus ons niet alleen tot troost, maar in ons tot een kracht van *verwandeling*. Vooral in ogenblikken van onmacht, eenzaamheid, leed en vertwijfeling, in alle ervaringen van in de ziel beleefde en lichamelijke nabijheid van de dood zijn kiemen verborgen, die boven deze belevingen uitgaand op een hogere kracht wijzen die als opstandingswerkelijkheid werkzaam kan worden. Waar het kruis is opgericht, waar iets van ons begraven wordt, daar kan ook een door ons aanvankelijk misschien slechts verhoopt, voorvoeld nieuw begin en een verwandeling duidelijk opgepakt worden. Een paaservaring.

Niettemin zal menig lezer zeggen: niets van dit alles heb ik kunnen beleven; alle pijn en smart van mijn aardebestaan is vruchteloos gebleven, in elk geval zonder Christuservaring. Maar als dit waar is: 'Zoveel als gij gedaan hebt voor één van deze mijn geringste broeders, hebt ge aan mij gedaan', dan is in elk doorgemaakt leed nog iemand anders aanwezig, niet alleen wijzelf. En dan is in dit leed ook een kiem van overwinning verborgen, die tot leven gewekt wordt, wanneer we ons in onze ervaringen tot de Christus wenden.

In het lot van de mens bevindt zich een verborgen laag, een diepere dimensie. Deze kan ons niet tot bewustzijn komen, zolang we slechts tevreden en in de gangbare zin gelukkig zijn. De moeilijkste ervaringen van het leven echter voeren ons steeds weer naar deze laag. Ze beginnen onze zelfgenoegzaamheid en de bevangenheid van ons aardse bewustzijn open te breken, tot we op een dag open en vrij genoeg zijn om deze diepere werkelijkheden te ontmoeten, de Christus-werkelijkheid en Christus-nabijheid.

Eén van de grootste moeilijkheden op deze weg is het egoïsme dat we juist in het religieuze leven steeds weer tegenkomen. We zijn telkens in gevaar, het Goddelijke voor *ons* te willen hebben; ook het Christusbeleven moet ons, zo verlangen we, een gevoel van gelukzaligheid geven, maar ons niet verwandelen, wat toch alleen verbonden met pijn en smart mogelijk is. Het kruis, ook ons persoonlijk kruis, is het geneesmiddel tegen het egoïsme. Wie niet ook tegen het moeilijke en zware in het leven 'ja' kan zeggen, neemt het kruis niet aan en daarmee ook niet de verwandelende kracht die eerst naar de opstanding voert. De smart verteert iets van het egoïsme in ons. Pas door deze loutering heen kan zich Christus in zijn volle wezen aan ons openbaren als de macht die al het lijden en al het boze verwandelt.

Vanuit dit gezichtspunt begrijpen we, dat wanneer we ons tot Christus wenden, niet al het lijden eenvoudig van ons af-genomen wordt. Aan de leerlingen werd geen gemakkelijker leven beloofd; bijna allen offerden hun leven voor Christus, maar juist daardoor werden ze tot werkelijke volgelingen. Het leed heeft, wanneer het aanvaard wordt, een taak: het loutert ons hart van al datgene wat onze ontmoeting met Christus in de weg staat. Wat zou ons een nog zo diep Christusbeleven helpen, wanneer we het alleen voor onszelf zouden willen houden en zouden willen blijven zoals we zijn. Opdat de val waarin de mensheid meegesleurd is, verwandeld kan worden in een opwaartse beweging, ja sterker nog, in opstanding, daartoe moet de smart in de ziel zijn louterende kracht ontplooien. Dan echter kan ook pas volle werkelijkheid worden, wat wij als het herstel van het ware mensbeeld door de daad van Christus gekenschetst hebben. In feite gaat het niet slechts om het herstel van de oorspronkelijke toestand waarin de mens voor de zondeval leefde, want dan zou de zondeval geen zin hebben gehad en de mensheidsgeschiedenis met zijn hoogte- en dieptepunten zou niets nieuws opleveren. Dat echter is juist het doel van deze ontwikkeling: uit het gaan door kruis en opstanding moet de mens met hulp van Christus te voorschijn komen als een nieuw gevormde, die uit zijn eigen diepten dat kan putten wat zich in oorsprong nog niet als *eigen, zelfstandig* wezen kon openbaren.

Ook in dit opzicht blijkt de tekst van het scheppingsverhaal in de bijbel (Genesis 1) exact te zijn, want met betrekking tot de schepping van de mens worden daar twee uitdrukkingen gebruikt, die we zouden kunnen weergeven met: 'in' het beeld van God en 'tot' het beeld van God.

Reeds Franz Delitzsch (1872) heeft erop gewezen dat hier geen sprake is van een verdubbeling van één en dezelfde uitdrukking, maar dat er *twee* aspecten van de schepping van de mens worden uitgedrukt: de mens is 'in' het beeld van God gevormd, maar hij moet zich eerst nog uit eigen vrijheid zelf 'tot' beeld van God ontwikkelen, en wel met hulp van Christus. Dit staat als doel boven hem.[44]

Het ware evenbeeld kan immers niet alleen maar af-beelding zijn, zoals een spiegelbeeld dat geen eigen karakter heeft. God is scheppende individualiteit in zijn hoogste volmaaktheid. Wil de mens ook deze goddelijke kracht in zich dragen, dan kan deze weliswaar om te beginnen als aanleg in hem aanwezig zijn, maar tot volle werkelijkheid moet de mens hem zelf vormen, dat wil zeggen: hij moet zelf scheppend actief worden – en dat kan niemand voor hem doen. Daarbij dient hem de uitdaging door de tegenstander-machten; daarbij helpt hem de Christus. Wat zo over de enkeling en het individuele lot gezegd kan worden, geldt op de verschillende gebieden ook voor de mensheid en het mensheidslot als geheel.

Het diepere beleven van de Christuswerkzaamheid is vandaag de dag in menig mensenlot nog verborgen, maar de zielekrachten worden in onze tijd door met leed verbonden ervaringen in toenemende mate rijp om toegang te krijgen tot de hier aangeduide belevingen. Juist de moeilijke ervaringen die onze huidige tijd met zich meebrengt, leiden tot diepere inzichten en zullen in de mensheid meer en meer het bewustzijn van de verwandelende macht van Christus wekken. We zouden over menig menselijk lot in onze tijd kunnen spreken, maar we willen ter illustratie slechts wijzen op het lot van iemand die reeds aan het einde van de 18e eeuw tot de hier besproken innerlijke ervaringen werd gevoerd. Een lot dat als een oerbeeld kan dienen voor vele ervaringen die in de mensheid momenteel beginnen door te breken. Het is het lot van Novalis (Friedrich von Hardenberg, 1772-1801) dat als een oerbeeld staat voor de doorbraak van de mensenziel door een doodservaring heen tot opstanding. In zijn vijfentwintigste levensjaar had Novalis een intensief doodsbeleven, toen hem Sophie von Kühn, de mens die voor hem zijn hele leven betekende, op jonge leeftijd door een ernstige ziekte werd ontrukt. 'Eenzaam, zoals nog geen eenzame was, ... enkel nog een gedachte, vervuld van ellende', zo beschrijft hij de diepe vertwijfeling, waarin Sophie's dood hem had achtergelaten en die hemzelf aan de rand van de dood bracht. Maar daarna wierp een andere ervaring licht in deze duisternis: 'Ineens scheurde de band der geboorte, de keten van het licht.'[45] Hij wordt gewaar dat de dood sinds de daad van Christus geen definitieve grens meer is: 'Wie ik zag, en wie ik aan zijn hand waarnam, daarnaar vrage niemand, eeuwig zal ik dit slechts zien.'[46] Aan het graf van zijn geliefde heeft hij een paasbeleven dat hij later zo vermag te verwoorden:

> 'Ik zeg het ieder, dat hij leeft,
> dat hij verrezen is
> en nu temidden van ons zweeft
> en eeuwig bij ons is.'[47]

Men moet bij dergelijke woorden voor ogen houden dat ze niet slechts vanuit een christelijke traditie, maar vooral vanuit het directe, persoonlijke beleven zijn gesproken. In zijn *Geistliche Lieder* en in de *Hymnen an die Nacht* wordt Novalis niet moe van dit beleven te spreken. Hij is op deze wijze als het ware een heraut geworden van een toekomstig christendom, dat over de betekenis van het kruis en de opstandingskracht niet alleen weet te spreken, maar vooral van hieruit weet te leven – als vrucht van een bewuste, persoonlijke verhouding tot de Christus.

DE KOSMISCHE CHRISTUS – WERELDWORDING

Juist omdat we het menselijke aspect van het Christusbeleven zo sterk hebben beklemtoond, moet nu ook nog duidelijker naar voren worden gebracht dat we niet mogen vergeten dat in het beleven van de goddelijk-menselijke nabijheid van Christus nog een heel ander beleven verborgen is: het beleven van zijn *kosmische* dimensie. Wij moeten ervoor waken dat we het beeld van Christus niet verkleinen, doordat we zijn kosmische macht en scheppingskracht uit het oog verliezen. 'Mij is gegeven alle openbaringsmacht in de hemel en op aarde' (Mattheüs 28:18) – dit woord van Christus aan het slot van het evangelie volgens Mattheüs wijst op het wereldomspannende aspect van zijn wezen. In de mensenwijdingsdienst vinden we het overeenkomstig uitgedrukt, wanneer daar gesproken wordt over het *leven der wereld* dat de Christus *draagt en ordent*.

Dat Christus ons mensen nabij is, is pas door zijn menswording ontstaan. Het is het resultaat van een lange weg, die Christus uit kosmische hoogten, vanuit zijn verbondenheid met de Vadergod is gegaan. We zagen reeds dat alleen al deze weg vanuit kosmische rijken tot in de 'nederigheid' van het mens-zijn een enorm offer, een oneindige smart voor de Christus moet zijn geweest. Het lijden van Christus begon niet pas in de Stille Week, maar is reeds van het begin af aan met de weg van zijn menswording verbonden.

Doordat Christus deze weg werkelijk tot en met de dood en opstanding is gegaan, werd ook de omkering ervan mogelijk: uit het mens-zijn van Christus bloeide in de 'hemelvaart' op nieuwe wijze de goddelijkheid van zijn wezen op. Op het 'afdalen' van Christus volgde zijn 'opstijgen' door alle hemelsferen weer terug tot in de wereld van de Vadergod.

Zo verschijnt Christus aan de ziener Johannes in diens schouwing aan het begin van de Apocalypse als de tot in het kosmische verhoogde 'Mensenzoon'. Hij wordt zichtbaar in menselijke gestalte, de zeven planeten in zijn rechterhand houdend, zijn aangezicht stralend als de zon. Wat Christus op aarde veroverd heeft en wat hij als mens geworden is, kon hij tot in het kosmische verwijden en aan het wereld-al overgeven. Men kan het misschien zo uitdrukken: Met zijn afdalen op de aarde droeg Christus goddelijke substantie de aardewereld binnen, met zijn opstijgen naar de hemel bracht hij menselijk-aardse substantie in de hemel.

Zo zijn in het Christusbeleven voor ons eigenlijk twee ervaringen verborgen. Enerzijds de ervaring van de meest directe, menselijke nabijheid van Christus, anderzijds echter de ervaring dat deze nabijheid pas langzaamaan begint te groeien. We beleven: deze Christus die zo oneindig dicht bij ons is, is tegelijk ook oneindig groot. Hij doordringt met zijn wezen de wereld, hij heeft een kosmische dimensie; hij is voor ons een mensenbroeder en tegelijk is hij 'wereld-mens'.

We hebben als uitgangspunt voor onze beschouwingen over Christus de nabijheid van Christus genomen, en dat is ook juist, omdat in dit beleven het ervaren van Christus over het algemeen het eerst kan worden gevonden. Dat deze nabijheid dan ook een oneindige grootsheid, een kosmische dimensie heeft, is meestal pas de tweede stap op de ervaringsweg.

Zo voert ook de vernieuwde cultus van de Christengemeenschap, de mensenwijdingsdienst, ons allereerst tot het 'Christus in ons' en richt onze blik op de nabijheid van Christus. Pas aan het einde van de verwandeling verbreedt zich in de mensenwijdingsdienst de blik tot de kosmische dimensie van Christus. Deze komt dan in het gedeelte van de communie nogmaals duidelijk naar voren in de reeds genoemde woorden over het dragen en ordenen van het leven der wereld. Gelijktijdig ervaart ook het beleven van de nabijheid van Christus een intensivering in het ontvangen van brood en wijn als lichaam en bloed van Christus. Zo gaan we in het beleven van de mensenwijdingsdienst de weg van het 'Christus in ons' tot de Christus die het leven der wereld draagt, die echter tevens degene is die ons in ons leven en lot draagt.

Beide belevingen gaan samen. Het ene beleven laat ons zien dat de in de wereld werkzame God dicht bij iedere individuele mens wil zijn, dat hij zich tot ons neigt, 'ons eerst zijn liefde gaf' (1 Johannes 4:19), en dat voor hem in zijn toegenegenheid geen mens zo klein is dat hij zich niet tot hem zou neigen.

Het andere beleven wil ons laten zien dat ons leven uit zijn beperktheid en kleinheid, uit zijn afgezonderdheid in een groter geheel kan worden opgenomen, dat het in de grotere wereldsamenhang, in het leven der wereld 'op-geheven' wil worden door Christus, ja dat zelfs onze schuld door Christus opgenomen, gedragen en met ons verwandeld kan worden tot zegen voor het geheel.

De *nabijheid* van Christus is dus door zijn hemelvaart niet tenietgedaan, anders zou aan het slot van het evangelie volgens Mattheüs ook niet de zin kunnen staan: 'En zie, ikzelf ben met u al de dagen tot de voleinding der wereld' (Mattheüs 28:20). Maar de nabijheid van Christus heeft een kosmisch perspectief gekregen: 'En ik, als ik verhoogd word uit het aardse, wil allen tot mij trekken' (Johannes 12:32).

Dat Christus zich tot de mensheid neigt, is slechts het ene. In deze toegenegenheid echter wordt de band van de kosmische liefde geweven, waarvan naar analogie met het slot van Goethes *Faust* gezegd kan worden: het eeuwiggoddelijke trekt ons omhoog.

Het is interessant dat in sommige ervaringen van mensen uit onze tijd, die men – bij alle voorzichtigheid die op dit terrein geboden is – als echte Christuservaringen mag beschouwen, ook de kosmische dimensie wordt beleefd. Zo vertelt een vrouw over een ervaring van Christus' nabijheid, die in een grote imaginatie overgaat: '... uit het donkere kruis werd een ander kruis, dat was licht van kleur en reikte tot aan de hemel... nu begreep ik opeens de zin van de offerdaad van Christus en zijn betekenis voor iedere individuele mens. Een geweldig groot perspectief opende zich daar voor mij. Ik zag het kruis tussen hemel en aarde als een as, waar alles om draaide, het diepste geheim van de schepping, de goddelijke liefde...'[48]

Uit onze beschouwingen tot dusverre kan nu nog iets anders naar voren komen, wat van fundamentele betekenis is bij het beschouwen van de goddelijke triniteit. Zoals we met betrekking tot de Vadergod hebben gesproken over het *zijn*, dat aan alle bestaan ten grondslag ligt, zo verschijnt, wanneer we de blik op de Zoongod richten, voor ons de scheppende kracht van het heelal, de oerbron van de wereld*wording*. In de Zoon hebben we de eigenlijke schepper en in-beweging-brenger van de wereld voor ons. We vinden dit aan het begin van het evangelie volgens Johannes uitgedrukt in de woorden: 'Alles is door hetzelve (het scheppende Woordwezen) geworden en niets van het gewordene is anders dan door het Woord ontstaan.' (Johannes 1:3)

Wanneer we naar het in eeuwige rust zich majestueus voor ons uitstrekkende hooggebergte kijken, verschijnt voor ons oog een beeld van het goddelijke zijn: de Vader. Dat er in de wereld echter niet alleen majestueus 'zijn' is, maar ook in beweging zijnde wording en scheppende vormingsprocessen, beleven we aan het beeld van het voorjaar, dat de wereld tot ontluiken en opbloeien brengt. Het wonder van de wereldwording – het openbaart zich uit de kracht van de Zoon. En deze wereldwording zet zich voort in de schepping en wording van de mens. In de natuur hebben we de voortzetting van een *oude* schepping, waarin niets nieuws meer ontstaat. De *nieuwe* schepping zal uitgaan van de mens. Uit de Christuswerkzaamheid in de mens wil zich een wereldtoekomst ontwikkelen, naar het woord van de kosmische Christus in de Openbaring van Johannes: 'Zie, ik hernieuw scheppend het al.' (21:5)

CHRISTUS EN HET JAARVERLOOP

Vanuit deze twee aspecten van het Christusbeleven valt nu ook licht op het christelijke jaarverloop. De christelijke feesten zijn niet slechts herinnerings-feesten, het zijn feesten met een steeds weer nieuwe actualiteit. Het is werkelijk zo dat de Christus met Kerstmis, in de tijd van de 'twaalf heilige nachten', de ziel van iedere individuele aardemens nadert en deze zachtjes als het ware van binnenuit aanraakt. De glans die ondanks alle veruiterlijking nog altijd over het kerstfeest ligt, komt door deze onbewuste nabijheid van Christus. Men kan ook zeggen: Christus wordt elk jaar met Kerstmis opnieuw geboren als de mensenbroeder.

Deze nabijheid van Christus werkt door in het verdere verloop van het jaar en wordt in de lijdenstijd tot een nieuwe lijdensweg voor Christus. Want hij verbindt zich elk jaar weer met de smart, de pijn en het lijden, ja zelfs met de afgronden die in de mensheid werken, om ze opnieuw te doorleven en er een kiem van overwinning in te planten. Ook de Stille Week, Goede Vrijdag, Stille zaterdag zijn niet slechts herinneringsfeesten; ze zijn elk jaar weer nieuw en monden uit in worstelen en overwinnen, dat door de opstandingskracht van Christus werkzaam wordt.

Zoals Christus met Kerstmis als het ware opnieuw in de mensheid wordt geboren en elk jaar in de lijdenstijd opnieuw het leed van de aarde mee doormaakt, zo laat hij met Pasen en Hemelvaart zijn wezen weer in de kosmos uitstromen. 'Ik ga tot de Vader' (Johannes 16:28) – dit woord uit het evangelie van de paastijd is *het* grondmotief tot aan Hemelvaart, waar het in een beeld voor ons oog verschijnt. Christus stijgt ten hemel op; hij draagt wat hij in de mensheid aan leed, maar ook aan overwinning heeft ervaren, met zich mee de kosmos in. Elk jaar wordt zo de vrucht van de worstelingen in de zielen van de gehele mensheid zichtbaar voor de wezens van de hogere wereld, en in hen als kostbare, geestelijke substantie ingeweven. In de tijd van Sint-Jan bereikt dit proces een hoogtepunt, dat tevens een keerpunt vormt. De tweede helft van het jaar laat Christus de terugweg naar de aarde aantreden, die dan met Kerstmis opnieuw zijn vervulling vindt.

Zo zien we in het verloop van het jaar de werkzaamheid van Christus in zijn nabijheid tot de mensen en in zijn wereldomspannende dimensie op prachtige wijze ontplooid. Wij kunnen hem met onze gedachten en gevoelens op zijn wegen door het jaar begeleiden: dat is de zin van de christelijke feesten. Dan zullen we hem niet verliezen; hij zal bij elke schrede op deze weg dicht bij ons zijn, ook in zijn kosmische grootsheid.

Het verloop van het jaar plaatst ons mensen in een 'voortdurend wordingsproces' en wordt zo in zekere zin zelf tot uitdrukking voor het wordingsproces dat van de Christus uitgaat. Het wordt tot een werkzaam beeld voor de scheppende krachten die de Christus tussen hemel en aarde, tussen de Vadergod en de mensheid, ontplooit. Door te trachten het verloop van het jaar op zinvolle wijze mee te beleven – naar buiten toe in het meebeleven van de veranderende natuur, vooral echter naar binnen toe, *innerlijk*, in het vieren en volbrengen van de driemaal drie christelijke feesttijden van het jaar – sluiten we ons aan bij de aardse en kosmische werkzaamheid van de Christus. Zo hebben we deel aan zijn wereld-scheppende wording.

DE HERREZENE – MANNELIJK-VROUWELIJK

Bij onze beschouwingen over de Vadergod hebben we in een apart gedeelte gesproken over 'het vrouwelijke aspect van God'. Wat daar gezegd is, geldt dienovereenkomstig natuurlijk ook voor de Zoon. Ook in hem moeten we ons de mannelijke en vrouwelijke krachten in volkomen harmonie voorstellen.

Deze gedachte moeten we vooral met betrekking tot het opstandingslichaam vasthouden; ook daarin moeten de eenzijdig mannelijke trekken overwonnen zijn, en wel in die zin dat het mannelijke en het vrouwelijke samen een hogere *eenheid* vormen. Deze hogere eenheid vinden we reeds bij de schepping van de mens, waar de mens Adam 'mannelijk-vrouwelijk' wordt genoemd en nog niet in de eenzijdigheid van man en vrouw verschijnt, welke pas later door de splitsing van de *ene* mens in de tweeheid ontstaat.[49]

Bij deze hogere eenheid van de oorspronkelijke mens sluit de herrezene aan, zijn verschijning omvat beide krachten, die van de man en die van de vrouw. Ook het opstandingslichaam is noch man noch vrouw, maar het is mens, volkomen mens, de 'nieuwe Adam'.

Aan dit mens-zijn van Christus zal de mens in de toekomst deel krijgen; de eenzijdigheden van het aardse mens-zijn zullen overwonnen worden, doordat Christus op de mens inwerkt en in hem woning neemt. Dit behoort tot de grote toekomstbeelden. Lichaam en bloed van Christus, die in de communie aan de mens worden gegeven, vormen het onderpand voor zo'n toekomst.

OVERZICHT

Laten we trachten de in dit hoofdstuk afgelegde weg nog eens voor de geest te halen.

1. Vader – Zoon – mens
   - de Vader krijgt zijn speciale, vaderlijke verhouding tot de wereld door de Zoon;
   - in de Zoon komt tot uitdrukking dat God de mens niet als marionet, maar als een eigen zelfstandig wezen wil;
   - Christus wordt tot de krachtbron voor de individuele ontplooiing van de mens.

2. De menswording van Christus
   - door de zondeval is de mens gescheiden van Gods directe nabijheid; Christus brengt deze nabijheid van God op nieuwe wijze weer tot stand, doordat hij mens wordt;
   - door zijn menswording komt de Christus heel dicht bij de mens: als 'hart van zijn hart';
   - deze menswording is geen mirakel, maar wordt mogelijk, doordat de mens in oorsprong het 'evenbeeld van God' in zich draagt;
   - door zijn nabijheid tot de mens – als mensenbroeder – kan de Christus de mens weer dicht bij zijn ware oerbeeld brengen.

3. Kruis en opstanding
   - de 'van nature gegeven', diepe verhouding van ieder mens tot de Christus kan en moet een bewuste, persoonlijke verhouding worden;
   - leed en smart kunnen kiemen worden, waaruit pas de ware verhouding tot Christus ontstaat: het ervaren van zijn opstandingskracht en verwandelende macht;
   - deze macht staat tegenover het beleven van de dood en het boze in onze tijd en helpt de mens op zijn weg 'tussen dood en duivel';
   - de mens vindt zo niet alleen de weg terug naar zijn oorsprong, maar hij is in staat zijn doel – de scheppende individualiteit van zijn ware wezen – steeds meer te bereiken, zonder daarbij aan een al te sterk egoïsme ten prooi te vallen.

4. De kosmische grootsheid van Christus en het jaarverloop
   - het dicht bij de mens staan van de Zoon mag ons zijn kosmische kracht

en volmacht niet doen vergeten;
- beide aspecten van Christus' werkzaamheid komen in het christelijke jaarverloop tot uitdrukking;
- tegenover het zijn van de Vadergod openbaart zich de Zoon in het wereld-scheppende wordingsproces dat in onze tijd in de mens, boven de natuur uitgaand, naar een 'nieuwe schepping' moet worden geleid.

Uit alles wat hier is gezegd, komt naar voren, hoezeer het gerechtvaardigd is dat in het christendom naast het beleven van de Vader het beleven van de Zoon treedt: het dramatische verloop van de mensheidsontwikkeling is niet denkbaar zonder de Christus.
Er zou nog oneindig veel meer te zeggen zijn over het wezen van de Zoongod. Hier ging het ons erom datgene naar voren te brengen wat ons voor het begrijpen van de triniteit belangrijk leek.

3 De Geestgod

WIJSHEID EN SCHOONHEID IN DE WERELD

Het godsbeleven dat aansluit bij het alomvattende, de grond der wereld vormende wezen van de *Vader*, is wat zijn kwaliteit betreft toch iets heel anders dan ons beleven van de Christus, de *Zoongod*.
Nu rijst de vraag, hoe we begrijpend en ervarend naar het wezen van de Geestgod kunnen kijken. Nogmaals moeten we hier onze blik een andere richting geven om nog een andere dimensie, die in de ons omringende wereld voorhanden is, te beleven: de wereld heeft niet alleen *zijn* en substantie, die we te danken hebben aan het wezen van de Vader; de wereld is niet alleen door de Zoongod vervuld van oneindige *wordingskracht* en ontwikkelingsmogelijkheden, maar kent ook *ordening* en *vorm* en heeft een *zin*. Door naar dit aspect van de wereld te kijken, komen we dichter bij de werkzaamheid van de Geestgod. Hij is het, die aan al het zijn ordening en zin verleent: de wereld is doordrongen van de scheppende wijsheid van de Geest.
Waarheen we ook kijken, in de wijdten van de kosmos of naar de kleinste materiële deeltjes, overal komt ons een *zinvolle* vorm en een *geordend* zijn tegemoet. Ook al verschijnt vandaag de dag in de astronomie de kosmos nog als een zinloze opeenhoping van materie in een eindeloos heelal, zo kunnen we, wanneer we rechtstreeks opzien naar de sterrenhemel, toch ook leren aanvoelen en begrijpen dat bij voorbeeld de ordening van de sterren naar de twaalf tekens van de dierenriem niet eenvoudig een mythe is. Daarop wijzen natuurwetenschappelijke onderzoekingen tegenwoordig reeds.[50] Ook in de kosmos heerst een hogere ordening. Het woord 'kosmos' heeft in het Grieks juist de betekenis van 'ordening'. Een ordening die het tegenovergestelde van chaos is. Dat onze wereld niet een chaotische warboel vormt, dat hij niet in zinloze beweging is die tot niets leidt, en dat in hem ontwikkeling te vinden is, dat hij geen chaos, maar 'kosmos' is, dat is terug te voeren op de werkzaamheid van de goddelijke Geest. Deze is het, die in het zijn en de wording van de schepping ordening en doelgerichte ontwikkeling brengt. Dit motief heeft reeds geklonken in het hoofdstuk over de Vadergod, toen we het 'vanwaar' en 'waarom' van de wereld uit God afleidden. Nu wordt nauwkeuriger duidelijk dat het zijn en de substantie

van de wereld toegeschreven moeten worden aan de Vader, terwijl de zin- en vormgeving van het bestaan toe te schrijven zijn aan de Geestgod.

Het is echter ook werking van de Geest, wanneer we als mensen de van wijsheid vervulde ordening in de wereld kunnen *doorschouwen*. Des te helderder licht deze op, naarmate we onze bewustzijnskracht als kenorgaan sterker in beweging brengen. Met dat wat aan geestelijke activiteit *in* ons is, wat we rechtstreeks aan de werkzaamheid van de Geestgod in onze eigen ziel te danken hebben, met ons *kenvermogen* kunnen we het van Geest doordrongen zijn van de wereld ervaren. Zo komt de werkzaamheid van de Geest in de *mens* overeen met datgene wat op geestelijke wijze in de *wereld* werkzaam is.

De werkzaamheid van de Geest in de wereld strekt zich enerzijds uit tot alles wat ons in de *ruimte* omgeeft, bij voorbeeld in de ordening en vorming van het mineraalrijk, van de plantenwereld en de dieren, in alles wat ordening en vormgeving aan de mens is. Ja, tot in de van wijsheid getuigende vorming en functie van de afzonderlijke menselijke organen – in dit alles hebben we te maken met de zich in de *ruimte* manifesterende werkzaamheid van de goddelijke Geest.

Maar ook in de *tijdsontwikkeling* werkt de kracht van de Geestgod: dat de ontwikkeling van de aarde en de evolutie van de levende organismen niet chaotisch is verlopen, maar een ontwikkeling naar een hoger plan vormt, en dat de mensheid in deze ontwikkeling zijn plaats kon vinden, is te danken aan de ordenende werkzaamheid van de Geest in de tijdsstroom.

Er komt nog iets anders bij. Veel wat ons omgeeft, is op veelvoudige wijze van schoonheid, lieflijkheid, ja zelfs met de adem van innerlijke grootsheid doordrongen. Of we nu een roos of een lelie bekijken, een bergkristal voor ons hebben, een roodborstje gadeslaan of in een kindergezichtje kijken: de stoffelijke wereld om ons heen is dikwijls zo ingericht dat hij schoonheid weerspiegelt, en in deze schoonheid vaak ook een indrukwekkende waardigheid. Wanneer we de schoonheid, de lieflijkheid, de waardigheid van deze wereld bewonderen, die ons dikwijls zelfs in de kleinste dingen tegemoet stralen, worden we aangeraakt door de adem van de Geest. Deze adem van de Geest stroomt door de wereld en bezit zelf goddelijke schoonheid, die hij in alle ordening en vormgeving van de wereld laat uitstralen.

Drie elementen zijn het dus, die voor ons met betrekking tot de werkzaamheid van de Geest op het eerste gezicht waarneembaar worden:

- hij geeft aan alle vormen zin en ordening;
- hij verleent zin en doel aan de ontwikkeling van het bestaan;
- hij omgeeft het bestaan met een waas van schoonheid, lieflijkheid en waardigheid.

Ten slotte bewerkstelligt hij door zijn werkzaamheid in ons dat wij als mensen, in tegenstelling tot de dieren, ontvankelijk zijn voor ordening, zin en schoonheid in de wereld en deze kunnen leren begrijpen; de Geest in ons doorschouwt de Geest en de wijsheid in de wereld.

WAT BETEKENT 'HEILIGE' GEEST?

Hier willen we nu nog een ander motief aan toevoegen. In de christelijke traditie heeft men namelijk niet slechts over de Geest, maar altijd over de *heilige* Geest gesproken. Het woord 'heilig'[51] dat tegenwoordig moeilijk te begrijpen lijkt, krijgt een verrassende en verhelderende schakering, wanneer bij voorbeeld in het Credo van de Christengemeenschap aan het woord over de 'heilige Geest' dat over de 'helende Geest' wordt toegevoegd. Er wordt eerst gezegd: 'Jezus' geboorte op aarde is een werking van de *heilige* Geest die, om de zondekrankheid ... geestelijk te *helen*...', en verderop in het Credo vinden we: 'Door hem (Christus) kan de *helende* Geest werken'.

Deze beide uitspraken hebben natuurlijk een innerlijke samenhang. De menswording van de Zoon is door de Geest voorbereid. We denken daarbij niet aan een 'onbevlekte ontvangenis van Maria uit de heilige Geest'. Dit dogma moet in onze tijd op nieuwe wijze worden begrepen, namelijk niet in de zin van de ontbrekende medewerking van een menselijke vader, maar in de zin van een reine, zuivere zielegesteldheid van Maria. Deze zielegesteldheid liet haar op het belangrijkste ogenblik van de wereldgeschiedenis tot een zuiver omhulsel voor de Geest worden. Zij was – ondanks de aardse ontvangenis – door een bijzondere genade vrij van hartstocht en zo in haar *ziel* maagdelijk gebleven.[52] De medewerking van de Geest bij de geboorte van Christus sluit een menselijk vaderschap niet uit, want hij heeft namelijk op iets heel anders betrekking. Hij behelst in de eerste plaats de *ordening* van de opeenvolging der geslachten, de wijsheidsvolle totstandkoming van de erfelijkheidsverhoudingen, de *zinvolle opeenvolging* van de afzonderlijke aardelevens van de voorouders van Jezus.[53] Dit alles geheel in de zin van wat we reeds over de ordenende macht van de Geest hebben gezegd. De opeenvolging van geslachten in de erfelijkheidslijn van Jezus is niet toevallig. De erfelijkheidsstromen die een voor de Christus-werkzaamheid geschikte lichamelijkheid moeten vormen, worden hierin samengebracht. De vormende, ordenende, zin-gevende kracht van de Geest werkt in de erfelijkheidsstroom zo, dat in de mensen-natuur van Jezus het menselijke in zijn hoogste vorm en vergeestelijking kan verschijnen.

Dit is de *ene wijze* van werkzaamheid van de Geest. Deze leren we bij uitstek kennen door de wijze waarop de geboorte van Jezus door generaties heen werd voorbereid. Hij is echter ook overal voorhanden, waar wij in de geschiedenis of in het leven van de mens zin en ordening vinden. Deze werkzaamheid is 'heilig' in de zin van heil-brengend en helend, omdat hij de machten die in de wereld vernietiging zaaien, tegenwerkt – hij stamt van de heil-brengende Geest.

HELENDE GEEST – HEIL-LOZE WERELD

Er komt echter nog een *andere wijze* van werkzaamheid van de Geest bij. Deze nu werkt niet in de natuurlijke verhoudingen van de menselijke erfelijkheid, niet in de krachten van het bloed of van het lot, enzovoort, maar moet door ons mensen zelf opgepakt en ontplooid worden. Hier komt de *helende* werkzaamheid van de Geest ook pas geheel te voorschijn.

Genezen, 'helen' betekent immers iets 'heel' maken, dat wil zeggen, iets weer tot één geheel laten worden, volledig maken. Wanneer we 'helen', brengen we dat wat gescheiden en uit elkaar gevallen was, weer samen tot één geheel, tot zijn oorspronkelijke volledigheid. Wanneer we dit begrijpen, komen we dichter bij de werkwijze van de helende Geest.

Het behoort tot de fundamentele gevoelens van vele mensen in onze tijd dat ons leven iets vernietigends en onheilspellends heeft gekregen, dat de wereld niet meer 'gaaf' is. Waarom is dat zo? Vooral omdat we ons slechts van de materiële kant, van de buitenkant van het bestaan bewust zijn en die kunnen beleven. We leven daardoor in een krasse eenzijdigheid, want bij het gehele materiële bestaan behoort het geestelijke bestaan, bij de aardse wereld hoort de geestelijke wereld als de andere zijde; *beide* werelden van 'zijn' vormen pas de volle werkelijkheid. Dat we deze werkelijkheid niet meer in zijn volledige betekenis kunnen begrijpen en realiseren, is de diepste wortel van al het onheil in de wereld.

Deze eenzijdigheid leidt er ook toe dat we bij ons leven op aarde alleen oog hebben voor ons eigenbelang. Dat verleidt ons tot uitbuiting en misbruik van de aarde en haar natuurlijke krachten. De gevolgen voor de aarde van deze gedragswijze – een uitgesproken eenzijdigheid – kunnen ons echter vandaag de dag leren dat wij mensen niet alleen aan onszelf moeten denken, maar andere wereldrealiteiten, met inbegrip van de geestelijke wereld, in ons denken en handelen moeten betrekken.

Het is goed dat we in onze tijd ontwaken voor de realiteit van een 'heil-loze' wereld. De verhoudingen in de natuur en onder de mensen zijn in een crisis geraakt, waarin ze hun kwetsbaarheid en de-dood-nabij-zijn openbaren. De mensheid dient te beseffen dat de belangrijkste wortel van deze crisis werkelijk daarin gelegen is dat ons bewustzijn uitsluitend op het aardse gericht is. De mens moet tot het bewustzijn komen dat de wereld hem op het eerste gezicht alleen de buitenkant toont en dat het juist op *hem* aankomt dit aardse bestaan vanuit een geestelijk perspectief pas echt vorm te geven. Zo moet een werkzaamheid vanuit de Geest beginnen, die in staat is de verhoudingen op onze aarde te veranderen en te 'helen', dat wil zeggen, tot het geheel en de volledigheid terug te brengen. Hier hebben we de heel anders geaarde werkzaamheid van de Geest voor ons, die – in tegenstelling tot de hierboven aangeduide wijze – niet onafhankelijk van het menselijk bewustzijn kan werken. Of met andere woorden – zoals we aan het begin zeiden – slechts door ons kennen, en niet eenvoudig van nature, tot leven gewekt wordt.

EERSTE VOORBEELD: DE SLAAP

De helende werking van de Geest begint bij de dingen die behoren tot het vormgeven aan ons dagelijks leven, en voert tot in zeer veelomvattende samenhangen. Een alledaags iets is bij voorbeeld de slaap. Gewoonlijk wordt deze als een toestand van bewusteloosheid opgevat, die een geheimzinnige verkwikking van de levenskrachten tot gevolg heeft. In deze opvatting van de slaap hebben we een typische eenzijdigheid voor ons. In werkelijkheid vinden in de slaap namelijk buitengewoon belangrijke dingen voor ieder mens plaats. Tijdens de slaap komt onze ziel aan gene zijde van de lichaamskrachten in innig contact met het geestelijke in de wereld, met de krachten van het lot en de hogere wezens. Onze ziel verlaat de lichamelijkheid en gaat over in het beleven van de geestelijke wereld.

Hiermee is geenszins in tegenspraak dat we over het algemeen geen bewustzijn van deze gebeurtenissen hebben, zoals we ook van veel processen in ons lichaam geen bewustzijn hebben, hoewel ze toch echt plaatsvinden. Alleen in sommige dromen, bij voorbeeld in dromen met een voorspellend karakter[54] – deze komen werkelijk voor – straalt iets van deze nachtelijke belevingen in het aardse zielebewustzijn binnen.

Het komt er zeer op aan, *hoe* we de overgang naar het gebied van de slaap maken. Hier kunnen we iets wezenlijks doen. De werkelijke 'heiliging' van de slaap kan oneindig veel bijdragen tot 'heling' van menselijke zwakten en moeilijkheden. Doordat de mens met de juiste instelling gaat slapen, kan hem

als naklank van de nachtelijke ervaringen kracht en inspiratie gegeven worden voor situaties die met zijn lot samenhangen.[55]
Sommige lezers zullen deze uiteenzettingen misschien loze beweringen vinden, want hoe kan dit alles bewezen worden? Zeker, 'uiterlijke' bewijzen zijn hier niet te vinden. Maar ervaringen kunnen net als op vele andere gebieden van het leven ook hier worden opgedaan. Hier geldt hetzelfde als voor de vraag of een ander mens werkelijk van mij houdt: ik moet het uiteindelijk door de realiteit van het leven ervaren. Eveneens kan de levenservaring mij leren dat de slaap en het ontwaken iets anders voor mij worden, wanneer ik met het hier gezegde rekening tracht te houden. Juist van zulke 'simpele' ervaringen uit het leven kan veel meer voor onze geestelijke zekerheid en voor de verandering van onze hele levensinstelling uitgaan dan van vele theoretische overwegingen. Dit eenvoudige voorbeeld laat zien, wat we bedoelen, als we over de werking van de Geest in ons bewustzijn spreken.

TWEEDE VOORBEELD: DE AFSTAMMING VAN DE MENS

Op een grotere samenhang richten we onze blik, wanneer we nu het vraagstuk van de afstamming van de mens in ogenschouw nemen. Waar in volle waarheid wordt beweerd dat de mens van het dier afstamt, ontmoeten we weer een typische eenzijdigheid. Niet te overzien zijn de – ziekmakende – gevolgen van deze opvatting, want al het geestelijke streven van de mens wordt erdoor in twijfel getrokken. Als ik moet beleven dat ik als mens in feite een 'hogerop geklommen dier' ben en mijn idealen slechts gesublimeerde, animale driften voorstellen, verliest elk moreel streven zijn zin. Een diepergaande verplichting behoef ik niet te voelen: als 'naakte aap' ben ik tenslotte niet verantwoordelijk voor mijn daden.
Maar dit zijn niet de enige gevolgen van deze zienswijze. Een voorbeeld: Voor een onderwijzer zal het toch van niet geringe betekenis zijn, hoe hij naar zijn leerlingen kijkt. Ziet hij in hen vermenselijkte dieren die hij de passende dressuur moet bijbrengen, of vermag hij in ieder kind een ik te zien, dat in staat is tot het dragen van verantwoordelijkheid, waarbij hij het kind behulpzaam kan zijn dit ik te ontwikkelen. In deze zin betekent 'op-voeden' een grote verantwoordelijkheid.
Zo zal ook een arts met de ene of met de andere instelling heel verschillend tegenover een zieke staan. Dit geldt uiteindelijk voor alle gebieden van het leven. Onze hele levensopvatting en -houding wordt in beslissende mate

medebepaald door het feit of ik wat het vraagstuk van de afstamming betreft zus of zo kan denken.

Bij de eenzijdigheid (niet onwaarheid) in de opvatting van de menselijke afstamming moet het inzicht worden gevoegd dat de mens wat zijn ware wezen betreft van God stamt. Daarmee loochenen we niet het feit dat zijn *lichamelijk-heid* eens lagere stadia heeft doorlopen, parallel aan de ontwikkeling van het dier. En dat zo pas langzaam de ons bekende menselijke gestalte is ontstaan. Het ik en de ziel van de mens stammen echter niet uit deze ontwikkelingsreeks, maar zijn 'van bovenaf' uit goddelijke rijken in deze ontwikkeling ingevoegd.[56] Slechts een pedagogiek en geneeskunst die acht slaan op de eeuwige kern van de mens, kunnen werkelijk innerlijk vormend, opvoedend en genezend werken. Zonder dat zullen uiteindelijk alle pogingen tot opvoeden en genezen in het uiterlijke blijven steken. Het groeiend verzet tegen het huidige schoolsysteem en tegen een vertechniseerde, onmenselijk wordende geneeskunde is volkomen gerechtvaardigd. Deze ontwikkelingen hangen samen met de tegenwoordige materialistische opvattingen op deze gebieden, die een stempel op ons leven drukken. Deze opvattingen *kunnen* alleen maar ziekmakend en afbrekend werken. Niet van het materialistische mensbeeld, alleen van werkelijk geestelijk inzicht in de zin van de 'heilige Geest' is hier genezing en heling te verwachten.

ONHEILIGE GEESTEN

Uitgaande van deze beschouwingen ligt nu de vraag voor de hand of er in tegenstelling tot de 'heilige' Geest ook 'onheilige' geesten bestaan. Het is duidelijk dat onze huidige civilisatie mede geïnspireerd is door een bepaalde geestesgesteldheid, waarvan de heil-loze uitwerkingen ons tegenwoordig op alle gebieden van het leven steeds duidelijker tot bewustzijn komen. We hebben aan de hand van twee voorbeelden, die we echter naar believen zouden kunnen uitbreiden, op het eenzijdige karakter van deze geestesgesteldheid gewezen. Deze eenzijdigheid bestaat in de eerste plaats uit het feit dat een heel gebied van de wereld bewust buiten beschouwing wordt gelaten. De huidige natuurwetenschap is groot, doordat deze zich consequent aan het weeg-, tel- en meetbare heeft gehouden. Alles wat met de menselijke levens-, ziele- en geesteskrachten samenhangt, kon niet tot onderwerp van de zo georiënteerde, streng wetenschappelijke beschouwingswijze worden. Daarmee ging voor ons de 'gave' wereld, die juist een *geheel* vormt, omdat *alle* krachten van het bestaan erin betrokken zijn, verloren. Wat overbleef, zijn levensvormen die we als verregaand heilloos moeten ervaren.

We verwijderen ons niet te ver van het begrip van de lezer, als we zeggen dat ook achter deze geestesgesteldheid van onze tijd met zijn grote eenzijdigheden 'inspirerende *geesten*' staan. Net zoals we in christelijke zin moeten spreken van de heilige Geest als een reëel, de wereld vormend wezen dat we in ons bewustzijn kunnen opnemen, moeten we ook spreken van reële wezens die werkzaam zijn als inspiratoren van een geestesgesteldheid die ons uiteindelijk onheil brengt. Geestelijke wezens die belang bij deze ontwikkeling hebben, vormen door deze geestesgesteldheid vandaag de dag mee aan onze wereld; ze bedienen zich hierbij van de gedachten en daden van mensen. Het behoort tot de geestelijke vooruitgang in onze tijd dat ook hier de eenzijdige blik op de pure buitenkant van de wereld, die zulke invloeden verbergt en maskeert, wordt aangevuld door het besef van de werkzaamheid van *dergelijke* geestwezens. Zonder twijfel behoort de hier genoemde ontwikkeling tot de grote noodzakelijkheden van de wereldgeschiedenis. Deze moest intreden om, zoals we reeds in het vorige hoofdstuk hebben aangeduid, de mensheid los te maken van God en een stuk voorwaarts te brengen op de weg van de vrijheid. In onze tijd dienen we echter tot het inzicht te komen dat we in een afgrond belanden, als we de ons gegeven vrijheid niet op de juiste wijze weten te gebruiken en niet in staat worden de helende krachten te wekken, die uit een andere, een genezende geestesgesteldheid moeten voortkomen.

FASCINATIE... OF VERHEFFEN WE ONZE GEDACHTEN TOT DE GEEST?

Twee motieven willen we hier nog bespreken, die kunnen dienen ter karakterisering van de geestesgesteldheid van onze tijd en anderzijds ook licht kunnen werpen op het wezen van de heilige Geest: Het materialistische wereldbeeld is ten eerste fascinerend, omdat het ogenschijnlijk eenvoudig is, en ten tweede doet het geen beroep op onze eigenlijke menselijke vermogens.

De beide voorbeelden die we in het voorafgaande hebben bekeken, bevatten reeds de elementen die we zullen gebruiken om de motieven waar het hier om gaat te verduidelijken. De ontwikkeling van de mens vanuit het dierenrijk naar een hoger plan is als gedachte simpel en gemakkelijk te overzien. Juist door zijn eenvoud en door de ogenschijnlijk op uiterlijke feiten gebaseerde aannemelijkheid heeft deze gedachte iets fascinerends. Het lijkt eenvoudig 'logisch' zich de afstamming van de mens op deze wijze voor te stellen. We verkrijgen zo een eerste karakteristieke eigenschap van deze aan de heilige Geest tegengestelde soort van geestesgesteldheid. Deze is verleidelijk en fascinerend door zijn bij uiterlijke feiten aansluitende eenvoud.

Pas wanneer men de dingen nauwkeuriger onderzoekt, blijkt vaak dat de ogenschijnlijke eenvoud uiteenvalt in een veelheid van zeer gecompliceerde details, die bij voorbeeld in het geval van de afstamming van de mens geenszins een logische bewijsketen vormen. De werkelijke vondsten die als bewijzen moeten dienen in het afstammingsvraagstuk, laten ook een andere interpretatie toe. De feiten kunnen helemaal niet als een sluitende bewijsketen worden aangevoerd. Voor de overgang van het dier naar de mens is hier geen duidelijke brug te vinden.[57]

Op deze wijze blijft de vraag naar de afstamming van de mens open voor een heel andere beschouwingswijze, waarin plaats is voor de gedachte dat de menselijke ziel uit de geestelijke wereld afdaalt in een aardelichaam. *Twee* ontwikkelingsstromen hebben elkaar in het wordingsproces van de mens ontmoet, zoals overigens ook heden ten dage bij elke geboorte van een mens gebeurt. Enerzijds de *opklimmende* ontwikkeling vanuit 'primitieve', lichamelijke voorstadia van de mens, die zich echter toch reeds in de richting van de mens ontwikkelden, en waarvan de dieren aftakkingen en eenzijdig geworden vormen zijn. Anderzijds de *afdalende* ontwikkeling van uit de Geest stammende, menselijke individualiteiten die met de aardse lichamen die hun als gevolg van de opklimmende ontwikkeling op aarde ter beschikking stonden, steeds meer identiek werden (terwijl ze er voor die tijd als het ware boven 'zweefden'). Dit naarmate de voorstadia van de mens zich meer tot de eigenlijke menselijke gestalte ontwikkelden (zoals dit immers ook bij de hedendaagse mens in zijn ontwikkeling van embryo via zuigeling en kind tot volwassene het geval is).

We zien echter dat zulk een gedachte uit de wereld van de Geestgod zeker niet 'eenvoudig' is. Hij bevat zelf reeds de dualiteit van een geestelijke *en* een materiële ontwikkeling en noodzaakt ons beide ontwikkelingen met elkaar in verband te brengen, ze niet eenvoudig gescheiden te denken. Als ik mij er innerlijk niet toe *kan* of *wil* 'verheffen', het materiële bestaan als van Geest doordrongen te *ervaren*, zal ik tevergeefs naar 'bewijzen' voor de hier aangeduide visie uitkijken. Het eigenlijke bewijs kan alleen maar in de beantwoording van de volgende vragen liggen: Kan ik mij het ontstaan van een menselijk lichaam werkelijk vanuit een *puur* materiële basis, volgens de in de moderne evolutietheorie aangegeven voorwaarden, *denken*? Ben ik bereid mijzelf in mijn gehele zijn, lichaam, ziel en geest omvattend, dienovereenkomstig te *beleven* en te *beoordelen*?

Wie beide vragen duidelijk met 'ja' beantwoordt, zal nauwelijks verder willen vragen. Wie van dit 'ja' niet zo overtuigd is, zal uitzien naar een duidelijk fundament dat hem houvast kan geven bij het vinden van een geestelijk wereldbeeld. Zo'n fundament is voor onze tijd gegeven in de antroposofie van Rudolf Steiner; deze biest het volle houvast om tot werkelijke kennis te komen. Het betrekken van het geestelijke aspect in onze kijk op de wereld verlangt echter dat we ons met ons denken innerlijk verheffen. Het vraagt een sterkere geestelijke activiteit, zowel in het denken zelf als in het doorgronden van de werkelijkheid. Dat wil niet zeggen dat de zo verworven wereldbeschouwing die we geestelijk-aards zouden kunnen noemen, minder helder en duidelijk, minder logisch zou zijn dan de materialistische zienswijze. We zouden niet met deze zekerheid over de hier opgeworpen vragen kunnen spreken, als in het antroposofisch onderzoek niet allang de basis was gelegd voor het werkelijk overwinnen van deze problemen.[58]

Het is belangrijk op te merken dat het bij de hier bedoelde 'geestelijke' wereldbeschouwing in de zin van de 'helende Geest' niet om een zich afwenden van de aardse werkelijkheid, niet om een zich terugtrekken in mystieke, wereldvreemde sferen gaat. Integendeel: zulk een zich afwenden van de wereld zou ook weer slechts eenzijdig zijn en geen werkelijk genezende impulsen voor de huidige wereldsituatie inhouden.

De inspiratie voor onze cultuur, die dient uit te gaan van de Geest die langzaam de wereldsituatie vermag te helen, moet aarde en hemel, geest en materie, mensheid en God omvatten. Een dergelijke inspiratie is in onze tijd met de antroposofie verbonden en heeft zich met goed resultaat op vele gebieden van het praktische leven ontwikkeld. We denken aan de pedagogiek en heilpedagogiek, de geneeskunst, de bereiding van geneesmiddelen, de landbouw, het natuurwetenschappelijk onderzoek, en eveneens aan vele gebieden van het kunstzinnige, sociale en religieuze leven.

Laat ons terugkeren naar de reeds genoemde motieven: de materialistische visie op de wereld werkt in zijn ogenschijnlijke eenvoud logisch-fascinerend. De geestelijke wereldbeschouwing, zoals deze hier bedoeld is, moet echter in zijn innerlijke spanning steeds rekening houden met de activiteit, met de innerlijke bereidheid van de enkeling. De bereidheid om ongewone en alleen maar geestelijk – dat wil zeggen, met een innerlijke beschouwingswijze van het denken – te vatten realiteiten erbij te betrekken. Aan het vraagstuk van de afstamming van de mens moge dit duidelijk zijn geworden. Het geldt ook voor onze opvatting over de slaap, zoals de lezer wel zonder meer zal begrijpen. Wat ons in het bovenstaande reeds duidelijk was geworden wordt hier bevestigd: de heilige Geest werkt, wat zijn tweede wijze van werkzaamheid betreft, niet zonder ons toedoen.

UITSCHAKELING VAN DE MENS

Het tweede motief, waarop we hier de aandacht willen vestigen, is ook niet moeilijk te begrijpen: de materialistische geestesgesteldheid doet geen beroep op het eigenlijke wezen van de mens, maar verlamt het. We hebben reeds gewezen op het feit dat de gedachte: de mens stamt van het dier af, geen ruimte laat voor morele, religieuze en ethische impulsen, voor menselijke verantwoordelijkheid. We hebben de rampzalige gevolgen van een dergelijk wereldbeeld al gekenschetst.

Een geestelijk wereldbeeld in de zin van de heilige Geest zal er heel anders moeten uitzien. Hier kan de mens zich niet aan zijn verantwoordelijkheid onttrekken, hij zal tot zichzelf zeggen: Ik stam uit een geestelijke wereld en ik zal weer naar deze geestelijke wereld terugkeren. Het is geen toeval dat ik op aarde ben; ik draag de impulsen van de geestelijke wereld in mij en leef in de aardewereld om deze impulsen overeenkomstig de mij gegeven krachten vorm te geven. Elke nacht beleef ik in de slaap de ontmoeting met de wereld waaruit ik stam en tegenover welke ik mij verantwoordelijk moet voelen.

Een dergelijke wereldbeschouwing is in staat alle morele krachten in ons te wekken, het ethische en religieuze leven een zinvolle plaats te geven en te inspireren. Ook hier wordt zichtbaar dat de inspiratie van de helende Geest een veelomvattend karakter heeft: op lichaam, ziel en geest van de mens in gelijke mate inwerkend. We kunnen in onze tijd beginnen de geesten te onderscheiden, als we de hier aangeduide maatstaven aanleggen.

De vernietigende uitwerkingen van een materialistische geesteshouding strekken zich reeds uit over de gehele aarde, in alle levensgebieden tot de sociale gemeenschappen en volkssamenhangen toe. Overal gaan zulke werkingen in eerste instantie uit van de *gedachten* en van de bij deze gedachten behorende gevoelens, overtuigingen, levenshoudingen en –stemmingen. Slechts een ommekeer in de geesteshouding, in de denkwijze van de mensen kan het uitgangspunt vormen voor het overwinnen van de huidige crisis in de mensheid. Gedachten die tegenover de ziekmakende denkwijze van onze tijd de genezende kracht van de Geest plaatsen, moeten verbreiding vinden. Georg Kühlewind geeft hiervan een sprekend voorbeeld om duidelijk te maken dat genezing van de wereldsituatie alleen mogelijk is door de in de mens werkzame geestesgesteldheid en niet van buitenaf kan komen. Hij zegt: 'Zelfs als door een magische handeling, door een 'geest uit de fles', alle rampspoed van de hedendaagse wereld – milieuvervuiling, sterfte van de bossen, oorlogsgevaar, atoomdreiging, ziekten, enzovoort – uit de weg geruimd zou kunnen worden, zou deze er na korte tijd toch weer zijn, indien het gedrag van de mens zelf niet zou veranderen. De mens zou door zijn houding in korte tijd zelf weer al het onheil teweegbrengen, waar hij nu over klaagt.[59]

Door dit voorbeeld kan duidelijk worden, in welke richting we moeten kijken, als we naar genezing vragen: alleen uit onze geesteshouding, waaraan de overeenkomstige gedachten ten grondslag liggen, kan genezing voortkomen. Het is het rijk van de 'helende Geest', waaruit zulke gedachten vandaag de dag in de mensheid binnenstralen. Door de *mens* moeten ze echter opgenomen en gerealiseerd worden. Dit motief werpt licht op een theologische strijdvraag betreffende de Geest, die in de kerkgeschiedenis enorme gevolgen had.

DE GEEST, UITGAAND VAN DE VADER *EN* DE ZOON

De vraag naar de 'beiderzijdse Geest', die we vandaag de dag op het eerste gezicht alleen maar als een spitsvondigheid beschouwen, heeft eens de christenheid in bijzondere mate beziggehouden. Aanvankelijk had zich in het christendom van het oosten de opvatting verbreid dat de Geest 'uitgaat van de Vader' en dat de Zoon slechts 'middelaar' is, terwijl het christendom van het westen al spoedig overhelde naar de opvatting dat de Geest 'beiderzijds', dat wil zeggen van de Vader *en* van de Zoon uitgaand, gedacht moet worden. In de vijfde eeuw werd in een westerse versie van de geloofsbelijdenis een desbetreffende formulering opgenomen: het zogenaamde 'filioque' (*'en van de Zoon'* [gaat de Geest uit]). Dit werd aanleiding tot een dogmatische geloofsstrijd die dan tot de eerste grote splitsing binnen de christelijke kerk, tot de splitsing in een oosterse en een westerse kerk, heeft bijgedragen.[60]

Wanneer we de strijd rond een dergelijk vraagstuk alleen maar als haarkloverij beschouwen, doen we geen recht aan de intensiteit en grondigheid, waarmee juist zulke dingen in vroeger tijden doordacht en vooral *doorleefd* werden. We moeten ons afvragen: Wat staat er in werkelijkheid achter de vastberadenheid, waarmee men zich destijds in zulke tegenstellingen heeft ingeleefd?

Onze beschouwingen tot dusverre over het wezen van de Vader en van de Zoon kunnen ons hierbij een hulp zijn. We hebben de werkzaamheid van de Vader en van de Zoon onderscheiden: de krachten van de Vader als die krachten welke aan de wereld 'zijn' en substantie geven, ze werken als van nature gegeven krachten en zijn vooral door de natuur om ons heen en in onszelf vormgevend werkzaam; de krachten van de Zoon daarentegen als die krachten welke voor ons individuele wezen menselijk nabij zijn en ons terzijde staan in onze worstelingen en vertwijfeling, om voor ons de weg tot onszelf mogelijk te maken. Wat wil het tegen deze achtergrond zeggen, wanneer gesteld wordt dat de Geest alleen van de Vader uitgaat, zoals de oosterse kerk ook heden ten dage nog leert?

Met deze uitspraak is eens toch een bepaalde ervaring verbonden geweest, namelijk de ervaring dat met alles, wat nog geheel ongeïndividualiseerd in de wereld voorhanden is, reeds de werking en het bestaan van de Geestgod gegeven was en is. We kunnen deze werkzaamheid – zoals we zagen – in de ons omringende en op ons inwerkende natuur als ordening, zin en schoonheid waarnemen. Het is de Geest die geheel met de Vader verbonden is, die 'van de Vader uitgaat'. Dit is de eerste wijze van werkzaamheid van de Geest.

Daarentegen heeft men in de kerk van het westen weldra ook de tweede wijze van werkzaamheid van de Geest ervaren: de geestwerking is niet alleen in de natuur aanwezig, maar wil ook – door de Zoon – oorspronkelijk en *scheppend* in de mens zelf als kracht werkzaam worden. Het is karakteristiek dat dit beleven ook in het westen – aanvankelijk nog onduidelijk, maar vervolgens in de loop der eeuwen steeds duidelijker – doorbrak. In de vijfde eeuw verbreidde het 'filioque' zich in Spanje om zich vervolgens in de achtste eeuw via Gallië naar Italië te begeven en uiteindelijk in Rome officieel bindend verklaard te worden. Het westen was immers in veel sterkere mate dan het oosten op individualisering en ik-ontwikkeling gericht; in het oosten bleven veel langer de van nature gegeven groepskrachten als dragend fundament werkzaam.

Achter de strijd om de vraag, hoe de Geest uit de triniteit 'voortkomt', verbergt zich dus een interessant fenomeen uit de ontwikkeling van de geestesgeschiedenis. In dit vraagstuk spiegelt zich de beginnende werking van Christus in het gebied van de menselijke individualiteit. De daarmee verbonden ontplooiing van scheppende geestkracht in de mens doet zich gelden. De geestwerking komt nu niet meer enkel 'van buitenaf' als een natuurlijk gegeven, maar doordat de Christus in de mensenziel werkzaam wordt, gaat van hem een geestelijke kracht uit, die zich met het ik van de mens verbindt en een scheppende uitstraling in de ziel heeft. In het Credo van de Christengemeenschap vinden we deze geestelijke realiteit als volgt geformuleerd: 'Door hem (Christus) kan de helende Geest werken.'

Van Christus zelf gaat nu een *geest*werking uit. Daarmee hebben we, vanaf een andere kant benaderd, voor ons, wat ons reeds duidelijk was geworden: De heilige Geest kan niet door de mens worden opgenomen zonder menselijke ziele-activiteit, met andere woorden, zonder de scheppende kracht van de Zoon.

GEESTWERKING DOOR CHRISTUS

We kunnen dit motief nu nog verder uitwerken met betrekking tot de Christuswerkzaamheid. We hebben de werking van de Geest in de mens tot nu toe in verbinding gebracht met het menselijke bewustzijn en kennen. Waardoor echter ontstaat in de mens het vermogen, niet slechts oppervlakkig, maar diepgaander te kennen? Het vermogen van de mens om te kennen staat niet los van al datgene wat *beleven* is. Met name de niet-abstracte, niet-intellectuele kennis komt voort uit het 'beleven'; deze is 'ervaren', wil hij echt zijn. Het leven zelf is de geweldige inspirator van ons bewustzijn.
Een mens die bij voorbeeld nooit groot verdriet heeft ondervonden, kent een wezenlijke dimensie van het menselijk bestaan nog niet. Een mens die veel heeft meegemaakt, kan ook meer begrijpen. Hier, in het leven en het lot, werkt de Christus. Hij is voor de mens de eigenlijke leider op de levensweg. Hij voert ons, zoals we hebben gezien, vooral door kruis en opstanding heen, hij leeft met ons mee in alle lotgevallen van ons mens-zijn.
Deze ervaringen die het lot aan de mens toebedeelt, zijn echter niet bedoeld om alleen maar als zodanig aanvaard te worden. De mens moet langs deze weg juist tot een dieper inzicht omtrent zichzelf, de wereld en God komen. Wanneer we naar dit aspect van ons lot kijken, begrijpen we dat door de Christuskracht in ons leven de geestwerking kan worden 'op-geroepen'.
We kunnen nog een stap verder gaan door ons in ons leven bewust met de Christus te verbinden in plaats van deze verbinding simpelweg als werking van het lot aan te nemen. Dit zich verbinden met de Christus opent voor de mens een wereld van nieuwe ervaringen. Door de Christuswerkelijkheid in ons leven te zoeken beleven we onszelf, onze medemensen, ons leven in een nieuwe dimensie, en we komen juist daardoor tot een nieuw inzicht.

SPIRITUELE GEDACHTEN IN DE CULTUS

Het zojuist genoemde kunnen we heel duidelijk beleven in de cultus, waar allereerst de Christus de mens nabij komt. Wie in de cultus ervaringen leert opdoen die binnen geen enkel ander ervaringsgebied in die vorm mogelijk zijn, komt daarmee ook dichter bij nieuwe inzichten. Doordat ik hier Christus begin te ervaren, is het geen lange weg meer om met hulp van de Geest ook diepere inzichten te verwerven.

Maar nog iets anders speelt vandaag de dag mee in dit proces. De gehele cultus is in onze tijd namelijk zelf doordrongen van stralende gedachten, doordrongen van het licht van de heilige Geest, dat in zijn volle glans straalt. De cultus als specifieke Christuswerking draagt tegelijkertijd het licht van de Geestgod in zich. Elke zin die in de cultus wordt gesproken, heeft tot doel met zijn gedachte-inhoud te wijzen op innerlijke activiteit en geestelijke werkelijkheid. Elke zin is zo een aansporing tot beleven en voert tot belevend kennen.

De formulering die als een essentieel onderdeel door de gehele mensenwijdingsdienst heen voorkomt, kan voor ons het bovenstaande op klassieke wijze duidelijk maken. Traditioneel luidt deze formule eenvoudig: 'In de naam van de Vader, de Zoon en de Heilige Geest', waarmee aan ons denkend bewustzijn eerder een raadsel wordt opgegeven dan dat een aanzet wordt gegeven tot een werkelijk doorgronden van de triniteit. In de vernieuwde cultus verschijnt deze formule daarentegen zo, dat gewezen wordt op

het *zijn* van de Vader in ons,
het *scheppen* van de Zoon in ons
en het *licht* van de Geest, dat ons moge *verlichten*.

Kernachtiger en treffender zou het wezen van de drieënige God niet verwoord en zo voor ons kennen toegankelijk gemaakt kunnen worden. Doordat we driemaal een kruisteken maken, wanneer deze formule wordt gesproken, begeven we ons steeds sterker in het gebied van het beleven en ervaren. Doordat we de woorden die erbij gesproken worden, horen en leren begrijpen, straalt het licht van de Geestgod in ons kennen.

Zo zijn in onze tijd met de sacramenten niet alleen diepere belevingen, en wel specifieke Christuswerkingen, verbonden, maar worden ook aanzetten tot diepere inzichten gegeven. We zouden dit aan de hand van elk woord uit de vernieuwde cultus kunnen laten zien. Heel duidelijk zien we het voor ons, als we denken aan een aanwijzing van Rudolf Steiner, die erover spreekt dat in de toekomst het vermogen van de mens om te denken en te kennen zonder het beleven van de cultus zou moeten verlammen.[61]

Geestwerkingen zijn het dus, die op deze wijze van de Zoon uitgaan. Doordat als gevolg van een dieper beleven ook ons kennen dieper wordt, leren we de zin van ons bestaan ook diepgaander begrijpen. Een helend element is ook hier met deze aard van inzicht verbonden. Niet meer oppervlakkig en abstract zullen we voortaan de zin van ons leven opvatten; vanuit de verbondenheid met Christus zal ons deze zin op een levende, troostrijke wijze tegemoet kunnen komen.

Aldus kan de Geest niet enkel van de Vader uitgaan, maar tevens van de Zoon die tot het individuele bewustzijn van de mens wil spreken.

TUSSENBALANS

Laat ons hier een ogenblik stilstaan en terugkijken op de weg die we bij de beschouwing van de Geestgod tot nu toe zijn gegaan.

We zijn uitgegaan van het aandeel dat de werkzaamheid van de Geest in de gehele schepping heeft en dat daarin als ordening, zin, doelstelling, maar ook als lieflijkheid en schoonheid waarneembaar wordt. Twee vormen van werkzaamheid van de Geest komen naar voren: de in de natuur werkende, uitgaand van de Vader, en de ons kennen van binnen aansprekende, komend van de Zoon.

De vraag wat de 'heilige' Geest dan wel te betekenen heeft, heeft ons geleid naar de helende werking van de Geestgod en naar het begrijpen van onze huidige heil-loze wereldsituatie, die zijn diepste wortel in de eenzijdigheden van onze levensopvattingen heeft (voorbeelden waren: de verhouding tot de slaap, het begrip over de afstamming van de mens).

Onheilige geesten werken in deze eenzijdigheden. Ze leven in de fascinaties van de moderne, materialistische uitleg van de wereld en sluiten het eigenlijk menselijke uit bij het beschouwen van de wereld.

Wil hier genezing en heling kunnen plaatsvinden, dan moet de mens de eenzijdigheden overwinnen – door diepere inzichten in de wereld, het leven en zichzelf. De belevingen die tot zulke diepere inzichten leiden, worden door Christus als de leider op de levensweg van de mens mogelijk gemaakt. Christus brengt de mens echter ook in het beleven van de cultus het licht van spirituele gedachten. Zo gaat de Geest in onze tijd in steeds sterkere mate niet alleen als scheppergeest van de Vader uit, maar ook als individuele kracht in de mens van de Zoon uit.

VRIJHEID DOOR INZICHT

In samenhang met wat we tot nu toe hebben besproken, komt ons nog een ander belangrijk motief tegemoet: het motief van de vrijheid, van de 'uit inzicht handelende mens' om met Rudolf Steiner te spreken.[62] 'Gij zult de waarheid kennen en de waarheid zal u vrij maken' (Johannes 8:32), zo luidt een woord van Christus. Zolang we niet in diepere zin kunnen inzien wat voor bedoeling ons leven heeft en hoe ons bestaan zich voegt in het wereldplan, zolang zijn we blind aan de bestaansnoodzaak gebonden. Hoe meer we echter vermogen te doorschouwen, wat met ons leven bedoeld wordt en waarheen onze weg kan leiden, des te meer kunnen we ons op vrije wijze voegen in de realiteiten van het leven, deze uit vrije wil oppakken en bewust verder voeren. Een dergelijk inzicht echter kan alleen uit de Geest voortkomen, niet uit een materialistisch bewustzijn. We zijn dan te vergelijken met een mens die als een blinde in de mist ronddwaalt en toch probeert door te stoten naar een helder uitzicht. Christian Morgenstern heeft deze waarheid in een van zijn laatste gedichten als volgt uitgesproken:

> 'Wie van het doel niets weet,
> kan op de weg niet hopen,
> daardoor zal zijn leven steeds
> in een cirkelgang verlopen...'[63]

Slechts wie iets van het doel heeft ervaren, kan er ook vrij op afgaan.
De vrijheid die uit zo'n inzicht voortkomt, is echter niet zonder bindingen en relaties, maar maakt integendeel juist engagement mogelijk en geeft ons verantwoordelijkheid te dragen, omdat we niet meer blind zijn voor dat wat we kunnen doen, en wat niet. Hiermee raken we het hoogste aspect van de geestwerking in de mens. De mens ontvangt door de Geest de mogelijkheid uit vrijheid te handelen en zich actief meewerkend te voegen in de voortgaande wereldontwikkeling.

DERDE VOORBEELD: HET LEVEN IS NIET ZINLOOS EN LEEG

Tot de inzichten die het ons pas werkelijk mogelijk maken uit vrijheid te handelen, behoort vooral het inzicht dat de enkeling in de wereld geenszins het onbetekenende niets is, dat de materialistische wereldbeschouwing ons voorspiegelt. Volgens die opvatting vormt de mens een onbeduidend niets, geheel verloren op een stofdeeltje in het heelal levend, verloren niet alleen in de ruimte, maar ook in een eindeloos voortdurende tijdstroom. Zonder enige zin in een zinloos en doelloos bestaan geworpen, ontstaan door een toevallige ontwikkeling en blootgesteld aan alle toevalligheden van het bestaan.
Met dergelijke gedachten zoals ze uit het hedendaagse wereldbeeld wel moeten volgen, staan we wederom voor een typische eenzijdigheid. Deze kan slechts tot innerlijke leegte en onstandvastigheid in het leven van de mens leiden. Opnieuw worden aan zo'n gedachte de beide in het voorafgaande besproken

karakteristieke motieven zichtbaar: Zo'n gedachte is logisch-fascinerend, want hij volgt logischerwijze uit het hedendaagse wereldbeeld. Voorts negeert, ja sterker nog, vernietigt zo'n gedachte ons verantwoordelijkheidsbesef ten aanzien van ons bestaan en verhindert ons zó onze innerlijkste krachten te ontplooien. Naast de gedachte aan de grootsheid en oneindigheid van het heelal, die voor ons tot een spiegel voor de grootsheid en verhevenheid van de Vadergod kan worden, moet de gedachte worden geplaatst van de betekenis die de afzonderlijke menselijke individualiteit voor de wereld heeft. Deze gedachte stamt uit het licht van de Geestgod. Ook hier wordt de Christus tot een leider ten aanzien van de ermee verbonden ervaring: als aardemens ben ik weliswaar zwak en kwetsbaar, prijsgegeven aan de krachten van dood en verderf, maar in dat alles leeft iets in mij waarvan ik weet dat het een deel van een eeuwig, onkwetsbaar, boven het aardse uitstijgend wezen vormt. Het is een eeuwigheidsmens, het eigenlijke hogere wezen in mij. En dit hogere boven mij en in mij staat in verbinding met alle krachten van het heelal. Op deze wijze heeft de ontplooiing van mijn eigen wezen betekenis voor de wereld.
Zoals we in het hoofdstuk over de Zoongod ter verduidelijking van onze uiteenzetting zijn ingegaan op het lot van Novalis, zo zouden we nu op soortgelijke wijze over Fichte kunnen spreken. Fichte heeft in zijn streven naar werkelijk inzicht eerste stappen gezet in de richting van de hier bedoelde ervaringen. Zijn filosofie van het Ik kan ons juist in onze tijd op dit punt wat wijzer maken.[64] Fichtes ervaringen betreffende de betekenis van ons ik in de wereld staan als oerbeelden voor ons, zoals Novalis' beleven van dood en opstanding als menselijke ervaring aan ons verschijnt.
Op deze plaats willen we nu echter ingaan op een gedachte die een tegenbeeld vormt van de voorstelling dat het menselijke ik van eeuwige betekenis is. We bedoelen Nietzsches gedachte van de 'Übermensch'.

NIETZSCHES 'ÜBERMENSCH'

Friedrich Nietzsche behoort zonder twijfel tot de belangrijkste persoonlijkheden van de 19e eeuw en tevens tot de weinigen van zijn tijd die innerlijk worstelend konden doordringen tot de diepere werkelijkheid van het leven. Temidden van het opkomende materialisme beleefde Nietzsche dat het uit de verburgerlijking van het leven resulterende mensbeeld niet alles kon zijn. Hij had een beeld van een andere dimensie van het menselijk bestaan. Zijn visie bracht hem tot de voorstelling van de 'Übermensch'.[65]

Nietzsche laat Zarathoestra dit als volgt uitspreken:

> 'Ik leer u de Übermensch. De mens is een wezen, dat overwonnen moet worden. Wat hebt gij gedaan om het te overwinnen?
> Tot nu toe schiepen alle wezens iets boven zichzelve uit; en gij wilt de ebbe van deze grote vloed zijn en liever nog tot het dier terugkeren dan de mens overwinnen?
> Wat is de aap voor de mens? Een hoongelach of een pijnlijke schaamte. En zo zal ook de mens voor de Übermensch zijn: een hoongelach of 'n pijnlijke schaamte.
> Gij zijt de weg van worm tot mens gegaan, en veel in u is nog worm. Eenmaal waart gij aap en ook nu nog is de mens meer aap dan welke aap ook.
> (...)
> Zie, ik leer u de Übermensch.
> De Übermensch is de zin der aarde. Uw wil zegge: de Übermensch zij de zin der aarde!
> Ik bezweer u, mijn broeders, *blijf de aarde trouw* en gelooft niet degenen die u van bovenaardse verwachtingen spreken! Gifmengers zijn zij, of zij het weten of niet.
> Levensverachters zijn zij, afstervenden en zelf vergiftigden, die de aarde moede is: dat zij heengaan!
> Eens was het vergrijp jegens God de grootste misdaad, maar God stierf en met hem stierven ook deze misdadigen. Nu is de grootste schanddaad zich aan de aarde te vergrijpen en het ingewand van de ondoorgrondelijke hoger te achten dan de zin der aarde.
> (...)
> Waarlijk, een drabbige stroom is de mens. Men moet wel een zee zijn, om een slijkige stroom op te kunnen nemen, zonder onrein te worden.
> Ziet, ik spreek u van de Übermensch, hij is die zee, in hem kan uw diepe verachting ondergaan.
> Wat is het hoogste, dat gij kunt beleven? Dat is het uur van het grote verachten. Het uur, waarin uw geluk u zelfs tot walging wordt: en uw verstand en ook uw deugdzaamheid.
> (...)
> Het uur waarin gij zegt: 'Wat is mij aan mijn deugd gelegen? Nog heeft zij mij niet tot razernij gebracht. Hoezeer ben ik mijn goed en kwaad moede! Dit alles is armoe en slijk en een jammerlijk behagen!'
> Het uur waarin gij zegt: 'Wat is mij aan mijn rechtvaardigheid gelegen? Ik zie niet dat ik vlam en kolen ben. Maar de rechtvaardige is vlam en kolen!'

Het uur waarin gij zegt: 'Wat is mij aan mijn medelijden gelegen! Is medelijden niet het kruis waaraan Hij geslagen wordt, die de mensen liefheeft? Maar mijn medelijden is geen kruisiging!'
Sprak gij reeds zo? Schreeuwde gij reeds zo? Ach, had ik u maar zó horen schreeuwen!
Niet uw zonde – uw tevredenheid *schreeuwt* ten hemel, uw vrekkigheid zelfs in de zonde schreeuwt ten hemel!
Waar is toch de bliksem – opdat die u met zijn tong lekke?
Waar is de waanzin, die in u geënt moest worden?
Ziet, ik leer u de Übermensch: hij is die bliksem, hij is deze waanzin!'[66]

Deze woorden hebben zeer zeker iets meeslepends en ze hebben hun uitwerking niet gemist. Juist ook het waarderen van de aarde, wat in Nietzsches Zarathoestra-boek ter sprake komt en wat met de idee van de Übermensch verbonden is, zal ons vandaag de dag aanspreken. '...mijn broeders, blijft de aarde trouw...' – dat kan in onze tijd ook in naam van het christendom opnieuw gezegd en begrepen worden. Maar uit het hier aangehaalde korte citaat kan ook reeds de andere toon opklinken, die het gevaar in zich bergt dat de Übermensch in zijn 'bovenmenselijkheid' als een onmens misverstaan wordt.

'De mens is boos' – zo spraken tot mijn troost de allerwijsten. Ach, als het heden nog maar waar is! Want het boze is des mensen beste kracht.
'De mens moet beter en bozer worden' – zo leerde *ik*. Het meest boze is nodig voor het welzijn van de Übermensch.
Het was misschien goed voor die prediker der kleine luyden, dat hij leed en gebukt ging onder de zonden der mensen. Ik echter verheug mij in de grote zonde als in mijn grote *troost*. –
Zoiets is echter niet voor lange oren gezegd. Niet ieder woord ook hoort in iedere bek. Dit zijn fijne en verre dingen, daarnaar mogen geen schaapsklauwen grijpen.'[67]

Ook al begrijpen we, hoe vanuit de ervaringen van de 19e eeuw – we vinden ook bij Rudolf Steiner zeer radicale analyses van de toenmalige tijd – zulke woorden gesproken konden worden, toch zijn ze luciferisch getint. Een sterke eenzijdigheid is met name werkzaam in deze woorden, omdat ze zich te snel over de menselijke feitelijkheden heenzetten en oude waarden te snel weggooien, zo als zou de nieuwe mens met achterlating van al het tot nu toe bereikte in één greep boven de laagten van het bestaan bereikt kunnen worden. Hier wordt een hoog en belangrijk ideaal tot illusie.
We hebben erover gesproken dat het licht van de heilige Geest de eenzijdig-

heden kan verbinden. In het hedendaagse wereldbeeld dat de mens in het zin- en inhoudsloze voert, leeft de ene eenzijdigheid. Deze leidt uiteindelijk tot de 'Untermensch'. In de idee van de Übermensch, zoals Nietzsche deze in eerste instantie slechts eenzijdig vorm kon geven, zien we weliswaar het streven naar iets wat juist is, het dóórdringen tot een belangrijke, geestelijke werkelijkheid. Maar doordat Nietzsche deze alleen in tegenstelling tot de alledaagse, burgerlijke bestaanswijze van de mens kan vatten, kan deze maar al te gemakkelijk tot een karikatuur worden. We dreigen dan in de tegenovergestelde eenzijdigheid te geraken.

Gezien dit feit moet naar het evenwicht, naar de harmonie tussen beide eenzijdigheden worden gezocht. Wanneer we over de onvergankelijke betekenis van de mens spreken, mogen we de aardse realiteit niet uit het oog verliezen. Pas de 'spanning' tussen het dagelijkse bestaan van de mens en de in hem levende aanspraak op onvergankelijkheid voert ons in het kennisgebied van de heilige Geest die het aardse en het geestelijke zijn omvat.

Op klassieke wijze heeft Rudolf Steiner dit in de volgende spreuk uitgedrukt:

'Zoekt het werkelijk praktische, materiële leven,
Maar zoekt het zó dat het u niet doof maakt
voor de Geest die erin werkzaam is
Zoekt de Geest,
Maar zoekt hem niet in bovenzinnelijke wellust,
uit bovenzinnelijk egoïsme;
Zoekt hem veleer,
Omdat gij hem onzelfzuchtig in het praktische leven,
in de materiële wereld wilt toepassen.
Hanteert het oude principe:
'Geest is nooit zonder materie, materie nooit zonder Geest'
zodanig dat gij zegt:
Wij willen al het materiële doen in het licht van de Geest,
En we willen het licht van de Geest zó zoeken
Dat het voor ons warmte moge ontwikkelen
voor ons praktische werk.'[68]

Deze woorden met betrekking tot ons menselijk bestaan, ons worstelen om het alledaagse en het eeuwige, zij wijzen ons de weg tot de volle waarheid die uit het licht van de Geest stamt en niet in een eenzijdigheid, zij het ook een mystiek-geestelijke, vervalt.

Dan zijn we echter geroepen, onszelf niet alleen in onze aardse, maar ook in onze geestelijke dimensie te zien, dat wil zeggen: in onze geestelijk scheppende, niet aan het aardse gebonden krachten als een 'deel' van het wereldzijn. En daarmee is het vrijheidsbeleven gegeven. Vrijheid ontstaat in waarheid namelijk door geen van beide eenzijdigheden. Het materialistische wereldbeeld 'bevrijdt' de mens weliswaar van zijn verantwoordelijkheid tegenover de Geest, maar ontneemt hem alle zingeving voor zijn bestaan en werpt hem in het niets. Slechts wie zinloosheid als vrijheid zou kunnen ervaren, zou hier vrij zijn. Echter ook de idee van de Übermensch zoals Nietzsche deze heeft gevormd, voert niet tot vrijheid, maar slechts tot losmaking uit alle bindingen en daarmee tot een ontbreken van elke verbinding, waardoor vrijheid zijn betekenis verliest.

DE MENS IS ALS SCHEPPEND WEZEN VRIJ

Het vrijheidsbeleven ontstaat pas daar in zijn volle werkelijkheid in ons, waar het zich met de scheppende krachten in ons en met onze liefdevolle aandacht voor de wereld kan verbinden. In scheppende activiteit zijn we vrij en beleven onszelf ook zo, omdat we de *in ons* sluimerende krachten activeren. In de liefde zijn we vrij, omdat we ons door de liefde met een vrij hart aan andere wezens kunnen wijden.
Wie zou willen tegenwerpen dat we in onze scheppende activiteit afhankelijk zijn van bij voorbeeld materiaal en dergelijke, in de liefde afhankelijk van onze sympathieën, enzovoort, heeft het wezenlijke nog niet ontdekt. De vrijheid ligt namelijk niet in het vermijden van elke van buitenaf komende noodzakelijkheid, maar in het creatief omgaan met deze noodzakelijkheden, in het scheppende *proces* zelf, in de *aard* van onze verhouding tot de wereld, op grond waarvan we vrijelijk in de aardse feitelijkheden iets nieuws invoegen. Reeds Schiller heeft dit in zijn *Brieven over de esthetische opvoeding van de mens* uiteengezet. Wat de liefde betreft, bedoelen we de aandacht voor een ander terwille van *hem*, niet voor onszelf, dus juist niet uit hartstocht, maar uit inzicht in het wezen en de waarde van de ander. Deze liefde uit inzicht is in principe tegenover *ieder* mens mogelijk.
En deze liefde is vrij, omdat ze uit een vrij inzicht voortkomt. Zulke liefde wordt dan voor ons ook tegenover ons eigen lot mogelijk, omdat we beseffen dat we onszelf actief scheppend in het wereldbestel kunnen plaatsen.
Hiermee zijn we teruggekeerd bij één van de gedachten die het uitgangspunt van dit hoofdstuk vormen. Door het inzicht vanuit de goddelijke Geest leren we onze plaats in het wereldgebeuren vinden. We kunnen hierin door vrije, scheppende ontplooiing van ons wezen *onze* bijdrage leveren, die voor de

verdere ontwikkeling van het wereldzijn nodig is.

Deze uiteenzetting zal menig lezer in sommig opzicht wel overdreven en niet passend lijken. We gebruiken immers voorstellingen die, om hun volle kracht te ontplooien, uitvoerig toegelicht zouden moeten worden. We hopen dat onze uiteenzetting als geheel de noodzakelijke beknoptheid ten aanzien van sommige details compenseert. Bovendien staat ons, zowel aangaande het probleem van de menselijke vrijheid, als ook met betrekking tot de vraag naar de betekenis die de mens voor de wereld heeft, verdere literatuur ter beschikking.[69]

PINKSTEREN

We willen hier nu nog op een bijzonderheid wijzen, die onze gedachtengang kan verrijken. Er is een woord van Christus in het evangelie, waarin over de mens die de Christus liefheeft en zich met hem verbindt, wordt gezegd:

> 'En mijn Vader zal hem liefhebben
> en wij zullen tot hem komen
> en bij hem voor ons een woonstede bereiden.'
> (Johannes 14:23)

Dit woord hoort volgens de volgorde van pericopen in de Christengemeenschap bij het evangelie van *Pinksteren*, bij de boodschap van de heilige Geest. Het drukt toch wel een wereldrealiteit, een belofte voor de toekomst, van de hoogste orde uit: de aankomst van de Vader en de Zoon bij de mens. God wil in de mens als Vader en Zoon – we mogen toevoegen: door de werking van de Geest – 'wonen'.

Hier is met andere woorden datgene uitgesproken waarop we hebben gewezen als het in de mens ontwakende schepper-zijn. Want dit Christuswoord kan toch slechts betekenen dat de mens tot zijn hoogste, scheppende krachten en tot de wereld-omvattende liefde wordt geleid, waarover hierboven is gesproken.

Dit is een wezenlijk deel van de pinksterboodschap: de boodschap van onze bevrijding tot onszelf en tot de wereld door de werkzaamheid van de uit de Geest stammende liefde, zoals deze zijn hoogste uitdrukking vindt in het 'wonen van de Vader en de Zoon' in de mens. Een groots toekomstperspectief van het mens-zijn staat hiermee voor ons.

Zulke gedachten opnemen, begrijpen en navoelen kan in ons de kracht ontwikkelen die ons de ogen opent voor de mogelijkheden van ons mens-zijn en ons leert, vrijheid van onszelf uit en liefde tot de wereld steeds meer te ontplooien en te beleven als onze zinvolle bijdrage aan de voortgang van alle bestaan.

EERSTE BEELD VAN DE GEEST: HET LICHT EN DE VLAM

De Geest is het minst aanschouwelijke deel van de triniteit. De Zoon mogen we ons voorstellen als mens en mensenbroeder. Wat de Vadergod betreft, die in zijn wereldomspannende grootsheid al moeilijker te vatten is, zet ons tenminste het begrip 'Vader' op het juiste spoor. Maar hoe zullen we in onze voorstelling een verhouding tot de heilige Geest opbouwen? Als we ook tot hem, net zoals tot de Vadergod en de Zoongod, een religieuze verhouding willen opbouwen, dan hebben we een beeld nodig waarop we ons in verering en overgave kunnen richten. We moeten ons er echter altijd van bewust zijn dat zo'n beeld ons alleen maar de richting wijst, zonder het eigenlijke wezen van de Geest geheel te kunnen bevatten.

We hebben in onze beschouwingen al meermaals over het lichtrijk van de Geest gesproken. En inderdaad zullen we het snelst iets passends voor onze geest hebben, als we nu aansluiten bij dat wat we aan het *licht* kunnen beleven. Laat ons het wezen van de Geest helder stralend voorstellen en zijn rijk in lichtende glans. Dit rijk ademt zuiverste helderheid en onvertroebelde louterheid. Hoogste lieflijkheid en oneindige, genuanceerde schoonheid zijn ermee verbonden. Tegelijk echter is dit rijk en het wezen van de Geest niet alleen door en door lichtend, zonder duisternis en troebelheid, maar ook geheel doordrongen van levende wijsheid. Elke lichtstraal in dit rijk is als het ware een wereldgedachte, die als dynamische kracht in het wereldzijn werkt, zoals het uiterlijke licht de plantenwereld doordringt en laat leven.

In het Nieuwe Testament vinden we nog drie beelden voor de werkzaamheid van de heilige Geest. Bij de doop in de Jordaan verschijnt de Geest 'als een duif' die op Jezus neerdaalt (Matteüs 3:16). Met Pinksteren verschijnt hij in de stormwind en in de vuurtongen, die op het hoofd van ieder van de apostelen zichtbaar worden (Handelingen der apostelen 2:2-3). Ook Johannes de Doper spreekt over het vuur, wanneer hij, op Christus wijzend, zegt: 'Hij zal u dopen in heilige Geest en in Vuur.' (Lukas 3:16)

Naast het beeld van het licht als het beeld met de grootste helderheid treedt allereerst het beeld van het vuur, dat de geweldige activiteit en beweeglijkheid van de Geest uitdrukt. Beide beelden moeten we als één geheel zien om tot de juiste voorstelling te komen. Een hoogst actieve *vlam* dus, maar van de opperste zuiverheid, helderheid en schoonheid, en tegelijk een *licht*, dat echter vlammende energie voorstelt en leven-schenkende warmte uitstraalt. We hebben reeds gezien dat de gedachten van de Geest niet koud en abstract zijn, maar als een vlam de geestelijke activiteit in de mens wekken. Het kan een hulp zijn aan het licht van kleurige edelstenen te denken, in het bijzonder aan dat van een zuivere diamant. Zijn edel vuur zegt ons op onvergelijkelijke wijze: hier werken lichtende helderheid en vonkenspattend vuur in elkaar. Dit is uitdrukking van het wezen van de heilige Geest.

TWEEDE BEELD VAN DE GEEST: DE DUIF

Moeilijker is het reeds om de duif als symbool zo te bekijken, dat hij tot ons begint te spreken. Het voorstellen van geestelijke wezens met behulp van diergestalten was in de oudheid niets ongewoons. De slang[70], het lam, het 'viervoudige dier' (adelaar, leeuw, stier, engel/mens – samengevat in de sfinx, afzonderlijk verschijnend in de symbolen van de vier evangelisten), de draak, enzovoort, zijn slechts enkele voorbeelden. In Egypte hadden de goden dikwijls zelf de gedaante van een dier.

Dit is alleen te begrijpen, als men kan aanvoelen dat de mens in die tijd een heel andere verhouding tot de dieren had dan nu. Hij beleefde dat in het dier een natuurlijke wijsheid en kracht werkten, die hem aanbiddenswaardig schenen of, zoals bij de slang, demonisch.
De duif, vooral de *witte duif*, werd in de oudheid dikwijls als een heilig dier vereerd. In de joodse offerriten was de *tortelduif* zelfs als offerdier toegestaan. Dat wil zeggen: aan dit dier werd de kracht toegeschreven, door zijn bloed menselijke schuld voor de geestelijke wereld te verzoenen. Dit was slechts het geval bij zeer weinig dieren, die bovendien in hun uiterlijke verschijning gaaf, 'rein', moesten zijn.
De vogelwereld als geheel heeft een bijzondere verhouding tot de wereldwijdten en tot het licht. De vogels zijn niet zoals alle andere levende wezens absoluut gebonden aan de zwaartekracht en aan het gebied van de aardoppervlakte, maar ze kunnen zich vrij in licht en lucht bewegen. Dit gegeven raakt een diep verlangen in ons, want het wijst op krachten in onze ziel die innerlijk dezelfde tendens hebben als die, die zich uiterlijk – symbolisch – in de vogelwereld manifesteren: zich ongebonden boven het alleen-maar-aardse te verheffen. Het

zijn de geestelijke krachten. De vogelwereld is heel algemeen gezegd een beeld van deze krachten.

De duif neemt binnen de wereld van de vogels een middenpositie in, doordat hij, alle eenzijdigheden vermijdend, een volkomen harmonie laat zien, en wel in velerlei opzicht:

- de duif is een uitstekende, snelle, behendige vlieger; hij beweegt zich echter even goed en gemakkelijk op de aarde als in de lucht. Hiermee vermijdt hij de eenzijdigheid van veel vogels, die hetzij goed kunnen vliegen, maar op de grond onbeholpen zijn of zelfs geheel hulpeloos, zoals de gierzwaluw, hetzij zich helemaal niet meer van de aarde kunnen losmaken, zoals de struisvogel;
- qua grootte houdt de duif het midden tussen reuzenvogels, zoals de albatros, en uiterst kleine soorten, zoals de kolibries;
- ook de uiterlijke verschijningsvorm is bij de duif harmonisch. We treffen geen vervorming van de gestalte in de richting van een of andere eenzijdigheid aan zoals bij *alle* andere vogels, bij voorbeeld bij de uil, de pelikaan, de ooievaar, enzovoort. We vinden ook geen klauwvorming of vereenzijdiging, zoals die in de kop- en snavelvorm van onder andere roofvogels optreedt. (We moeten natuurlijk afzien van de door fokken ook bij de duif voorkomende eenzijdigheden in de gestalte.)
- harmonieus zijn eveneens de kleurschakeringen van het verenkleed. Noch schreeuwende kleuren, noch blijft het bij onopvallende tinten grijs en bruin;
- ten slotte menen we dat het stemgeluid van de duif werkelijk het midden vormt tussen het gekrijs en gekras, gesnater en gepiep van de vogelwereld. Maar tot zulk lieflijk gezang als van de nachtegaal, de merel, enzovoort, is de duif echter ook niet in staat.

Erich Grimm bericht: 'Een bijzondere ervaring die iets van het wezen van de tortelduif uitdrukt, juist in verbinding met zijn omgeving, zij hier beschreven. In de hoogzomertijd (eind juli tot midden/einde augustus) heerst in de natuur opvallende stilte, die mede door het bijna geheel ontbreken van vogelstemmen wordt veroorzaakt en speciaal aan de stemming in het bos een bijzonder cachet geeft. Het is de tijd van rijping, waar in de natuur iets als ingehoudenheid en bezinning merkbaar is. In die tijd kan men het zachte roepen van de tortelduif vernemen, dikwijls als enig dierengeluid in het bos, steeds op zichzelf staand, waarbij de vogel zich zeer verborgen houdt. De klank van deze roep doet denken aan het geruststellende, troostende spreken van een moeder tegen een ziek kind. Iets als behoedende, omhullende bezorgdheid uit de warmte van een menselijke ziel ligt in deze klank. Het zou als genezend beleefd kunnen worden.

Een genezende werking ligt in zekere zin ook in dat, wat als rijpingsproces in de natuur plaatsvindt. Zou dit dier daarvan iets laten merken?'[71]

Speciale aandacht verdient hier nog het vermogen van de duif om over ongelooflijke afstanden met uiterst nauwkeurige oriëntatie de weg naar de vertrouwde nestplaats te vinden. Dit oriënteringsvermogen ten aanzien van de aardse verhoudingen is eminent.
Al deze voor de duif karakteristieke eigenschappen spreken zinnebeeldig uit, wat als wezen van de Geest zichtbaar moet worden, namelijk een midden te vormen tussen hemel en aarde, hoogte en diepte.
Het beeld van de duif draagt zo wezenlijk bij tot aanvulling van de symboliek van licht en vuur. Want nu staat met de duif een 'tastbaar' wezen voor ons, anders dan bij het licht en het vuur, die we in eerste instantie niet als 'persoonlijke wezens' kunnen beleven. Wanneer dus naast de licht- en vuursymboliek het symbool van de duif treedt, worden we daarmee juist met name gewezen op het *'persoonlijke'* wezen van de Geest, dat we in de innerlijke waarneming kunnen ontmoeten. Speciale aandacht verdient het feit dat de duif in het evangelie als beeld van de Geest bij de doop in de Jordaan met een *bijzonder gebaar*, een bijzondere uitdrukkingsvorm verschijnt: 'nederdalend als een duif'. De duif wordt hierbij op schilderijen meestal met uitgespreide vleugels boven de gestalte van Jezus afgebeeld, boven hem zwevend, maar tegelijk als het ware op hem en *in* hem (zie Markus 1:10) neerdalend. In de uitgespreide vleugels van de (witte) duif kunnen we iets als de essentie beleven van de licht- en geestwereld waaruit deze 'duif' komt. Tegelijkertijd zien we de duif in een beweging naar het aardse toe, waarbij hij zijn doel vindt in het betreden en doordringen van een concrete, aardse gestalte.
Het uiterlijke beeld van de duif kan zo in de geestelijke waarneming worden opgeheven. Dan begint het het wezen van de Geest uit te spreken.

OUDE EN NIEUWE SCHEPPING

Voor de kenner van de heilige schriften verschijnt in samenhang hiermee nog een ander beeld. Het bevindt zich aan het begin van het Oude Testament, zoals het beeld van de doop in de Jordaan aan het begin van het Nieuwe Testament staat. Er wordt daar bij de schepping van de wereld ook over de Geest Gods ('ruach elohim') gesproken. Gewoonlijk wordt vertaald: 'en de Geest Gods zweefde op de wateren'[72] (Genesis 1:2). Het Hebreeuwse werkwoord dat hier staat, wordt echter ook gebruikt voor een vogel die op zijn eieren broedt. Daarom vertaalde Hermann Beckh: 'de Geest Gods broedde boven het oerwater.' We hebben dus ook hier het beeld van de boven de wereld zwevende Godsgeest als dat van een vogel die warmte uitstraalt en door deze warmte nieuw leven te voorschijn roept.

Het ligt voor de hand beide beelden in samenhang met elkaar te zien. Wanneer het scheppingsbeeld uit het Oude Testament aan het begin van het Nieuwe Testament in het doopgebeuren terugkomt, dan betekent dat toch: met het gebeuren van de doop wordt de schepping voortgezet. De Geest Gods verschijnt weer boven het water (van de Jordaan), maar nu gaat zijn scheppende uitstraling niet op de schepping van de *wereld*, maar op een *mens* over. In de mens gaat de schepping verder. Eveneens wordt door de vergelijking met het scheppings- beeld uit het Oude Testament duidelijk dat het *vuur* van de Geest, dat in het Nieuwe Testament pas bij het pinksterfeest zichtbaar wordt, reeds bij de schepping van de wereld als *warmte* van de boven de wateren zwevende Godsgeest uitging. Zo moeten we ons dan ook voorstellen dat de duif bij de doop in de Jordaan – als begin van de nieuwe schepping – scheppende warmte uitstraalt. Op deze wijze stemmen de beelden van het Oude en het Nieuwe Testament met elkaar overeen en vullen ze elkaar aan. We mogen deze 'compositie'[73] van de 'Heilige Schrift', die door een veelheid van details gestaafd wordt, zelf als een werk van de heilige Geest beschouwen.

Zo ontstaat uiteindelijk voor onze voorstelling het eigenlijke symbool dat we volgens de antroposofische terminologie een *imaginatie*[74] kunnen noemen, een beeld dat uitdrukking is van een geestelijke werkelijkheid. Het beeld van de boven Jezus zwevende witte duif wordt transparant voor de wereldgeest die aan geen eenzijdigheid onderhevig is, maar het hemelse en het aardse heilzaam weet te verbinden. Hij brengt het geestelijke tot in de aardemens; van hem gaat geen koud intellectualisme uit, maar scheppende warmte – het begin van een nieuwe schepping in en met de mens. Dit alles komt voort uit een offerdaad van de Geestgod, uit zijn overgave aan de mensheid. Een vooraanduiding hiervan vormt het feit dat de duif in Israël offerdier kon zijn, zoals anderzijds ook het lam als offerdier in Israël een vooraanduiding is voor de offerdaad van Christus.

DERDE BEELD VAN DE GEEST: DE WIND

Een belangrijk symbool van de Geest hebben we nog niet genoemd, namelijk de wind. Deze verschijnt in het Oude en het Nieuwe Testament als beeld voor de Geest. In de talen van de oudheid is het zelfs hetzelfde woord. Het Hebreeuwse *ruach*, het Griekse *pneuma* en het Latijnse *spiritus* betekenen zowel wind als Geest.

Daarmee komen we nog op een ander gebied van de geestsymboliek. In het gesprek met Nikodemus wijst de Christus op dit aspect van de werkzaamheid van de Geest, wanneer hij spreekt over het geboren worden 'uit Water en Geest-adem' (Johannes 3:5). De dubbele betekenis van het woord *pneuma* komt ons in het bijzonder tot bewustzijn, wanneer we vervolgens horen: 'De wind waait waarheen hij wil...' Met evenveel recht kunnen we hier ook vertalen: 'De Geest waait waarheen hij wil...' Het niet kunnen beschikken over de wind is het, wat ons hier tegemoet komt. Denken we aan de zeevaarders die afhankelijk waren van de gunst der winden. Er bestond voor hen niets ergers dan een roerloze zee. Om een gunstige wind die de juiste beweging brengt, kon men slechts bidden. Desgelijks kunnen wij mensen over de inspiratie van de Geest niet beschikken. Hij waait waarheen *hij* wil. We kunnen er slechts om worstelen en bidden.

Het samenkomen van de beelden van de duif en de vlam in het bijbelse scheppingsverhaal hebben we reeds aangeduid. Maar ook het beeld van de wind komt erin voor, want de 'Geest' die daar boven het oerwater 'broedt', is 'ruach elohim'. Hermann Beckh, wiens vertaling we in het voorafgaande geciteerd hebben, formuleert daarom: '... en de *in de heilige wind waaiende Geest van God* broedde boven het oerwater.' In deze vertaling komen alledrie de aspecten van de geestsymboliek tot uitdrukking: de duif, de vlam en de wind. In de wind verschijnt naast het niet-ter-beschikking-staan van de Geest vooral de dynamiek, de scheppende en stimulerende beweging die van de Geest uitgaat. Echter ook het verfrissende, leven-schenkende element dat drukkende zwoelte en giftige dampen verdrijft.

DE TROOSTER

Het motief van het niet-ter-beschikking-staan van de Geest leidt ons ten slotte nog naar een woord dat in het evangelie volgens Johannes (14:16, 14:26 en 16:7) voorkomt als aanduiding van de Geest. Het Griekse woord is *parakletos*, dat betekent: 'de naderbij geroepene'. Het gebed, de innerlijke bereidheid en voorbereiding van de mens (we kunnen denken aan de apostelen die met Pinksteren bijeen waren) zijn voorwaarden voor het 'waaien van de Geest'. De geestwerking zelf echter is genade en niet van menselijk toedoen afhankelijk. Deze voegt zich als 'bijstand', als 'trooster' (zo luidt de mooie vertaling van

Luther van het woord *parakletos*) bij dat wat mensen vermogen of in hun zwakheid juist niet vermogen. 'Hierbij komt de Geest onze zwakheid te hulp', zegt Paulus in zijn brief aan de Romeinen (8:26). En ook wij kunnen ervaren, hoe de helpende, liefdevolle, de mensen welgezinde kracht van de Geestgod ons mensen nadert. Hoe geestkennis werkelijk troost kan brengen in elk mensenlot door licht te werpen op de zin van alle bestaan. Zo verschijnt voor ons de Geest als trooster aan het eind van deze reeks motieven. Als trooster toont hij zich ons mensen het meest nabij.

INDIVIDUALITEIT EN GEMEENSCHAP

Een laatste stap moeten we nu nog doen in onze beschouwing over de Geestgod. Tot nu toe hebben we onze blik slechts gericht op de *individuele* verhoudingen en mogelijkheden, die met de geestwerking verbonden zijn. Maar ook hier bestaat in de werkzaamheid van de Geest een vruchtbare spanning, de spanning tussen ik en gemeenschap, tussen individualiteit en groep (en christelijke kerk). Deze spanningsverhouding komt reeds bij het pinkstergebeuren zelf tot uitdrukking, wanneer daar allereerst wordt gesproken over de geeststorm die het huis waarin de apostelen bijeen zijn geheel vervult, en vervolgens over het vuur dat zich in 'tongen' *deelt* en boven het hoofd van ieder van de apostelen zichtbaar wordt. De individuele kracht voor *ieder afzonderlijk* ontstaat dus uit een *gemeenschappelijk* element. In de verdere beschrijving van het gebeuren wordt dit nog duidelijker: want terwijl nu de apostelen beginnen te spreken, horen de aanwezigen die uit de meest uiteenlopende taalgebieden afkomstig zijn, een ieder in hun eigen taal spreken. We hoeven het raadsel van dit 'pinksterwonder' hier slechts naar die richting te beschouwen dat daarin wederom het zeer individuele wordt bevestigd (ieder in *zijn* taal) en tevens een hogere gemeenschappelijkheid (een werkelijk begrijpen van het gesprokene zonder individuele begrenzing) wordt uitgedrukt.[75] De legende vertelt dat ieder van de twaalf apostelen met Pinksteren *één* van de twaalf zinnen uitgesproken heeft, die *samengevat* zijn in de christelijke belijdenis (het Credo). Ook al overtreft dit vermoedelijk de werkelijkheid, toch duidt de legende op een diepe waarheid: de bijdrage van de enkeling kan met die van de anderen een hogere eenheid en gemeenschappelijkheid vormen.

Zo leidt de Geest enerzijds tot de sterkste intensivering van het individuele beleven. Hij doet ons de eeuwige waarde, de uniciteit en wereldbetekenis van ons menselijke ik beseffen. Maar tegelijkertijd wijst hij, nog boven deze ervaring uitgaand, op de gemeenschappelijkheid van alle menselijke ik-wezens, die nu niet pre-individueel, groepsgewijs werkt, maar uit inzicht en liefde naar een hogere, uit vrije wil gevormde gemeenschap voert – in vrijheid van het ene ik tot erkenning en stimulering van het andere ik.

We beleven in onze tijd een radicale drang naar vrijheid en zelfverwerkelijking, waarbij alle bindingen naar de achtergrond worden verwezen. Dat is maar al te begrijpelijk. Het is een teken voor het steeds duidelijker op de voorgrond treden van het individuele in de mens. En toch zal het slechts een ontwikkelingsstadium kunnen zijn op een weg die voert naar een tweesprong: óf het zal zo zijn dat het ogenschijnlijk bevrijde ik vanuit een enorme eenzaamheid weer terugvalt in een verlangen naar een groepsbestaan (zoals we het vandaag de dag om ons heen kunnen waarnemen – tot aan de vorming van groepen met de tendens tot het gebruiken van geweld of groepen op basis van seksualiteit), óf de doorbraak lukt naar het ware, vrije ik van de mens, dat dan echter ook weer vrij en onbaatzuchtig genoeg is om de ander naast zich niet alleen te erkennen, maar zich met hem te verbinden, ja zelfs vrij genoeg om ook een hoger en groter element in zijn leven op te nemen.

DE IDEE VAN DE KERK

In samenhang daarmee rijst de vraag naar een kerk die in staat is de genoemde elementen in zich op te nemen. In het verleden heeft men de werking van de heilige Geest alleen in de werkzaamheid en het wezen van de 'heilige kerk' kunnen waarnemen. De gelovigen hadden deel aan het heil, voor zover ze zich aan de 'alleen zaligmakende' kerk hielden. Ze waren aangewezen op de door de kerk verkondigde waarheid en moesten zich de belijdenis van de kerk eigen maken, ook al was deze voor hen niet begrijpelijk. Aan het inzicht dat vrij ontspruit uit het ik van de enkeling kon geen betekenis worden toegekend: alleen de kerk was in het bezit van de heilige Geest en de enige waarheid. Dat mag in vroegere stadia van de christelijke ontwikkeling gerechtvaardigd geweest zijn, maar sinds de individuele ontwikkeling van de mens met het begin van de nieuwe tijd vol op gang is gekomen, moesten bij deze opvatting steeds meer vraagtekens worden geplaatst en boette deze aan kracht in.

De idee van een kerk die in hun belijden vrije, in hun denken zelfstandige mensen bijeenbrengt – deze idee is met de stichting van de Christengemeenschap in 1922 voor het eerst werkelijkheid geworden. Een kerk is ontstaan waar vrijheid van belijdenis heerst en die ons mensen in vrije gemeenschap met elkaar toch in een hogere gemeenschap met de goddelijke wereld brengt. De innerlijke binding van een dergelijke mensengemeenschap kan slechts op inzicht en liefde berusten. Noch een onfeilbare leer, noch angst voor de hel of de eeuwige dood zijn hier tot 'steun', maar de ervaring dat de Geest der wereld, zoals we hierboven uiteengezet hebben, door Christus' werkzaamheid de Geest in de mens nabij kan komen en dat daardoor hogere gemeenschap ontstaat.[76]

Hier wordt, boven de enkeling uitgaand, de werkzaamheid van de Geest die zijn intrek in de individuele mens heeft genomen zichtbaar. Niet uiterlijke dwang, maar innerlijk leven, dat in ander geestelijk leven zijn stimulans en aanvulling vindt, vormt de grondslag van een kerk die toekomst in zich draagt.

HET VROUWELIJKE ASPECT VAN DE GEEST

Reeds bij de beschouwing van de Vader en de Zoon hebben we op het vrouwelijke aspect van God gewezen. Het verbaast ons dan ook niet dat de Geestgod eveneens een vrouwelijke kracht in zich heeft. In de idee van de kerk leefde heel sterk iets van dit aspect van de Geest. *De* kerk, de *ecclesia*, heeft men vrouwelijk-moederlijk als vertegenwoordiging van de Geest opgevat.

Met het beschouwen van de persoon van Maria dringen we nog dieper door in het vrouwelijke element van de Geestgod. Maria draagt het wezen van de Geest in zich en brengt het in haar reine, zuivere zielegesteldheid tot verschijning. Hier vinden we iets terug van de *zielegesteldheid* van de Geest, zoals we deze reeds voor ons hadden, toen we vaststelden dat met de Geest niet alleen zin en inzicht, maar ook zuiverheid, lieflijkheid, schoonheid, harmonie en eveneens fantasie, kleurigheid en zieleadel verbonden zijn. Juist de kwaliteiten lieflijkheid, zuiverheid, schoonheid en harmonie komen bij uitstek in het beeld van Maria tot uitdrukking.

Zieleadel, fantasie en kleurigheid voeren ons in een laatste stap nog verder. We komen bij de 'maagd Sophia', die eveneens als weerspiegeling van de heilige Geest beleefd kan worden – tegelijk ook als een ander aspect van Maria. Van de 'Sophia' (wat het Griekse woord voor 'wijsheid' is) werd reeds in het jodendom verteld dat zij bij het scheppingswerk van God meewerkte. In *De wijsheid van Salomo*, een van de apocriefe boeken van het Oude Testament, is de Sophia zelf de 'oorsprong' (7:12) en de 'tronende' (9:4) en bewerkstelligt zij het heil Gods (7:27).

Op enkele kunstwerken uit de middeleeuwen (onder andere een muurschildering in de kerk van Urschalling aan de Chiemsee in Beieren) wordt de triniteit

afgebeeld met een vrouwelijke gestalte als beeld van de heilige Geest.
Uit dit alles blijkt dat men aanvoelde dat geen van de drie goddelijke personen eenzijdig beleefd mag worden. In ieder van hen is het mannelijk–vrouwelijke in harmonie; van een polariteit of zelfs dualiteit is geen sprake. Vanuit deze harmonie kan zich het goddelijke wezen meer 'mannelijk' of meer 'vrouwelijk' openbaren, al naar gelang het past bij het karakter van de betreffende openbaring in de aardse wereld.

Hoewel we ons van de onvolledigheid bewust zijn, willen we onze beschouwing over het wezen van de Geestgod hier afsluiten.
In het tweede gedeelte van dit boek zullen we ons nu niet met de *afzonderlijke* 'personen' van de triniteit bezighouden, maar met hun samenwerking.

Deel 2

Drieëenheid en drievuldigheid

DRIE GODEN OF ÉÉN GOD?

Voor het Latijnse woord *trinitas* (drieheid) staan ons in de Nederlandse taal twee uitdrukkingen ter beschikking: drieëenheid en drievuldigheid. Drieëenheid legt de nadruk op de eenheid in de drieheid, terwijl drievuldigheid meer op de drieheid zelf wijst. De moeilijkheid voor ons denkend bewustzijn bestaat daarin dat we ons de 'drie in één' moeilijk kunnen voorstellen zonder de realiteit van òf de drieheid òf de eenheid te verliezen. Hoe kunnen drie personen één zijn? Of hoe de ene God uit drie personen bestaan?

Inderdaad heeft deze moeilijkheid in het christendom reeds vroeg een niet onbelangrijke rol gespeeld. Terwijl de waarheid van de triniteit voor het bewustzijn van de vroege christenen steeds duidelijker naar voren kwam, trachtte men er (beginnen in de derde tot vierde eeuw) met de meest uiteenlopende middelen greep op te krijgen. Daarbij ontstonden twee extreme opvattingen met daartussen verschillende overgangsvormen.

Volgens de ene zienswijze dienden de drie goddelijke wezens te worden opgevat als drie Goden ('tritheïsme'). Zoals spoedig werd ingezien, vormde deze zienswijze een terugval in het polytheïsme (veelgodendom) dat juist door de ontwikkeling van het jodendom was overwonnen. Zich God voor te stellen als *één* in zichzelf besloten wezen dat moreel verplichtend en verantwoordelijkheid verlangend tegenover het ik van de mens staat, behoorde tot de innerlijke verworvenheden van het jodendom en mocht niet verloren gaan. De *een*duidigheid van de verhouding tot God mocht niet weer worden opgegeven. De verhouding tot God mocht niet weer worden opgegeven. De verhouding tot de ene God, aan wie de mens verantwoording verschuldigd is, zou door een zienswijze waarin sprake is van drie Goden, in gevaar zijn gekomen.

Als het tritheïsme, de drie-goden-leer, in het christendom ingang had gevonden, zou een zeker punt van kritiek dat de islam ten aanzien van de christelijke opvatting van de triniteit aanvoert, namelijk dat de christelijke leer het veelgodendom voorstaat, terecht zijn geweest. De aanzet daartoe is echter reeds in de vierde eeuw overwonnen.

In de plaats van de ene eenzijdigheid kwam echter de andere. Men hield streng vast aan de eenheid van God, maar verloor nu de werkelijke en werkzame drieheid. Deze opvatting kwam bij voorbeeld als 'modalisme' naar voren. In deze leer wordt gesteld dat God één is en hij in de drie personen alleen in een verschillende 'modaliteit' verschijnt. Hij heeft zogezegd als Vader een ander 'masker' op dan als Zoon of als Geest, maar hij is in feite steeds dezelfde. Voor ons dreigt nu hetzelfde gevaar, als we spreken over de drie 'aspecten' van God in de drie personen. Het *kan*, wanneer we niet nauwkeuriger onderscheiden, eveneens 'modalisme' zijn.

Ook deze opvatting is overwonnen. Hij was niet houdbaar, omdat men, zoals we hebben gezien, drie geheel verschillende wezensindrukken bij het beleven van de Vader, de Zoon en de Geest voor zich heeft. De Christus die in de mensheid incarneert, zelf mens wordt en zo heel dicht bij de mens komt te staan, is werkelijk iets anders dan de Vadergod die aan alle werelden en wezens ten grondslag ligt, of dan de Geestgod die de wijsheid van de wereld draagt. Daardoor kon ook aan de modalistische zienswijze die de drie goddelijke personen tot 'drie verschijningsvormen' van de ene God verabstraheert, niet worden vastgehouden.

We hoeven ons hier niet alle schommelingen waaraan de gedachte van de triniteit met name gedurende de eerste ontwikkeling van het christendom onderhevig was, in het bewustzijn te roepen. Belangrijk is dat uiteindelijk de juiste zienswijze kon worden vastgehouden. Een bewijs van de positieve, geestelijke kracht die met het christendom verbonden was. Deze zienswijze was voor het denkend bewustzijn weliswaar niet meer toegankelijk – men wilde immers de *ene*, ongedeelde God als *drie* zelfstandige personen voorstellen – maar werd als goddelijke openbaring geloofd en in zijn diepe werkelijkheid toch ook steeds weer vol geloof *ervaren*. Pas in onze tijd kunnen we een eerste, verdere stap zetten.

VAN GELOVEN NAAR KENNEN

De waarheid van de triniteit stamt niet uit een aards bewustzijn, maar is in het schouwende bewustzijn aan een hogere, goddelijke werkelijkheid afgelezen. Bij het begin van de christelijke ontwikkeling was het schouwende bewustzijn echter al grotendeels verdwenen; slechts het aardse bewustzijn was overgebleven. Dit bewustzijn bezat toentertijd als een erfenis van oude helderziendheid weliswaar nog de openheid, de voorstelling van de triniteit als waarheid te beleven en aan te nemen, en er ook geloof aan te hechten. Het was echter niet meer in staat deze voorstelling denkend te begrijpen.

Hier is het nu belangrijk dat we ons een fundamenteel feit duidelijk maken: We 'begrijpen' een verschijnsel pas, als we het met andere waarnemingen of ervaringen kunnen vergelijken en in een zinvolle relatie ermee brengen. Een nooit waargenomen natuurverschijnsel bij voorbeeld is voor ons onbegrijpelijk, omdat we het aanvankelijk niet in de voor ons overzienbare wereldsamenhangen een plaats kunnen geven. Het wordt voor ons direct verklaarbaar, als we op de een of andere wijze een brug kunnen slaan naar de voor ons bekende verschijnselen.

De opstanding van Christus bij voorbeeld is voor ons in eerste instantie zo moeilijk te begrijpen, omdat binnen het gebied van onze ervaringen niets vergelijkbaars te vinden is. De opstanding is ongeëvenaard en daarom onbegrijpelijk. Ook hier is het zo, dat we bruggen moeten vinden naar het gebied van onze menselijke ervaringen – en dat is heden ten dage mogelijk – om tot een nader inzicht omtrent de opstanding te komen.

In de gedachte van de triniteit schijnen we op het eerste gezicht ook met iets onbegrijpelijks geconfronteerd te worden. Want deze gedachte komt ons aanvankelijk eveneens uitzonderlijk en onvergelijkelijk voor. We moeten binnen het gebied van onze ervaringen zoeken naar vergelijkbare verschijnselen, waarin voor ons het principe 'drie in één', of 'één in drieën' op een ander vlak van het bestaan zichtbaar wordt. Zijn die te vinden?

OPBOUW IN DRIEËN

Bij het bespreken van de geheimen van de triniteit gaat men er graag vanuit dat veel dingen in de wereld geordend zijn volgens een drieledig principe. Inderdaad vormt dit een overtuigende aanwijzing voor het bestaan van een drievoudig, scheppend, goddelijk oerprincipe. We kunnen onder andere denken aan de drieledigheid van ruimte en tijd:

De drie ruimtelijke dimensies:
boven/beneden – rechts/links – voor/achter

De drie dimensies van de tijd:
verleden – heden – toekomst

De drieledigheid van de mens:
lichaam – ziel – geest
denken – voelen – willen
zenuw–zintuigsysteem – ritmisch systeem – stofwisselings–ledematen–systeem
bovenarm – onderarm – hand
voorgeboortelijk leven – aardeleven – leven na de dood

De drieledigheid van het menselijk gelaat
voorhoofd – ogen/neus/ – mond/kin

Aangezien we dit motief slechts terloops willen aanstippen, zij hier alleen nog gewezen op de verdeling van de aardoppervlakte in oosten – midden – westen. Waarschijnlijk zou bij alle wereldverschijnselen de indeling in drieën als basisprincipe kunnen worden aangetoond. Ook daar waar het getal zeven werkzaam is, verschijnt daarin het getal drie. Zeven kan worden onderverdeeld in drie, een midden, en nog eens drie, dat wil zeggen, in twee groepen van drie, die samen met een midden wederom een hogere drieheid vormen. (Dit beeld verschijnt aan het altaar in de zeven kaarsen.) Zelfs het getal twaalf kan op soortgelijke wijze vanuit het getal drie worden beschouwd. Hier hoort als midden nog de dertiende erbij. Aanschouwelijk wordt dit bij voorbeeld in het Laatste Avondmaal van Leonardo da Vinci, waarbij op de achtergrond drie ramen zijn.
Een dergelijke beschouwing kan ons de zekerheid geven dat in de wereld werkelijk een drievoudige scheppende kracht werkzaam is, waaruit alle wereldverschijnselen voortkomen. Wanneer we nu de voorbeelden van een drieledige opbouw nauwkeuriger bekijken, ontdekken we waarschijnlijk gemakkelijk de kwaliteiten van de triniteit, die eraan ten grondslag liggen:

verleden/Vader – heden/Zoon – toekomst/Geest
lichaam/Vader – ziel/Zoon – geest/Geest
denken/Geest – voelen/Zoon – willen/Vader

Ook dit zouden we tot in details kunnen uitwerken, maar we volstaan met te verwijzen naar het werk van Alfred Schütze die het uitvoerig heeft beschreven.[77] Deze drieledige opbouw komt ook tot uitdrukking in het sacrament van de doop, zoals deze in de Christengemeenschap wordt voltrokken. Tijdens de doop worden voorhoofd, kin en borst van de dopeling respectievelijk aangeraakt met de drie substanties: water, zout en as – in de zin van de doop 'in de naam van de Vader, de Zoon en de heilige Geest'.
Toch moeten we hier nog een stap verder gaan. Dat wat we tot nu toe hebben aangeduid voert ons immers slechts naar een *drieheid*. Dat wil zeggen, we komen hooguit weer tot een 'tritheïsme'. We moeten echter ook naar de *eenheid* van de verschijnselen vragen.
Laat ons eerst nog eens vasthouden dat het bij de hierboven genoemde drieledigheden werkelijk om verschillende elementen gaat. Lichaam, ziel en geest zijn drie verschillende gebieden van de mens. Ze zijn niet eenvoudig 'hetzelfde' op verschillende wijze. (Dat zou neerkomen op een modalistische

zienswijze.) Niettemin hebben ze een zeer innige samenhang: ze zijn uitdrukking van één mens. We moeten ons hierbij duidelijk maken dat de mens niet alleen geest is of ziel en geest, maar lichaam, ziel en geest. Als men één gebied verliest, verliest men iets essentieels van de mens. Dat geldt ook voor het lichaam. Dit vormt de reden, waarom we – mede in de zin van een juist begrip van de wereld – moeten vasthouden aan de opstanding van het lichaam voor de toekomst van de mens, ook als dit toekomstige, menselijke lichaam volkomen vergeestelijkt voorgesteld moet worden. De mens alleen als ziel of geest zou een belangrijke dimensie van zijn bestaan verliezen, namelijk de macht van zijn mens-zijn. Dat kan hier slechts aangeduid worden.[78]
Anderzijds mag echter ook het lichaam als zodanig er wezen. Het vormt een in zichzelf besloten, volmaakt geheel, een prachtig organisme. Het is een wezensgebied op zichzelf: mens, mensenlichaam. Het is als zodanig de volle openbaring van de mens in het lichamelijke, maar toch is het niet de gehele mens.
Hier ligt nu de moeilijkheid in de begripsvorming. Als iets zich in een totaliteit bevindt, maar niet zelf de totaliteit is, hebben we onder onze begrippen voor deze situatie in eerste instantie alleen het begrip 'deel'. Een geheel 'valt uiteen' in delen. De delen bouwen het geheel op. Desgelijks 'valt' de mens voor ons 'uiteen' in lichaam, ziel en geest. Deze delen 'bouwen' op hun beurt de mens op. Deze ontledende en samenvoegende denkwijze blijkt echter reeds ten aanzien van de mens niet te voldoen. Hooguit kan hij op mechanische totaliteiten worden toegepast.
De mens 'valt' namelijk niet 'uiteen' in lichaam, ziel en geest, maar hij *is* lichaam, ziel en geest als een geheel. Lichaam, ziel en geest 'voegen' de mens niet 'samen' (zoals een mechanisme uit onderdelen is opgebouwd), maar ze zijn tot een geheel verweven (zoals een organisme), doordat ieder afzonderlijk gebied door elk ander gebied doordrongen en ermee verbonden is.
De begrippen 'geheel' en 'deel' moeten dus reeds bij de mens worden omgevormd, als men recht wil doen aan het wezen van de mens. We moeten zeggen: de mens vormt een geheel. Dit geheel is *geleed*, niet onderverdeeld. In elk lid of afzonderlijk gebied leeft het echter ten volle mee. Het lid is niet alleen bij het geheel aangesloten, maar in elk lid is het volle geheel aanwezig. Het lid is *lid* van het geheel (en geen deel), omdat het zo geaard is dat het geheel ten volle kan opnemen en vertegenwoordigen, hoewel het zelf slechts een afzonderlijk gebied vormt.
Dit is weliswaar een ongewone begripsvorming, maar met betrekking tot levende wezens blijkt deze noodzakelijk te zijn. Het menselijk lichaam is geheel en al lichaam, het is niet ziel en ook niet geest. Maar het is als lichaam alleen te begrijpen als het wordt opgevat als uitdrukking van ziel en geest van de mens.

Ja, het wordt zelfs tot openbaringsplaats en werkterrein voor de menselijke geest en ziel.

Anderzijds is het zo dat de geest van de mens geheel en al geest is. Hij zou echter geen *menselijke* geest zijn, als hij zich niet meester zou kunnen maken van de ziel en het lichaam en in deze zijn bestemming vinden. Zo kunnen we ons er langzaam een begrip van vormen dat in een afzonderlijk gebied een totaliteit kan leven. Zoals van de Christus moet worden gezegd dat hij *één* goddelijke persoon is en toch God *als geheel* in hem tegenwoordig is.

DRIEDELIGHEID EN DRIELEDIGHEID

De opvatting waarbij de kosmos wordt voorgesteld als zijnde opgebouwd uit atomen respectievelijk atoomdeeltjes, zou afgebeeld kunnen zijn in het spel van een kind met een bouwdoos. Afzonderlijke bouwstenen (houten blokken, Lego-stenen) kunnen worden samengevoegd, en daaruit ontstaan dan bouwwerken die ook weer in de oorspronkelijke delen uiteen kunnen vallen. Daarbij is het voor het 'deel' om het even, op welke plaats in het geheel het zich bevindt. Hetzelfde principe wordt kinderen bijgebracht in het elementaire rekenonderwijs, wanneer ze bij voorbeeld leren het getal 3 op te vatten als 1 + 1 + 1. Ook hier is het getal drie opgebouwd uit drie 'gelijke' delen. Dit 'bouwdoos-principe' vormt in verregaande mate de grondslag van ons wereldbeeld – op veel gebieden ook terecht. Maar we ons ervan bewust worden dat het niet voor alle gebieden van het leven toereikend is, onder andere niet voor het begrijpen van de mens of zelfs de triniteit.

We moeten daarom van het principe 'delen en een samengesteld geheel' komen tot een begrijpen van het principe 'leden en een hogere eenheid' en daarmee tot een 'geleding' in tegenstelling tot een 'deling'.

Laat ons nogmaals de mens in het oog vatten. We kunnen hem niet in hoofd, borst en ledematen verdelen. Hij bestaat niet uit 'delen' die men naar believen zou kunnen 'verdelen' volgens het bouwdoos-principe of het 1 + 1 + 1 = 3. Hier is het noodzakelijk het begrip 'geleding' te vormen, waarbij elk lid *zijn* plaats en *zijn* verhouding tot de gemeenschappelijke eenheid heeft. We moeten de mens zien als 'geleed' naar hoofd, borst en ledematen. Hij is niet 'samengesteld' uit hoofd, borst en ledematen (of lichaam, ziel en geest, enzovoort), maar de drie deelgebieden vormen samen een hogere eenheid, die als een drie-ledigheid verschijnt.

Daarbij is essentieel dat:

- de drieheid weliswaar in zichzelf uitermate uiteenlopende leden heeft: het hoofd is iets heel anders dan de borst, enzovoort;
- de drieheid echter niet zonder relatie tot de eenheid gedacht kan worden (wat zou een hoofd zijn, als het alleen maar hoofd was?);
- niet alleen elk deelgebied met zijn geaardheid (het hoofd als hoofd) voorhanden is en een deel van het geheel vormt, maar dat ook in elk lid het volle geheel vertegenwoordigd en 'aanwezig' is.

Elk lid staat dus, hoewel het kenmerkend van de andere leden verschilt, toch in een zeer innige verbinding met deze en draagt ze 'in zich'. Het bevindt zich in een *hogere eenheid* ermee. Het menselijk hoofd bij voorbeeld is niet eenvoudig alleen maar hoofd, maar draagt de andere leden in zich, want het is zelf driegeleed. Zo vertegenwoordigt het als lid het geheel, maar *op zijn eigen wijze*. Deze drieledigheid wordt in het gelaat zichtbaar als voorhoofd, neus/mond en kin. Daarbij hebben de kin en de mond duidelijk ledemaat-functies (beweeglijkheid, bijten en kauwen), terwijl de neus als ademhalingsorgaan met de borst-mens overeenkomt en het voorhoofd het zenuw-zintuigsysteem vertegenwoordigt.

Dat betekent dus: het hoofd is weliswaar geheel en al hoofd (en niet borst of ledemaat), maar het draagt toch de andere gebieden 'in zich'. Het is niet alleen *deel* van een geheel, maar draagt als lid van het geheel zelf het *geheel* in zich. Het is een lid van een hogere totaliteit. Totaliteit en deelgebied zijn wederzijds niet zonder elkaar denkbaar: het deelgebied 'hoofd' niet zonder de totaliteit 'mens', want een menselijk hoofd zonder de totaliteit 'mens' zou onzinnig zijn. Evenmin is de mens zonder hoofd denkbaar.

We moeten dus reeds bij de mens tot een veel beweeglijker begripsvorming komen dan waartoe we gewoonlijk in onze 'in-delende' denkgewoonten geneigd zijn. Want als dat wat we tot nu toe als gedachte hebben ontwikkeld juist is, geldt immers ook: de mens is noch hoofd, noch borst, noch ledematen, maar hij is de levende eenheid van deze drie deelgebieden. We moeten het begrip vatten van een eenheid die in een drieheid bestaat zonder in deze uiteen te vallen. Een eenheid waarvan de drieheid zo innig met elkaar verweven is, dat deze in waarheid één is. Geen lid zou in het geheel kunnen ontbreken zonder dat de eenheid zijn karakter zou verliezen. Een mens zonder hoofd is niet denkbaar; hij zou geen mens zijn. Dat wil zeggen: van de eenheid 'mens' is het hoofd een *wezenlijk* deel, evenals de andere deelgebieden. Geen lid kan door een ander deelgebied worden vervangen. Elk lid behoort met zijn eigen specifieke karakter tot het wezen van het geheel. We mogen dus in geen geval, juist wanneer we naar de eenheid kijken, de drieheid opgeven, omdat we dan ook de eenheid met zijn karakteristieke aard en innerlijke spanning zouden verliezen en niet tot een *eenheid* zouden komen, maar tot een *enerleiheid*.

Bovendien moet ook in de eenheid het volkomen verschillende, zelfstandige karakter van elk lid worden vastgehouden. We komen dus tot een zeer 'levendig', beweeglijk begrip bij het beschouwen van deze menselijke triniteit die een enorme innerlijke spanning heeft – zoals karakteristiek is voor de ideeën uit het gebied van de heilige Geest.
Rudolf Steiner heeft het dynamische in-elkander-weven van de deelgebieden van de mens in de volgende spreuk uitgedrukt (niet met betrekking tot het menselijk lichaam, maar met betrekking tot de drie zielekrachten van de mens):

ECCE HOMO

In het hart weeft voelen,
In het hoofd straalt denken,
In de ledematen leeft kráchtig willen.
Wevend stralen,
Kracht-vervuld weven,
Stralend krachten-stromen:
Dat is de mens.'[79]

In deze woorden komt het in-elkander-weven van de zielekrachten, die immers ook een hogere eenheid vormen, duidelijk tot uitdrukking.
De lezer zal ongemerkt zelf al de verbindingslijnen naar het vraagstuk van de drieëenheid en drievuldigheid hebben getrokken. Slechts met de begrippen van een werkelijke driegeleding, zoals we ze bij voorbeeld aan de lichamelijke verschijning van de mens kunnen aflezen, niet met de gewone, abstracte begrippen van deling en samenstelling, zijn we in staat het geheim van de triniteit te benaderen. Dat betekent dat we ons God niet mogen voorstellen als bestaande uit drie delen – net zomin als de mens. Het veel gebruikte symbool van de driehoek met het 'goddelijk oog' schiet helaas tekort, als het gaat om het begrijpen van de triniteit zoals deze hier bedoeld is. (Anderzijds beschikt dit symbool over een sterke uitdrukkingskracht in het 'oog', alleen niet met betrekking tot het wezen van de triniteit.) Ook de in drieën verdeelde cirkel die een drieheid binnen een geheel moet symboliseren, voert in de waarneming slechts tot een drie*deling*, geen drie*geleding*. Waarschijnlijk onttrekt het geheim van de triniteit zich aan een geometrisch-symbolische voorstelling.
We willen daarom liever nog op een ander gebied wijzen, waar het geheim van de drie en één op levendige en aanschouwelijke wijze ons tegemoet komt.

DRIELEDIGHEID VAN DE PLANT – EEN OERBEELD

In het beeld van de bloemdragende planten vinden we eveneens het principe van de driegeleding. De plant is geleed (niet verdeeld) in een wortel-, een stengel/blad- en een bloemgebied. Dat blijkt al uit het feit dat de plant zich uit de drieheid van wortel, stengel/blad en bloem tot een eenheid in het zaad kan samentrekken en anderzijds uit de eenheid van de zaadkorrel weer de drieheid laat ontstaan. Het principe van drieëenheid en drievuldigheid hebben we hier letterlijk voor ogen.

We kunnen echter nog verder gaan. Als bij de plant een echte drieledigheid aanwezig is, dan moet elk lid de andere leden kunnen bevatten. Bij de bloem is dit duidelijk, want zij brengt het zaad voort, en dat is alleen mogelijk – voor zover uit het zaad weer de gehele drieheid ontstaat – als daarbij ook de drieheid als geheel 'aanwezig' is. Hoewel de bloem dus geheel en al bloem is en niet wortel of stengel/blad, moet zij toch op geheimzinnige wijze wortel en stengel/blad 'in zich' dragen, want anders zou zij het zaad, dat immers alledrie de krachten als geheel in zich bergt, niet kunnen vormen. Dat wil zeggen: zij moet als bloem deel hebben aan de totaliteit van de plant, ook aan wortel en stengel/blad. Dat is het immers wat we als essentieel voor het begrip 'lid' in tegenstelling tot 'deel' van een geheel hebben aangeduid.

Maar niet alleen de bloem draagt als lid van de plant het geheel in zich, het geldt ook voor de wortel. Bij veel planten ontwikkelt zich immers uit het wortelgebied weer de gehele plant, ook al zijn de stengel met de bladeren en de bloem afgesneden of in de herfst vergaan. We zijn te zeer aan deze natuurverschijnselen gewend geraakt om ons er nog over te kunnen verwonderen. Toch moeten we ons afvragen: hoe komt nu de wortel, die toch maar alleen wortel is, ertoe iets heel anders voort te brengen, wat hij zelf helemaal niet is, wat zelfs radicaal van hem lijkt te verschillen? We moeten concluderen dat ook de wortel als lid deel uitmaakt van het geheel. Daardoor is hij in staat in de geest van de gehele plant boven zichzelf uit te groeien en iets heel anders voort te brengen dan hij zelf is.

Zo is het ook met de bebladerde stengel die enerzijds de bloem voortbrengt als iets, wat heel anders is dan hijzelf. Anderzijds zien we bij veel planten dat de stengel, als hij afgesneden is en met aarde of water in verbinding wordt gebracht, in staat is wortels te vormen. Daarmee brengt hij wederom iets heel anders voort dan hij zelf is.

Kortom, we kunnen aan de plant werkelijk bij uitstek het principe van drieëenheid en drieledigheid waarnemen. De plant omvat in elk deelgebied tevens het geheel. Hij is in staat in het zaad de drie 'leden' in een eenheid te bewaren. Toch vormt de plant een echte, karakteristieke drieheid, waarvan de drie leden absoluut onverwisselbaar zijn en op geen enkele wijze onderling verruild kunnen worden. Ook bij de plant zien we dus een zeer innerlijke eenheid die echter geen eenvormigheid is, maar een spanningsrijke en tegelijkertijd elkaar onderling dragende en bepalende drieheid vormt.

DE TRINITEIT – DRIELEDIG, NIET DRIEDELIG

We hebben er reeds op gewezen dat voor ons begrijpend verstand alleen dat zich ontsluit wat we met andere verschijnselen in de wereld in verbinding kunnen brengen. Het dogma van de goddelijke drieëenheid was tot nu toe uitgesloten van elke mogelijkheid tot begrijpen, omdat het geïsoleerd van alle andere verschijnselen in de wereld optrad. Onze beschouwing heeft laten zien dat dit niet noodzakelijkerwijs zo moet zijn en blijven. Er zijn vergelijkbare verschijnselen in de wereld, maar om die te begrijpen moeten we buiten de gebruikelijke begripsvorming treden.
Daarmee wordt de blik vrij naar het goddelijke gebied. We kunnen ons nu met meer begrip aan de opgave wijden, bij voorbeeld in Christus de gehele godheid te zien, zonder het bijzondere van de Christusverschijning te verliezen. Anderzijds God als de *ene* te zien, zonder de drieheid op te geven en in een eenvormigheid af te glijden. Zoals in wortel, stengel/blad en bloem telkens de gehele plant aanwezig is, zonder dat het afzonderlijke gebied daardoor zijn karakteristieke aard verliest (de wortel blijft geheel en al wortel), zo leeft in Vader, Zoon en Geest God telkens als geheel mee, zonder dat het afzonderlijke wezen zijn individuele karakter opgeeft. Het Christuswoord 'Ik en de Vader zijn één' is in deze zin te verstaan. Het betekent niet: 'Wij zijn één en dezelfde' of 'wij zijn enerlei'. Veeleer gaat met de Christuswerkzaamheid de Vader mee, en anderzijds ontstaat uit hem de werkzaamheid van de Geest. Net zoals uit de spruit van een plant bloem en wortels kunnen groeien en dus als mogelijkheid erin besloten liggen.
Op dit geheim wijst in het bijzonder het drieledige Christuswoord 'Ik Ben de Weg en de Waarheid en het Leven' (Johannes 14:6). Het betekent toch immers: in de Christus vindt men de *weg* tot de *Vader* ('niemand komt tot de 'Vader dan door Mij'), de *waarheid* als kracht van de *Geest*, en het *leven* dat het eigenlijke element van de *Zoon* is.
Op deze wijze kunnen we nader tot de drieëenheid in de afzonderlijke goddelijke personen komen. Wat over de Christus, de Zoon, is gezegd, geldt

eveneens voor de Vader en voor de Geest. De Vader bij voorbeeld kan geen Vader zijn zonder de Zoon. Hij kan alleen als Vader beleefd worden, als de Zoon ook aanwezig is.

We zijn bij het benaderen van dit geheim uitgegaan van de begrippen 'deel' en 'lid' en we willen er nu nog een keer op terugkomen. Waarom is het zo belangrijk God als drieënig, dat wil zeggen als drieledig en niet als driedelig te zien? Dat is, omdat we daarmee in feite een sleutel hebben voor het gehele begrip van de wereld.

DE MENS – DEEL OF LID VAN DE WERELD?

Om ons dit duidelijker bewust te maken, willen we onze blik nog eens op de mens richten. Voor het identiteitsgevoel van de mens is het van primaire betekenis of hij zichzelf als een 'deel' of als een 'lid' van de wereld beschouwt. Als deel van de wereld zou hij zich het vijfde wiel aan de wagen kunnen voelen, als lid nooit. Als *deel* van de wereld namelijk zou de mens eventueel voor het voortbestaan van het geheel niet van belang zijn. De wereld zou uiteindelijk ook zonder de mens kunnen voortbestaan, misschien zelfs beter zonder hem. Als de mens echter een *lid* van de wereld is, dan is hij een onmisbaar bestanddeel van de wereld en is de wereld zonder hem niet denkbaar. Net zomin als de roos zonder wortels, en de Zoon zonder de Vader denkbaar is.

We zien: wat tot begrip van de triniteit kan leiden, is ook voor het begrijpen van andere wereldsamenhangen belangrijk. Wie alleen in delen en samenstellingen kan denken, zal noch God noch de mens werkelijk begrijpen.

De mens is geen 'deel', maar een 'lid' van de wereld. Dat betekent echter: zonder hem is de wereld niet compleet en hij niet zonder de wereld. Sterker nog: ieder mens afzonderlijk moet als 'lid' van de wereld iets van het geheel in zich dragen. Hij moet – en dat is een oude waarheid die we in onze tijd opnieuw ontdekken – een 'microkosmos', een samenvatting van de gehele kosmos zijn. En omgekeerd: de wereld moet in zijn totaliteit iets met de mens te maken hebben. Deze gedachte staat toe de ware samenhang van de mens met de wereld te begrijpen. Hij staat ook toe te begrijpen dat alles wat in het mens-zijn gebeurt, op de wereld een uitwerking zal hebben. Iets van deze waarheid vinden we bij Paulus, wanneer hij zegt: 'Reikhalzend immers wacht al het geschapene op de openbaring der zonen Gods.' (Romeinen 8:19) Hier wordt duidelijk op de samenhang tussen de ontwikkeling van de mens en de natuurrijken gewezen. Deze samenhang wordt echter ook wat zijn tragische kant betreft duidelijk, als

Paulus vervolgens zegt: 'Aan een zinloos bestaan is de schepping onderworpen, niet door zichzelf, maar door de schuld van hem die haar onderworpen maakte. En in de schepping leeft de hoop, dat zij bevrijd zal worden uit de ban der verwording en, verwandeld in licht, de vrijheid zal ervaren, die voor alle uit-God-geborenen bestemd is. Wij weten dat de gehele schepping zucht en in barensweeën ligt – nog steeds. Niet dit alleen, maar ook wijzelf die de Geest als kiem reeds in ons dragen, ook wij zuchten in ons binnenste in de verwachting van het zoonschap, de verlossing van ons lichaam.' (Romeinen 8:20-23) Echter ook in de sociale, menselijke samenhangen zal het steeds belangrijker worden, de individuele mens niet als 'deel', maar als 'lid' van de mensheid te zien. Ook de mensheid is een hoger geheel dat in de enkeling wil leven, en iedere enkeling is voor het geheel van belang. Op dit sociale gebied ligt een grote taak voor onze huidige tijd en voor de toekomst. Aan deze taak wordt in iedere kleinere of grotere gemeenschap oefenend gewerkt. Rudolf Steiner heeft dit als motto geformuleerd in de woorden: 'Heilzaam is alleen, als in de spiegel van de menzenziel zich vormt de gehele gemeenschap en in de gemeenschap werkt de kracht van de individuele ziel.'

Aan deze aanduidingen mag zichtbaar zijn geworden dat een werkelijk begrijpen van de drieëenheid ver boven het religieuze gebied uitgaat. Doordat de gedachte van de drieëenheid op een centrale plaats in het christendom verschijnt, kan deze – juist begrepen – licht werpen op de diepste wereldgeheimen.

DRIE IN ÉÉN

Eén stap staat ons nog te doen. We hebben tot nu toe alleen gesproken over een drieheid die in een deelgebied steeds één element (bij voorbeeld de stengel) tot drie aanvult en hierin aanwezig is. We moeten ons nu nog de vraag stellen, waarom deze drieheid eigenlijk één moet zijn.

In het voorafgaande hebben we er reeds op gewezen, dat ons rekensysteem en de wijze waarop onze kinderen leren rekenen bijkomende hindernissen vormen bij het begrijpen van de drieëenheid. Het $1 + 1 + 1 = 3$ is slechts één mogelijke opvatting van het getal drie, waarbij 'drie' dan uit drie gelijke delen bestaat en ten opzichte van 'één' het grotere getal vormt (drie keer zo groot als één).

Er bestaat echter ook een andere, oudere getalsopvatting die niet op de *kwantiteit*, maar op de *kwaliteit* van een getal betrekking heeft. Daarbij verschijnt het getal één als grootste getal. Het heeft als oorspronkelijke, ongedeelde eenheid nog al het andere in zich. 'Eén' is zo het getal voor de kosmos als één geheel, nog vóór elke differentiatie. Het duidt de omvattende eenheid van het geheel, van het 'heelal' aan. De stap van 'één' naar 'twee' brengt dan een dramatische situatie. Niet alleen een deling van deze eenheid in twee gelijke delen, maar ook een polarisatie in tegenover elkaar staande tegenstellingen die zich in een spanningsverhouding tot elkaar bevinden en geen eenheid meer vormen. 'Twee' kwalitatief beleven betekent: de oorspronkelijke eenheid uiteen zien gaan in tegenstellingen die elkaar uitsluiten.

Bij 'drie' komt er nu, volgens deze kwalitatieve getalsopvatting', nog een nieuw aspect bij, namelijk de mogelijkheid van een derde element dat *evenwicht* brengt, zonder in de polarisatie te blijven steken. Het voert dus naar een evenwicht en daarmee naar een hogere eenheid. 'Drie' als kwaliteit bergt ontplooiing van de wereld in zich en tegelijkertijd overwinning van de uit de ontplooiing voortkomende spanningen naar een hogere eenheid. Een eenheid echter, die geen ongedifferentieerde eenvormigheid, maar werkelijk drie-eenheid is.

Hier wordt van een andere kant bezien duidelijk waarom God niet als een absolute eenheid, maar als een drie-eenheid moet worden beleefd. Wil het Goddelijke zich niet in zichzelf afsluiten en alleen maar 'één God' zijn, doch integendeel zich in de wereld, dat wil zeggen in een polariteit, ontplooien en daarbij een hogere eenheid nastreven, dan moet het zich als drieënig openbaren. Met 'hogere eenheid' bedoelen we hier, zoals gezegd, niet de eenheid van een monotone eenvormigheid. We bedoelen de eenheid die uit spanningen, of beter gezegd, uit innerlijke bewegingen en beweeglijkheden ontstaat en steeds weer nieuw tot stand komt. Hier kan een blik op het denken, voelen en willen van de mens als een 'menselijke drieëenheid' misschien een hulp zijn. Het willen bij voorbeeld zal, voor zover het menselijk en niet zuiver instinctief is, steeds door gedachten en gevoelens begeleid worden. Elke menselijke handeling komt voort uit een wilsimpuls, maar moet door een voorstelling, een gedachte zijn opgewekt. (Ik moet weten wat ik wil.) Desgelijks zullen gevoelens elke handeling begeleiden. Denken, voelen en willen werken samen, ook als het willen op de voorgrond staat. Net zo is het met het denken. Ik kan niet denken, zonder te willen denken en de gedachte te voelen, enzovoort.

Steeds is dus de drieheid van de zielekrachten werkzaam. Hierin leeft echter het menselijke ik dat één geheel vormt, met andere woorden, de mens zelf als de eenheid die alledrie de gebieden omvat. Men kan niet zeggen: de mens is wil, want hij is tegelijkertijd ook steeds voelen en denken. Hij is niet in willen, voelen en denken onderverdeeld, maar deze drie zielekrachten werken en weven in elkaar. In hun drieheid vormen ze een hogere eenheid, zonder zich echter met elkaar te vermengen. Op deze plaats willen we de reeds genoemde spreuk van Rudolf Steiner *Ecce homo* (zie blz. 100) nog eens in herinnering roepen. In deze spreuk wordt uitgedrukt wat we hier bedoelen.

Als we het bovenstaande op God betrekken, moeten we zeggen: God is nooit alleen Vader, maar hij is ook steeds Zoon en Geest – echter zonder dat er een vermenging van de 'personen' plaatsheeft. Zo het wezen van God als drie-in-één te leren denken, is de christen opgedragen. Ook als we van één godservaring uitgaan, bij voorbeeld de ervaring van Gods nabijheid en liefde in Christus, mogen de andere ervaringen erbij komen en zich tot een hogere, levende eenheid verweven. Deze eenheid is geen eensoortigheid, maar kan juist een drieëenheid zijn. Pas dan licht het christelijke godsbeeld in zijn volle grootsheid en kracht op: vaderlijk zijn – goddelijk scheppen en goddelijke liefde in de Zoon – goddelijk, scheppend bewustzijn in de Geest.

DE SAMENWERKING BINNEN DE TRINITEIT

Op de achtergrond van onze uiteenzetting tot nu toe stonden woorden uit het evangelie volgens Johannes, die op de samenwerking binnen de triniteit wijzen: 'Ik en de Vader, wij zijn Een.' (Johannes 10:30) We duidden reeds aan dat het hier niet om een numerieke eenheid in de zin van een gelijkstelling, een gelijksoortigheid gaat, maar om de innerlijke eenheid van wezens die absolute verschillen vermag te omvatten.

We willen hier nog een keer aansluiten bij het voorbeeld van de plant. Bij de roos zijn wortel, blad en bloem elk iets volkomen verschillends, en toch behoren ze alle onmiskenbaar tot de roos: ze zijn roos. In elk gebied van de roos komt het wezen 'roos' duidelijk tot uitdrukking en kan eraan afgelezen worden, ondanks karakteristieke verschillen. Blad en bloem van de roos zijn zo in wezen één, namelijk roos, ook al betreft het twee verschillende gebieden van de roos. Daarmee zijn we een vraagstuk op het spoor gekomen dat in het vroege christendom een grote rol heeft gespeeld. Is de zoon wezensgelijk met de Vader, zo vroeg men zich af, of alleen maar wezensverwant? Men kon zich de *wezenseenheid* van de goddelijke personen slechts voorstellen als *wezens-gelijkheid*. Zo kwam het in de beroemde strijd tussen Athanasius en Arius in de vierde eeuw tot een overwinning voor Athanasius. Athanasius vond ingang met zijn dogma van de totale wezensgelijkheid van de Vader en de Zoon, met als enige verschil dat de Vader vader is en de Zoon verwekt, maar dat de Zoon geen vader is. *Wat* echter met dit onderscheid concreet bedoeld werd, kon niet verder-gedacht worden, als men aan de abstracte voorstelling van de volledige eenheid tussen Vader en Zoon wilde vasthouden. Het is duidelijk dat met deze voorstelling alle uitspraken over de triniteit problematisch en in verregaande mate onbegrijpelijk werden. Bij voorbeeld kon men zo nauwelijks doen inzien, hoe de Zoon als mens een van de Vader gescheiden verlopend lot op aarde heeft en er tegelijkertijd een volkomen eenheid met de Vader moet zijn. Zo werd de waarheid van de goddelijke triniteit tot een dogma dat niet meer begrijpelijk was en daarom eenvoudig 'geloofd' moest worden.

We hebben gezien dat we hier met onze gedachten andere wegen kunnen gaan zonder de innerlijke eenheid van de Vader en de Zoon te verliezen. Dat in het evangelie volgens Johannes geen numerieke, wezensgelijke eenheid wordt bedoeld, blijkt ook uit verdere zinsneden in dit evangelie. In het 14e hoofdstuk vinden we de woorden: 'Ik in de Vader... en de Vader in Mij' (vers 10) en vervolgens in hoofdstuk 15: 'Ik ben de ware wijnstok en mijn Vader is de landbouwer' (vers 1). De opeenvolging van deze woorden laat zien dat hier niet eenvoudig wezensgelijkheid (wijnstok = landbouwer) in de geest van Athanasius bedoeld kan zijn, maar wel eenheid in de zin van een volledig op elkaar betrokken zijn. Dit basiselement vindt een voortzetting in de woorden: 'Ik in mijn Vader en gij in Mij en Ik in u.' (Johannes 14:20) Hier hebben we plotseling te maken met een trinitarische formulering, waarbij we interessant genoeg in plaats van de Geestgod, die we eigenlijk in een trinitarische formule zouden verwachten, de mens aantreffen. Dit gegeven zal ons zeker nog bezighouden. Belangrijk is dat in deze woorden de innerlijke eenheid van Vader, Zoon en mens wordt uitgesproken, waarbij het verschil van wezen wat de mens betreft in elk geval duidelijk is. Innerlijke eenheid, betrokkenheid bij het wezen van de ander, en verschil van wezen zijn dus niet in tegenspraak met elkaar, ook in de geest van het evangelie volgens Johannes niet. Dat dit moeilijk te doorgronden mysterie in onze tijd voor de mens voorstelbaar kan worden gemaakt, hebben we getracht te laten zien.

Bovendien zijn met name in het evangelie volgens Johannes woorden te vinden die niet alleen op de innerlijke eenheid en betrokkenheid van de personen van de triniteit wijzen, maar ook op hun onderlinge samenwerking. In dit opzicht zijn reeds de eerste woorden van het evangelie volgens Johannes van essentiële betekenis.

> 'In het oerbegin was het scheppende Woordwezen
> en het Woordwezen was bij God
> en goddelijk was het Woordwezen;
> dit was in het oerbegin bij God.'
> (Johannes 1: 1–2)

(Voor wat hier met 'Woordwezen' is uitgedrukt staat in het Grieks het woord

logos en in het Latijn *verbum*.)
Dit begin van de 'proloog' draagt zelf een trinitarisch karakter. We zouden de afzonderlijke regels ongeveer als volgt kunnen omschrijven:

1e regel: de Vader
'In het oerbegin was het scheppende Woordwezen'

In oorsprong ontstond uit de oergrond van de Vader de scheppende kracht van de Zoon, die vergeleken kan worden met het ontstaan van het woord in het spreken van de mens.

Door het geboren worden van de 'logos' uit de Vader wordt zichtbaar wat anders in de oergrond van de Vader verborgen zou blijven. Er ontstaat een scheppende, de wereld in beweging brengende activiteit vanuit de Vader door de Zoon. Verhelderend hierbij is dat het woord *logos* in het Latijn wordt weergegeven met *verbum* (= werkwoord) en niet met *substantivum* (= zelfstandig naamwoord).

2e regel: de Zoon
'en het Woordwezen was bij God

Het Woord dat uit de Vader ontstond (de Zoon) bleef echter georiënteerd op de Vadergod. Het hield in zijn scheppende activiteit van zichzelf uit de verhouding tot de Vader in stand.

We komen tot deze omschrijving van de tweede regel, doordat met het woordje 'bij' in 'was bij God' (in het Grieks: *pros ton theon*) geen statische plaatsbepaling is bedoeld (zoals in 'bij de deur'), maar een dynamische verhouding van zich wenden naar, gericht zijn op (het Woord was naar God toe...). In het Nederlands kunnen we dit niet zo zonder meer uitdrukken.
De eerste regel drukt dus vooral uit, hoe het Woord afstamt van het vaderlijke oerbegin. De tweede regel beschrijft de verhouding (in omgekeerde richting) van de Zoon tot deze vaderlijke oergrond.

3e regel: de Geest
'en goddelijk was het Woordwezen'

Als we het Woord denkend beschouwen, nemen we het zelf waar in zijn goddelijke hoedanigheid: het is zelf geheel en al God.

Hier hebben we een oordeel uitgesproken, een inzicht omtrent de hoedanigheid van de Zoon. Doordat het licht van de Geest op het wezen van de Zoon valt, wordt zijn goddelijkheid zichtbaar. De Geest openbaart het wezen van de Zoon.

4e regel: samenvatting, de drie in één
'dit was in het oerbegin bij God'

Deze goddelijkheid van het Woord, van de oergrond uit gesproken, was tóch vanaf het allereerste begin op de Vader gericht.

Op grootse wijze vat de vierde regel de drie motieven tot een eenheid, een drieëenheid samen. Reeds aan het begin van het evangelie volgens Johannes vinden we niet een dogmatische these van de triniteit, maar veel meer dan dat: een dynamisch proces dat zelf het element van de triniteit bevat.
Bovendien worden de woorden transparant voor de onderlinge verhoudingen van de trinitarische personen. Het ontstaan van de Zoon uit de Vader wordt hier aangeduid in het beeld van het 'uitspreken'. Dit is in de geest van het gezegde: 'Waar het hart vol van is, vloeit de mond van over.' Uit de bovenaardse, oneindige volheid van de Vadergod stroomt als het ware iets over, wordt tot 'zijn' van de Zoon en van daaruit en door hem tot de schepping van de wereld. Op andere plaatsen vinden we beelden van 'verwekken' en 'baren', bij voorbeeld 'de eengeboren Zoon' (Johannes 1:18). Voorts kunnen we ontdekken dat uit de wereld van de Vader iets niet alleen 'overstroomt', 'verwekt' en 'geboren' wordt, maar ook 'rijpt' als een zon met scheppende kracht.[80]
Vervolgens wordt in de tweede regel van de proloog de verhouding in omgekeerde richting van de Zoon tot de Vader duidelijk. Het woord dat zich immers losmaakt van degene die spreekt, behoudt toch de verbinding met de Vader. Met andere woorden: het scheppen van de Zoon is ten volle in overeenstemming met het wezen van de Vader, hoewel het een geheel ander aspect van het Goddelijke tot verschijning brengt. Dit wordt in de taal van het evangelie volgens Johannes aangeduid met het Griekse woord *doxadzo*, hier in de betekenis van 'openbaren' (vergelijk het Griekse woord *doxa*, in het Latijn *gloria*, met de betekenis: heerlijkheid, openbaringslicht, lichtglans, dat eraan ten grondslag ligt). Door de Zoon komt het geestlicht van de Vader pas ten volle tot verschijning. Zoals anderzijds de Vader door het voortbrengen van de Zoon en via de stadia van opwekking en hemelvaart het lichtwezen van de Zoon openbaart (zie Johannes 17).
Deze innige verhouding tussen de Vader en de Zoon vinden we op meerdere plaatsen in het evangelie volgens Johannes. We willen hier nu alleen nog twee plaatsen noemen, en wel Johannes 5:17, waar we lezen: 'Mijn Vader werkt *tot nu toe* en ook Ik werk', en Johannes 3:35, waar we vinden: 'De Vader heeft de

Zoon lief en heeft alles in zijn hand gelegd.' Deze beide zinsneden vullen elkaar aan. Ze duiden aan dat de werkzaamheid van de Vader tot nu toe met het Christusgebeuren overgaat op de Zoon, dat wil zeggen, alles wat tot dusverre op basis van vaderlijke krachten (natuur, bloeds- en erfelijkheidskrachten) – 'God geeft het zijn beminden in de slaap' – geschiedde, moet nu door individuele krachten, waarin de Zoon werkzaam kan worden, worden opgepakt. Hoe dan de overgang van de Zoon naar de Geestgod plaatsheeft, hebben we reeds in het vorige hoofdstuk besproken. Ook daar wordt in het evangelie volgens Johannes op gewezen: 'En ik zal de Vader vragen en hij zal u een ander geven die u bijstaat, opdat hij met u zij door alle tijden heen: de Geest der Waarheid.' (Johannes 14:16–17) Daarmee gaat de goddelijke werkzaamheid, zoals we hebben gezien, over in de kracht zelf tot inzicht te komen en als mens in vrijheid mee te werken. Zo kan in de reeds aangehaalde formulering: 'Ik in mijn Vader en gij in Mij en Ik in u' (Johannes 14:20) naast de Vader en de Zoon als derde persoon in plaats van de Geestgod juist de mens worden genoemd. De mens wordt in de werkzaamheid van de triniteit betrokken, zoals we reeds duidelijk hebben gezien bij de bespreking van het pinksterevangelie.

Daarmee zijn we bij een punt gekomen waar we nu in het derde gedeelte van dit boek willen trachten, de plaats van de triniteitsgedachte in de mensheids-geschiedenis na te gaan.

Deel 3

De triniteit – zienswijze en dogma

In de laatste drie hoofdstukken van dit boek willen we trachten een overzicht te geven hoe de triniteitsgedachte in verleden en heden bij de mensen leefde en nog leeft. Daarbij zullen we niet volledig kunnen zijn. Het nu volgende is slechts als aanzet bedoeld. We zullen de blik achtereenvolgens richten op de geestesgeschiedenis van de mensheid, op inhouden van de moderne geestes- wetenschap en op de vernieuwing van het religieuze leven in onze tijd, dat de trinitarische gedachte weer op levende wijze in zich draagt. We zullen overal moeten volstaan met aanduidingen, die echter toch het tot nu toe besprokene in menig opzicht kunnen aanvullen, verduidelijken en verlevendigen.

1 De triniteit in de geestesgeschiedenis van de mensheid

Reeds in de inleiding hebben we erop gewezen dat de gedachte van de triniteit in de oudheid nergens zo gevonden kan worden als hij later in het christendom verschijnt, namelijk als 'drie in één' en 'één in drieën'.
Veelvuldig vinden we echter sporen van de triniteit in de mythologische voorstellingen van de voorchristelijke mensheid. Zonder twijfel leefde in de mysteriën van de oudheid bewustzijn van de triniteit en werd er in stilte onderhouden. Van daaruit heeft het in beeldende vorm vermoedelijk doorgewerkt tot in de volksmythologieën.[81]

MYTHOLOGISCHE VOORSTELLINGEN

Het getal drie gold bij vele oude volkeren reeds als een heilig getal. 'Een beknopt overzicht laat zien dat het in de verschillende cultuurgebieden en godsdiensten veelvuldig voorkwam. In Babylonië bij voorbeeld hangt het uit drie delen bestaande aardse heelal in het hemelse heelal dat eveneens drie delen heeft (bovenste hemel, hemelse aarde, hemelse oceaan).[82] Met name treden in veel mythologieën goden-driemanschappen op. Drie bij elkaar behorende 'goddelijke wezens'[83] die meestal een toonaangevende rol spelen. Onder meer in India in de leer van de 'Trimurti', de hoogste God, bestaande uit drie aspecten: Visjnoe, Sjiva en Brahma. Dat het bij de drieheid om een oude, met de cultus verbonden traditie gaat, blijkt uit het gebruik van het drievoudige cultische vuur in het oude India: Garhapatya als het centrale vuur, Ahavaniya als het oostelijke vuur en Anvaharyapacana als het zuidelijke vuur.[84] Verder kennen we als belangrijke godendrietal Anoe, Ellil en Ea, respectievelijk Sin, Sjamasj en Isjtar in Babylonië.[85]
Opmerkenswaard is vooral ook de Egyptische godendrieheid: Osiris, Isis en Horus als drieheid van vader-moeder-zoon, omdat we hier onmiskenbaar een

zekere overeenkomst vinden met de christelijke triniteit van Vader-Geest-Zoon. Daarbij wordt echter de plaats van de Geestgod ingenomen door de vrouwelijke Isis, die op haar beurt een samenhang heeft met de Maria-Sophia uit de christelijke overlevering.[86] 'Het schema van god-vader, godin-moeder en god-zoon vinden we heel vaak. Zo bestond de trias van Memphis uit Ptah, de hoofdgod, Sakmet, de godin met de leeuwekop, en Nefertem, de jonge god die op zijn hoofd een lotusbloem draagt.'[87]

Voorts zien we als godendrietal bij de Grieken in de 3e wereldperiode Hades, Poseidon en Zeus. We zouden ook kunnen denken aan de drie rechters in het dodenrijk Minos, Aiakos en Rhadamanthys; de drie Gorgonen Stheno, Euryale en Medusa; de drie Horen Eunomia, Dike en Eirene; de drie Schikgodinnen Klotho, Lachesis en Atropos; de drie Gratiën Aglaia, Euphrosyne en Thalia. Bij de Germanen vinden we Odin, Wili en Wé, of Thor, Wodan en Freya. Andere drietallen zijn onder meer de reuzen Kari, Oegir en Logi, respectievelijk Fasolt, Ecke en Ebenrot en de dwergen Alberich, Elbegast en Goldemar.[88] Verder zijn te noemen de drie Nornen Urd, Verdandi en Skuld[89]; de drie wortels van de wereld-es; de drie bovenaardse werelden Muspelheim, Lichtalfaheim en Asgard; de drie werelden op aarde Jötunheim, Midgard en Wanaheim; de drie onderaardse werelden Svartalfaheim, Niflheim en Niflhel. De Germanen kennen bovendien nog een drieheid van het boze: Fenriswolf, Midgardslang en Hela, de godin van de dood. Deze hebben een gemeenschappelijke oorsprong, namelijk Loki, die op zijn beurt twee broers heeft: Bileistr en Helbhindi. 'Er bestaan tweeëndertig afbeeldingen van, die voor het grootste deel in het noordwesten van Gallië werden verzameld en die één persoon met drie hoofden of drie gezichten voorstellen.'[90]

Zulke drietallen zijn ook in vele andere mythologieën te vinden. Hier volstaan we met erop te wijzen dat overal groepen van drie blijken voor te komen – en dat ze misschien als eerste morgenrood van een naderende hoogste waarheid beschouwd kunnen worden, respectievelijk als een meer beeldende uitdrukking van een oude mysteriewijsheid.

Ook door een blik te werpen in de wereld van de sprookjes, kunnen we iets hiervan ontdekken. In veel sprookjes komen we de oergestalten tegen van de oude koning, de zoon en de prinses die verlost moet worden, of soortgelijke drietallen in vele variaties. De drie avonturen, de drie wensen, enzovoort, wijzen in dezelfde richting.

DE MYSTERIËN VAN DE OUDHEID

We hebben reeds meermalen gewezen op de mysterieplaatsen uit de voor-christelijke tijd, want we mogen daar kennis aangaande het wezen van de triniteit vermoeden. In alle culturen bestonden er zulke mysterieplaatsen, waar mensen door bepaalde inwijdingen tot een beleven van de geestelijke wereld en tot het schouwen van de godheid werden geleid. Eleusis en Samothrake bij voorbeeld behoorden tot deze mysterieplaatsen.[91] De Mithrasmysteriën waren nog ten tijde van het zich uitbreidende christendom op vele plaatsen werkzaam. Als het in deze mysterieplaatsen om echte, geestelijke ervaringen ging, die tot werkelijke kennis voerden, dan moet daarin ook de waarheid van de triniteit een rol hebben gespeeld.

We bezitten echter weinig oorspronkelijke getuigenissen uit deze mysteriescholen. De wijsheid die daar leefde, werd streng behoed. Mysterieverraad werd met de dood bestraft. Zo komt het dat in uiterlijke vorm bijna geen berichten over de werkzaamheid van de mysteriën voorhanden zijn.

Toch bevat ook het weinige wat we bezitten iets van het geheim van de goddelijke drieheid. De kerkvader Hippolytus bericht over het centrale gebeuren van de Eleusinische mysteriën, dat in de nacht door de hiërofant 'onder het grote vuur' werd gecelebreerd: 'De grote en onuitsprekelijke geheimen celebrerend, verkondigt hij uit volle borst: De meesteres baarde een heilige zoon. Brimo baarde Brimos, dat betekent: de sterke baarde de sterke.'[92] We kunnen vermoeden dat met deze handeling een schouwing, een 'epopteia'[93], was verbonden. De moeder met het kind werd daar geschouwd, maar natuurlijk dacht men daarbij ook aan de bijbehorende vader.[94] Inderdaad treden in samenhang met de Eleusinische culturen verschillende goddelijk-menselijke drietallen op: Demeter, Kore (Persephone) en Triptolemos (onder andere op het beroemde marmeren reliëf van Eleusis uit de 5e eeuw voor Christus), of Thea (Persephone), Theos (Pluto) en Eubuleus, die door Kerényi eenvoudigweg 'de mystieke' drieheid worden genoemd.[95] Een andere variant: 'Naar de wereld van de levenden toe vormden Demeter, Kore en Dionysos een godendrietal. In de mystieke drieheid, gevormd door de goden van de onderwereld, was Eubuleus de derde persoon naast de godin en haar man.'[96]

Heel duidelijk verschijnt het motief van de drieheid, zelfs hier en daar verbonden met de eenheid, in de Mithrasmysteriën. 'Behalve de trias van Mithras met de beide Daforen [...] wijzen nog enkele andere vondsten op de betekenis die in de Mithrasmysteriën aan het trinitarische element werd toegekend. Eén van de merkwaardigste vondsten is wel de voorstelling op de rechterzijde van het Drieburger altaarstuk, waarop een boomstronk met drie takken te zien is met op elke tak een hoofd met een Frygische muts. [...] Hetzelfde motief vinden we op de altaarsteen van Rückingen.[97] Hier zien we dus zelfs de drieheid die zijn oorsprong in de eenheid heeft afgebeeld. Evenzo valt op te merken dat de zeven inwijdingsgraden in hun bovenste drieheid van 'Pers', 'zonneheld' en 'ader' betrekking hebben op de goddelijke drieheid zelf.[98] De graad van 'vader' is de hoogste inwijdingsgraad, de zevende. Daar verschijnt in de naam zelfs de christelijke aanduiding van de Vadergod. De inwijdings- graad daaronder, de zesde, is de 'zonneheld'. Het ligt voor de hand hier aan de Zoon te denken, als men in aanmerking neemt dat de mensen in oude tijden wisten van de bijzondere verhouding van Christus tot de zon.[99] Bij de vijfde inwijdingsgraad van 'Pers' (deze naam verschilde van volk tot volk) is gedacht aan de verbinding van de ingewijde met de geestesgesteldheid van het betreffende volk, als een bijzondere vorm waarin de Geestgod zich manifesteert. Bij verschillende gelegenheden gaat Rudolf Steiner hierop in, wanneer hij vanuit de inzichten van de geesteswetenschap over de oude mysteriën spreekt. Door deze mededelingen van Rudolf Steiner verkrijgen we een dieper, fundamenteel inzicht in de werking en wijsheid van de genoemde mysteriën. Daarbij wordt het weten van de triniteit als 'initiatiewijsheid', wijsheid die in de inwijding verworven werd, bevestigd. We lezen bij Rudolf Steiner: 'Dat is niet slechts een willekeurig opgesteld dogma [namelijk van de triniteit], maar *initiatiewijsheid* uit de eerste christelijke eeuwen...'[100] Verder wordt juist aan de hand van de drie hoogste inwijdingsgraden de levendige, vruchtbare verhouding tot het leven van de triniteit op de hogere trappen van de mysteriën duidelijk gemaakt. Rudolf Steiner wijst er in dit verband op dat de mysterieplaatsen als zodanig, afgezien van de vijfde inwijdingsgraad, als het ware 'instellingen' van de Geest, van de Geestgod zijn. Ze gaan terug op inspiratie en werking van de Geest, ze zijn 'mysteriën van de Geest'.

De *inhoud* van de mysteriën is anderzijds in velerlei opzicht een profetie op het Christusgebeuren – wederom afgezien van de zesde inwijdingsgraad en zijn bijzondere nabijheid tot Christus. 'Dood en opstanding' waren immers centrale gebeurtenissen in de inwijding. De drie dagen durende 'doodsslaap' van de myste en zijn 'opwekking' door de hiërofant die de graad van 'vader' bezat, dragen als het ware het karakter van de Zoon. Hetzelfde geldt voor de symbolische, jaarlijkse dood van de god (bij voorbeeld Adonis) en zijn opstanding na drie dagen (volgens de mythe ook van Osiris gezegd). Voorboden zijn het van de dood en opstanding van Christus, het mysterie van Golgotha. Zo lijken de mysterie-inhouden op centrale wijze door de 'Zoon' bepaald. Rudolf Steiner heeft dit gegeven reeds in 1902 uitvoerig beschreven.[101]

Samenvattend kan worden gezegd: 'Zo waren er gedurende de gehele voorchristelijke tijd ingewijden van de Geest, in wie de Zoon, de Christos, innerlijk was ontwaakt.'[102] Hierbij kunnen we met name denken aan de zesde inwijdingsgraad, waar Rudolf Steiner in een andere voordracht van zegt, dat deze wordt bereikt '...als men werkelijk in het heelal vermag te leven en het geestelijke wezen van de sterren vermag te leren kennen. Dan echter had de mens een *opstanding* doorgemaakt. Dan kon hij werkelijk zien, hoe de maan- en zonnekrachten ook op de aardse mens inwerkten.'[103]

Met betrekking tot de zevende inwijdingsgraad ten slotte zegt Rudolf Steiner het volgende: 'In de mysteriën was de hoogste ingewijde degene die in zichzelf, in zijn hart, in zijn ziel, die krachten had ontwikkeld, door welke hij uiterlijk als mens de vader kon voorstellen. En als de mysten de poorten van de mysteriën doorschreden, [...] als ze dan voor de hoogste ingewijde stonden, aanschouwden ze in hem de representant van de Vadergod. De 'vaderen' waren hogere ingewijden dan de 'zonnehelden'...'[104]

In een andere voordracht lezen we '...dat door de heilige handeling van de mysteriën iets in hem [de ingewijde] binnentrad wat in alle oude culturen en beschavingen is beleefd als de eeuwige vader van de kosmos. En de myste van de oude mysteriën, de ingewijde, had dit beleven, wanneer hij op een bepaald punt was aangekomen van zijn initiatie, waar hij tot zichzelf kon zeggen: De Vader leeft in mij.'[104]

Als we deze uiteenzettingen van Rudolf Steiner volgen, worden twee dingen duidelijk. Ten eerste dat reeds in oeroude tijden niet slechts een kennen, maar een op levende wijze beleven van de goddelijke triniteit in de mysteriën werd beoefend. Sterker nog: de mens werd op de hoogste trappen van de inwijding juist tot dat kennen en beleven geleid. Dit alles was echter streng 'esoterisch', dat wil zeggen, het werd geheim gehouden en zo beschermd tegen ontheiliging en verkeerd begrip. Alleen in de goden-driemanschappen uit de oudheid, waarover we in het voorafgaande hebben gesproken, straalde iets hiervan tot in de godsdienst van het volk. Het christendom brengt dan echter 'het openbaar worden van de mysteriën', zoals Rudolf Steiner dit uitdrukt. Als tweede punt stellen we nu vast dat daardoor de waarheid van de triniteit voor het algemene bewustzijn van de mensheid toegankelijk wordt. Deze waarheid stamt uit de mysteriewijsheid die nu ook tot in het christendom werkt. Dit werpt een licht op de eigenaardige lotgevallen van de triniteitsgedachte gedurende de eerste christelijke eeuwen. Echter voordat we daarover spreken, willen we nog een blik werpen op het Oude Testament en zijn relatie tot de triniteit.

HET OUDE TESTAMENT

Het motief van de drieheid is in het Oude Testament al wel duidelijk te vinden, zoals reeds in de inleiding werd aangeduid. Ook hier zullen we het vast niet verkeerd hebben, als we op de achtergrond mysteriewijsheid betreffende het wezen van de hoogste God vermoeden. Want met onmiskenbare duidelijkheid dragen de gestalten van de aartsvaders en 'aartskoningen' het principe van de christelijke drieheid in zich.

Abraham heeft één (rechtmatige) zoon: Isaäk. Het is als een vooraanduiding, een voor-beeld van de gebeurtenissen in het Nieuwe Testament, dat Abraham deze enige zoon moet offeren. Pas op het laatste moment treedt een ram in de plaats van de zoon.

De derde in de rij van aartsvaders is Jakob. Met zijn tweelingbroeder Esau, die geheel en al behaard is, wordt een onedele kracht uit de erfelijkheidsstroom van het volk uitgescheiden. Jakob beschikt over een hogere spiritualiteit dan zijn broeder. Door een list verkrijgt hij de zegen van zijn vader; hij schouwt de geopende hemel en de engelen Gods opstijgend en nederdalend – de zogenaamde Jakobsladder; hij strijdt bij de Jabbok-voorde met God zelf en hij mag van zichzelf zeggen dat hij God 'van aangezicht tot aangezicht'[106] heeft gezien (Genesis 32:30), wat iets heel bijzonders is in het Oude Testament.

Zo vormen de drie aartsvaders niet alleen een algemene drieheid, maar ze vertonen naast alle menselijke trekken die op realistische wijze zijn beschreven, ook het typische, het specifieke karakter van de christelijke drieheid van Vader, Zoon en Geest. De formule ' de God van onze vaderen, de God van Abraham, Isaäk en Jakob' laat iets zien van een vooraanduiding van deze oer-drieheid.

Dit geldt ook voor de eerste drie koningen van Israël: Saul, David en Salomo. Met Saul staat weer een indrukwekkende, vaderlijke oergestalte voor ons, ook al loopt het tragisch met hem af.[107] 'Onder de kinderen Israëls was geen voortreffelijker dan hij; van zijn schouder af stak hij uit boven al het volk.' (1 Samuël 9:2)[108]. Voor alles is Saul de eerste van een lange reeks van koningen. Hij legt, ongeveer duizend jaar na Abraham, de grondslag voor het koningschap in Israël.

Na hem volgt David. Deze nu gaat door verbanning en nood. Zijn psalmen laten zien dat hij *innerlijk* het Christuslot dat bij Isaäk *uiterlijk* als beeld verscheen, voorbereidend doormaakt. In de 'verlatenheidspsalm' (psalm 22) vinden we reeds de woorden die Christus later aan het kruis zal spreken. De psalm van de 'goede herder' (psalm 23) is een vooraankondiging van Christus' nabijheid. Zo zouden we nog op vele andere motieven in de psalmen van David kunnen wijzen. Doch sterker nog: het woord dat bij de doop in de Jordaan klinkt en waardoor Jezus van Nazareth tot zoonschap in Christus wordt geroepen, is aanvankelijk tot David gesproken: 'Mijn zoon zijt gij; Ik heb u heden verwekt' (psalm 2:7).[109] In Salomo als derde hebben we duidelijk de vertegenwoordiger van het geestelement voor ons. Spreekwoordelijk is het 'Salomonsoordeel', ongeëvenaard de 'wijsheid van Salomo'. Hij bouwt de tempel in Jeruzalem – een beeld voor de lichamelijkheid waarin de godheid wil wonen, voor-beeld van de lichamelijkheid van Jezus, die door de heilige Geest wordt 'bereid'.[110]

We willen hier nog noemen dat ook de zonen van Noach, die dan later na de zondvloed de stamvaders van de (in drieën verdeelde) mensheid worden, drie in getal zijn: Sem, Cham en Jafet. Op deze wijze wordt een drievoudige, fundamentele drieheid in het Oude Testament zichtbaar: de zonen van Noach – de aartsvaders – de 'aartskoningen'.

Maar ook aan meer verborgen kenmerken kunnen we denken. We hebben reeds gewezen op het feit dat één van de namen waarmee God in het Oude Testament wordt aangeduid, eigenlijk een meervoudsvorm is. 'Elohim' betekent in feite 'Goden'. Het komt in het Oude Testament 1270 keer voor en wordt dikwijls ook uitdrukkelijk als meervoud gebruikt.

We willen niet beweren dat hierin beslist een aanwijzing voor een oorspronkelijk trinitarisch denken ligt. Maar het is opmerkelijk dat we in de joodse overlevering, die toch door en door monotheïstisch, dat wil zeggen, door de één-God-leer bepaald is, een dergelijk verschijnsel vinden.

In de eerste regels van de bijbel komen we deze meervoudsvorm reeds tegen. We lezen daar: 'In den beginne schiep God hemel en aarde.' Na het onderwerp 'God' (Elohim, dus eigenlijk: Goden) zou volgens de gebruikelijke taalkundige regels het werkwoord óók in het meervoud moeten staan. Maar verrassend genoeg staat het Hebreeuwse werkwoord 'bara' (schiep) in het enkelvoud. Een meervoudsvorm 'Goden' is verbonden met een enkelvoudsvorm 'schiep'. De vraag dringt zich op of de gedachte van de drieëenheid daarachter schuilgaat, waar hier een veelheid tot eenheid wordt.[111]

Het in 'Elohim' verborgen meervoud wordt woordelijk uitgesproken bij de schepping van de mens. 'En God [Elohim] zeide: Laat *ons* mensen maken naar *ons* beeld, naar *onze* gelijkenis...' (Genesis 1:26)[112]. Wie spreekt hier met wie? In de verhalen over Abraham vinden we nog een buitengewoon interessante variant van dit motief van enkelvoud en meervoud, en wel bij het bezoek van de 'drie mannen' aan Abraham te Mamre (Genesis 18). Dit verhaal willen we hier nauwkeuriger beschrijven. In de loop van het verhaal wisselen de één en drie elkaar namelijk meermalen af. We lezen: 'En *de Heer* verscheen aan hem [Abraham]...' (vers 1). Abraham ziet echter 'drie mannen'. '...toen hij *hen* zag, liep hij *hun* ... tegemoet' (vers 2)[113].

Vervolgens spreekt hij hen in het enkelvoud aan met: '*Mijn Heer*, indien ik uw

genegenheid gewonnen heb, *ga* dan niet aan uw knecht voorbij' (vers 3). Abraham spreekt dan verder in het meervoud: '...*wast* uw voeten en *vlijt* u neder onder de boom ... daarna kunt gij verder trekken ... En *zij* [de drie mannen] *zeiden*: 'Doe zoals gij gesproken hebt' (vers 4-5). Abraham laat voedsel bereiden en 'zette het *hun* voor; en hij stond onder de boom bij *hen*, terwijl *zij aten*. Toen *zeiden zij* tot hem: 'Waar is uw vrouw Sara?' (vers 8-9)
'En *Hij* [de Heer] *zeide*: Voorzeker zal *Ik* over een jaar tot u wederkeren, en dan zal uw vrouw Sara een zoon hebben' (vers 10). ... 'Toen *zeide de Heer* tot Abraham: 'Waarom lacht Sara daar...? Zou voor *de Heer* iets te wonderlijk zijn? Te bestemder tijd, over een jaar, zal *Ik* tot u wederkeren, en Sara zal een zoon hebben.' (vers 13-14)
'Toen *vertrokken de mannen* vandaar en *zagen* in de richting van Sodom.' (vers 16)
'En *de Heer dacht*: Zou *Ik* voor Abraham verbergen wat *Ik* ga doen?' (vers 17)
'Toen *wendden die mannen* zich vandaar en *gingen* naar Sodom, maar Abraham bleef staan voor *de Heer*.' (vers 22) '...En *de Heer zeide*: Indien *Ik* te Sodom vijftig rechtvaardigen in de stad vind...' (vers 26) '...Toen *ging de Heer* weg, nadat *Hij* geëindigd had tot Abraham te spreken...' (vers 33)
We kunnen ons afvragen: wat heeft dit te betekenen? Was de schrijver van dit verhaal er soms niet met zijn gedachten bij? Of hebben we hier werkelijk te maken met een geheimzinnige vingerwijzing voor de waarheid van de drieëenheid? Geheel van de hand wijzen kunnen we deze gedachte toch niet. Het bezoek van de drie mannen (engelen) aan Abraham vinden we in kunstzinnige vorm weergegeven op de beroemde Drievuldigheidsicoon van Roebljov. Ook voor andere iconenschilders uit die tijd was dit een veel gebruikt en geliefd onderwerp.[114]
Bij dit tweevoudige spoor: de drie reeds genoemde drietallen, te weten de zonen van Noach, de aartsvaders en de eerste koningen, en voorts het motief van enkelvoud en meervoud in het scheppingsverhaal en in het verhaal van Abraham, wat in beide misschien terug te voeren is op een voorstelling van de triniteit in het Oude Testament, voegt zich nu nog een derde element: de drieledigheid van veel oudtestamentische teksten. We volstaan hier met één voorbeeld, maar dan ook een belangrijk en markant voorbeeld: de zegen van Aäron (Numeri 6:24-26). Deze luidt:

'De Heer zegene u en behoede U!
De Heer doe zijn aangezicht over u
lichten en zij u genadig!
De Heer verheffe zijn aangezicht
over u en schenke u vrede!'[115]

Duidelijk zichtbaar is de drieledigheid van deze prachtige tekst die in de joodse cultus een belangrijke plaats inneemt.

Al deze voorbeelden vertonen geen enkele tendens tot dogmatisering. Ze duiden integendeel op een zeer levendige en beweeglijke verhouding tot de triniteit. Daarvan was men zich in veel gevallen stellig niet eens bewust, maar men ervoer het als een ook toen reeds aan het religieuze beleven ten grondslag liggende wetmatigheid. Deze werd vermoedelijk ook door mysteriewijsheid gevoed.

In hoge mate overeenkomstige dingen zullen we tegenkomen bij de beschouwing van het Nieuwe Testament.

HET NIEUWE TESTAMENT

Zoals de triniteitsgedachte in het Oude Testament op essentiële plaatsen oplicht in de bijbelse verhalen, zo doordringt het trinitarische element als een levende ademstroom ook het Nieuwe Testament. Op veel plaatsen komt dit nog duidelijker naar voren dan in het Oude Testament. Overigens zonder dat de triniteit ook maar ergens dogmatisch geformuleerd zou zijn. Het dogma ontstond pas later, toen men zich naderhand bezon op de uitspraken in het Nieuwe Testament.

We richten de blik als eerste op de grote christologische gebeurtenissen, waarin het trinitarische motief verschijnt: de doop van Jezus, de verheerlijking op de berg, de verschijning van de herrezene.

Bij de doop van Jezus verschijnt de drieheid van Vader, Zoon en Geest in alle duidelijkheid. Beneden Jezus, reeds vervuld van Christus, want hij wordt Zoon genoemd ('Gij zijt mijn geliefde Zoon...'). Boven de stem van de Vader, want hij spreekt het woord over de Zoon. Tussen beiden in als middelaar de Geest in de gestalte van de duif (zie verder onze beschouwing over de duif als beeld van de Geest, blz. 82 e.v.).

Even duidelijk is de triniteit te herkennen bij de verheerlijking op de berg. Wederom de Zoon beneden (nu reeds in de gestalte van Jezus geheel en al doordrongen van het Christuslicht, verheerlijkt), de stem van de Vader boven (ook weer het woord over de Zoon sprekend), en daarbij de 'lichtende wolk' die hen 'overschaduwde'. Het beeld van de witte duif is geworden tot de hen overschaduwende lichtwolk die op de Geest duidt.

Dat het bij de overschaduwing werkelijk om een aanduiding van de Geest gaat, blijkt uit nog een andere trinitarische episode, namelijk de verkondiging aan

Maria. 'Heilige Geest zal over u komen en kracht des Allerhoogsten zal u overschaduwen' (Lukas 1:35).

Hier hebben we eveneens de drieheid voor ons: de belofte van de Zoon door de Vader, en de tussenkomst van de Geest, uitgedrukt in het beeld van het 'overschaduwen'.[116]

Van de triniteit getuigt voorts de eerste verschijning van de herrezene op paaszondag in de kring van de leerlingen (Joh. 20). Christus verschijnt als degene die door dood en opstanding is gegaan; hij toont hun de tekenen van de nagelen in zijn handen en zijn zijde. Hij is de *Zoon*. Dan klinkt het woord over de Vader: 'Zoals mij de *Vader* gezonden heeft, zo zend ik u.' En ten slotte doet hij zijn adem in hen stromen met de woorden: 'Ontvangt *heilige Geest*!'

Op veel subtielere wijze verschijnt het trinitarische element in de Openbaring van Johannes, onder meer direct in het eerste hoofdstuk bij de verschijning van de Mensenzoon. Deze wordt beschreven met driemaal drie eigenschappen. Bij de verschijning van het witte paard en zijn ruiter (Openb. 19) is sprake van drie namen. Veel van deze aard zouden we kunnen noemen. Het laat ons zien dat het geheim van de triniteit op zeer levendige, veelvormige en kleurrijke wijze in de Openbaring van Johannes is verweven.

Ook het visioen van de troon (Openb. 4) is ervan doordrongen, eveneens op subtiele wijze:

> 'En zie: een troon stond in de hemel
> en op de troon Hij die daar zetelt –
> en die daar zetelt is van aanzien gelijk jaspissteen en sardion;
> en een regenboog rondom de troon, van aanzien gelijk smaragd.'
> (Openb. 4: 2–3)

Wederom hebben we hier met een drievoudigheid te maken: de troon, hij die op de troon gezeten is, en de regenboog. Zeer zeker verschijnt hier in het beeld allereerst iets van het wezen van de Vader. Hij is hier degene die op de troon zetelt (anders dan aan het eind van de Apocalypse). Maar direct daarna zal 'in het midden van de troon' een lam verschijnen (Openb. 5:6), zodat de op de troon gezetene reeds verbonden blijkt met de Zoon. In de lichtverschijning van de regenboog openbaart zicht de Geest; in de onwankelbaarheid en standvastigheid van de troon zelf verschijnt het wezen van de Vadergrond als zodanig.

Uitgaande van deze beelden kunnen we nu nog verder wijzen op een hele reeks formuleringen die rechtstreeks over de goddelijke drieheid spreken. In de eerste plaats is er de 'uitzending van de leerlingen' aan het eind van het evangelie volgens Mattheüs: 'Daarom gaat en maakt tot leerlingen alle volken, doopt hen in de kracht van de Vader en van de Zoon en van de heilige Geest...' (Matt. 28:19).[117] Hier verschijnt de *drieheid* direct in de bewoordingen zelf, maar nog niet als *eenheid* geformuleerd. Tenzij men 'in de kracht van' zó opvat dat in deze enkelvoudsvorm de eenheid wordt uitgedrukt tegenover de drieheid van Vader, Zoon en Geest. Dat is wel mogelijk.

Meer 'triadisch' – zonder direct op de eenheid in de drieheid te wijzen – zijn alle formuleringen in de brieven van Paulus, waar op velerlei wijze de drieheid van God wordt uitgesproken, onder meer als volgt:

'De genade van de Heer Jezus Christus
en de liefde van God [de Vader]
en de gemeenschap van de Heilige Geest
zij met u allen.'
(2 Korinthiërs 13:13)

Op soortgelijke wijze ook in Romeinen 8:14–17, Romeinen 15:15–19, 1 Korinthiërs 12:12–13, 2 Korinthiërs 1:21–22, Efeziërs 2:18–22, Efeziërs 3:14–17, Efeziërs 4:3–6, Efeziërs 5:18–20 en 1 Petrus 1:2.

Behalve deze voorbeelden waarin rechtstreeks over de Vader, de Zoon en de Geest wordt gesproken, zijn er in het gehele Nieuwe Testament zeer veel passages te vinden die, evenals we bij de 'zegen van Aäron' hebben gezien, een drieledige opbouw vertonen. We volstaan hier met drie voorbeelden. (Met het begin van de proloog uit het evangelie volgens Johannes hadden we reeds een voorbeeld bij uitstek voor ons, zie blz. 107.)

In Lukas 2 klinkt het woord van de engelen:

'Geopenbaard zij God in hemelhoogten
en vrede op aarde
onder de mensen van goede wil.'

Hier hebben we een voorbeeld, hoe het trinitarische in het evangelie niet formule-achtig en star, maar met zeer levendige formuleringen voorkomt. In heel subtiele vorm zien we het ook veelvuldig in het evangelie volgens Johannes:

'Want zo diep was *Gods liefde* tot de wereld,
dat hij *de Zoon, de een-geborene*, heeft gegeven,
opdat *ieder die in hem gelooft*, niet ten onder gaat,
maar eeuwig leven heeft.'
(Johannes 3:16)

Duidelijker zijn wederom sommige formuleringen in de Openbaring van Johannes, bij voorbeeld de herhaaldelijk terugkerende woorden: 'de Tegenwoordige en de Verledene en de Komende'.
Geheimen van de triniteit liggen ook verborgen in de ordening en opeenvolging van sommige teksten. Een klassiek voorbeeld hiervan is Lukas 15 dat de drie gelijkenissen van het verloren schaap, het verloren zilverstuk en de verloren zoon bevat. Het verband tussen de eerste gelijkenis en de *daad van Christus* is duidelijk: de herder zoekt het verlorene tot hij het vindt. In de derde gelijkenis wacht de *vader* tot de verloren zoon zelf terugkeert. De middelste gelijkenis bevat het motief van het licht. Licht moet ontstoken worden om het zilverstuk te vinden. Het gaat hier om het licht van de *Geest*. Uit al deze voorbeelden die nog met een veelvoud ervan aangevuld zouden kunnen worden, blijkt dat het trinitarische op levende wijze met het gehele Nieuwe Testament verweven is. Ook hier werd geen dogma geformuleerd. Dat was ook niet nodig, want de kracht van de triniteit kon nog verregaand op levende wijze worden beleefd, hoewel niet meer geheel begrepen. Pas toen dit beleven verdween, moest tenminste het dogma worden vastgelegd om zo de waarheid van de triniteit te redden.

ONTWIKKELING VAN HET DOGMA

Reeds in de tweede eeuw na Christus beginnen de pogingen om het geheim van de triniteit te formuleren, maar het tevens af te bakenen en te verdedigen tegen eenzijdigheden, dwalingen en verkeerde interpretaties. Uit deze inspanningen ontstaat een eeuwenlange worsteling om het juiste geloof, die uiteindelijk leidt tot de afzonderlijke dogmatische formuleringen, die vervolgens in de geest van de kerk bindend worden voor het christelijk geloof.
Daarbij gebeurt het bijzondere, dat de ontwikkeling van het triniteitsdogma – tussen alle afdwalingen door en ondanks alle politieke en met de tijdsomstandigheden samenhangende invloeden – ten slotte toch tot juiste formuleringen voert. Tot formuleringen die het juiste behelzen, maar die toen reeds door niemand meer begrepen konden worden. Ze moesten eenvoudigweg geloofd worden.
Iets anders was waarschijnlijk ook niet mogelijk. Men stond immers voor de noodzaak vast te houden aan de absolute eenheid van het goddelijke wezen (monotheïsme) en tegelijkertijd de verschillendheid van Vader, Zoon en Geest

vast te leggen. Daarvoor ontbraken echter de levende begrippen. Deze staan ons pas in de huidige tijd ter beschikking. Het is zeker zo dat in de worsteling om het begrip van de triniteit de invloed waarneembaar is van de meest uiteenlopende geestelijke stromingen die enerzijds juiste gedachten konden bijdragen, anderzijds door verkeerde interpretaties aanleiding gaven tot nauwkeuriger gedachtenvorming zoals het platonisme en hellenisme, de gnosis en het late jodendom. Het wezenlijke van deze ontwikkeling echter – wat ook voor het juiste resultaat de doorslag mag hebben gegeven – is toch wel dat op de achtergrond nog mysteriewijsheid aangaande de werkelijke feiten aanwezig was en misschien op beslissende momenten ook werkzaam kon worden, zonder zelf op de voorgrond te treden.[118]

In elk geval zijn dwalingen van doorslaggevende betekenis afgeweerd: in de derde eeuw de misvatting van het 'modalistisch monarchianisme', dat de Zoon en de Geest slechts als verschijningsvorm ('modi' of 'maskers') van de *ene* God beschouwde. Noëtus bij voorbeeld kon eenvoudigweg zeggen dat de Vader zelf in Jezus heeft geleden, is gestorven, enzovoort. Hier bleef het monotheïsme, de eenheid bewaard. Daartegenover moest nu echter het werkelijke verschil in 'substantie' van de goddelijke personen naar voren worden gebracht. Het 'dynamisch monarchianisme', een andere zienswijze uit de derde eeuw, hield rekening met deze verschillen. Het stelde Christus onder de Vader, zoals de vazal onder een monarch, en verviel daarmee in een nieuwe dwaling. Hier werd nu de gelijkheid qua goddelijkheid van de Zoon met de Vader in twijfel getrokken.

Een andere variant van deze dwaling kwam er vervolgens bij in de vorm van het 'adoptianisme'. Dit ging zo nadrukkelijk uit van de *menselijke* werkelijkheid van Jezus, dat het zich de goddelijkheid van Jezus slechts kon voorstellen als ontstaan door een goddelijke 'adoptie'. Jezus werd 'in plaats van een zoon' door God aangenomen, door God 'geadopteerd'. De oorspronkelijke goddelijkheid van de Zoon ging met deze zienswijze geheel verloren.

Ook deze eenzijdigheden worden overwonnen en verworpen. De afwijzing van het monarchianisme (modalisme) en het adoptianisme moest echter logischerwijze leiden tot een andere eenzijdigheid: het 'tritheïsme' oftewel de driegoden-leer. Deze geeft de eenheid van God op en gaat over op een polytheïstische drieheid. Eveneens een fundamentele dwaling. Men ziet het onvermogen om drie in één, één in drieën te denken. Het denken van de toenmalige tijd schommelt tussen de beide eenzijdigheden, zonder hun dynamisch, beweeglijk in-elkander-weven te kunnen vatten. Gezien deze situatie was het, wilde men aan de waarheid vasthouden, alleen mogelijk deze waarheid vast te leggen, te decreteren zonder daarbij rekening te houden met het begrip ervan. Dit gebeurde in de grote concilies van de vierde en vijfde eeuw.

Een interessante strijd in de kerkgeschiedenis heeft daarbij een belangrijke rol gespeeld. Met ongewone stootkracht trad aan het begin van de vierde eeuw, vanaf 315 in Alexandrië, de eenzijdige Christusopvatting van Arius op de voorgrond. Aangezien Arius de eeuwigheid van de Zoon loochende – want, zo zei hij, er was een tijd geweest waarin de Zoon niet bestond, namelijk voordat hij uit de Vader geboren werd – kon hij hem slechts 'aan God verwant' (homoi-ousios), niet 'aan God gelijk' (homo-ousios) noemen. Daaruit ontstond de beroemde strijd met Athanasius, die van zijn kant streng vasthield aan de 'godgelijkheid' van de Zoon met de Vader. Dit mede om het dynamisch monarchianisme tegen te houden. Athanasius deed dit echter zo streng, dat uiteindelijk geen *tastbaar* wezensonderscheid tussen de Vader en de Zoon overbleef. Men moest nu namelijk extra de nadruk leggen op de *gelijkheid* van de Vader en de Zoon om niets toe te laten wat mogelijkerwijs de Vader als hogergeplaatst en de Zoon als ondergeschikt zou doen verschijnen. Men beperkte zich tot heel formele begripsbepalingen: dat de Vader 'Vader' is en 'niet verwekt', de Zoon daarentegen 'Zoon' en 'verwekt'. Wat dit nu concreet inhield, kon men zich echter niet meer voorstellen en het evenmin begrijpen. Men liep anders het risico een aanhanger van de ariaanse ketterij te worden en *toch* de volledige gelijkheid van de Vader en de Zoon in twijfel te trekken.

Ook hier zien we de moeilijkheden om in *dynamische* begrippen de eenheid en de verschillendheid gelijktijdig te denken. Athanasius hield met recht vast aan de volledige, eeuwige goddelijkheid van de Zoon. Hij kon dat echter slechts door een abstracte wezensgelijkheid met de Vader te verlangen, die geen werkelijke verschillen ten aanzien van de goddelijkheid meer toeliet.

Het verwondert ons niet dat Arius aanvankelijk een grote groep aanhangers verwierf, want zijn voorstelling was gemakkelijker te vatten en stond dichter bij de mensen. Weliswaar werd hij in 325 op het concilie van Nicea veroordeeld en werd de 'wezenseenheid' tot dogma verheven. Dit verhinderde echter niet dat grote groepen christenen uit die tijd, met name de Germanen, tot in de zevende eeuw aanhangers van Arius bleven. De leer van Athanasius werd als te dogmatisch en te abstract beleefd. Anderzijds kon het arianisme gemakkelijk tot verkeerde opvattingen over het wezen van Christus leiden. Athanasius had de waarheid aan zijn kant, ook al verscheen deze in onbegrijpelijke vorm.

Maar nu diende zich nog een ander probleem aan. Met de goddelijkheid van de Vader en de Zoon was namelijk nog niets gezegd over de goddelijkheid van de Geest. Ook deze werd in twijfel getrokken. Een volgend concilie (in 381 in Constantinopel) voert ook hier tot een dogmatische vastlegging, zodat pas dan de triniteit, voor zover het de goddelijke *drieheid* betreft, in de geloofsbeginselen van de kerk vast verankerd is. Een ontwikkeling van bijna vier eeuwen.

Er bleef echter nog het een en ander te doen. Athanasius was met het begrip 'wezensgelijkheid' toch ook gevaarlijk dicht het modalisme genaderd. De drieheid in de eenheid, de eenheid in de drieheid moesten nu apart beklemtoond worden. Dat gebeurde met begrippen waarover intussen oneindig veel raadsels de ronde doen. Deze begrippen duiden het mysterie aan zonder het geheel te vatten of zelfs begrijpelijk te maken. Reeds Tertullianus formuleerde: 'una substantia et tres personae' – één *substantie* en drie *personen*' zijn in God. Ingang heeft gevonden: 'één *wezen* (essentia) en drie *personen*'. Sinds het concilie van Chalkedon in 451 staat voor 'essentia' dikwijls ook 'natura' (respectievelijk in het Grieks 'fysis'), dus: 'één *natuur* en drie *personen*'. Ook hier wordt bij beschouwing van de met dit dogma verbonden ontwikkelingen en onenigheden duidelijk dat weliswaar een aanvoelen van de waarheid, maar niet meer het volledige begrijpen ervan tot dit op zichzelf beschouwd juiste resultaat leidt – als men van de formuleringen althans niet te veel verlangt.

Daarmee zijn die dingen die belangrijk zijn ten aanzien van de triniteit vastgelegd. Hier komt nog het dogma bij van de 'twee naturen': dat Christus in Jezus waarachtig mens en waarachtig God is, ongescheiden en onvermengd – wederom onbegrijpelijk, maar waar. En voor de roomse kerk die zich daarmee van het christelijke oosten afscheidt, het 'filioque', het zenden van de Geest, ook door de Zoon. Daarover hebben we reeds gesproken (zie blz. 69 e.v.).

Bij deze markeringen bleef het. Toch zijn ook de daaropvolgende eeuwen vol van steeds weer nieuwe pogingen, de zo verkregen posities te overdenken, aan te vallen en aanvallen af te slaan. Belangrijke disputen vinden plaats, onder andere in de scholastiek. Grote inspanningen getroost men zich om tot een begrijpen te komen. We kunnen bij voorbeeld denken aan Thomas van Aquino. Verdieping van de triniteitsgedachte vinden we onder meer bij meester Eckhart en Nicolaas van Kues.[119]

Maar is bij dit alles het bewustzijn van de triniteit onder de christenen levend gebleven? Werd de triniteit niet toch tot alleen maar een 'geloofsartikel', tot een 'doopformulier', tot een onbegrepen bezweringsformule bij de bekruisiging? Moet men zelfs niet zeggen: 'Het trinitarische denken is... reeds in de vorige eeuw vergeten. Nieuwe aanzetten met betrekking tot de triniteitsleer vindt men heden ten dage nauwelijks...'[120]

Des te meer dient de aandacht gevestigd te worden op het feit dat de waarheid van de goddelijke drievuldigheid en drieëenheid tenminste als dogma bewaard gebleven is. We zouden ons niet kunnen voorstellen dat het christendom was teruggevallen in een eenzijdig monotheïsme, zoals in de zevende eeuw met de islam gebeurde, of zelfs tot een werkelijke drie-goden-leer had geleid.

Met het op levende wijze begrijpen, maar vooral met het werkelijk beleven van de triniteit staan we in het christendom vandaag de dag aan een eerste begin. Deze vraag naar het begrijpen en beleven voert ons weer terug naar de moderne geesteswetenschap en het vernieuwde religieuze beleven. Daaraan willen we de beide laatste hoofdstukken van onze beschouwing wijden.

2 Levende opvatting van de triniteit in onze tijd: antroposofie

De antroposofie is heden ten dage op vele gebieden van wetenschap en cultuur werkzaam, licht brengend en impulsen gevend. Het optreden van de antroposofie aan het begin van deze eeuw betekent ook voor het begrip van het triniteitsvraagstuk een beslissende doorbraak. Zoals in zijn algemeenheid de antroposofie ten aanzien van alle fundamentele vraagstukken van het christendom en de religie wegen vermag te wijzen tot een diepgaander begrip en meer volledige antwoorden. Het kan hier niet onze taak zijn de gerechtvaardigdheid van de antroposofische geesteswetenschap ook en met name voor het moderne, wetenschappelijke bewustzijn aan te tonen. Daarvoor staat velerlei literatuur ter beschikking.[121]

We willen echter laten zien dat in onze tijd dank zij de door Rudolf Steiner gegeven inzichten een werkelijk levende opvatting van de triniteit mogelijk wordt. Wat in het eerste en tweede gedeelte van dit boek is uitgesproken, hebben we aan deze inzichten te danken, ook al werden ze nog verder ontwikkeld en ontplooid.

GRONDBEGRIPPEN

Allereerst kan worden gezegd dat de zienswijze die aan de christelijke triniteitsopvatting ten grondslag ligt, door de antroposofie ten volle wordt bevestigd. Ook in de antroposofie wordt een drievuldige en drieënige werkzaamheid van God in de zin van Vader, Zoon en Geest beschreven.[122] Hiervan is reeds het een en ander ter sprake gekomen. Beschrijvingen van de triniteit vinden we in het gehele werk van Rudolf Steiner. Geenszins slechts als voortzetting van de traditionele, dogmatische uitspraken, maar met gedifferentieerde en dikwijls heel concrete schilderingen van het leven en werken van de triniteit. Een uitspraak van Rudolf Steiner over de triniteit werd reeds in het vorige hoofdstuk genoemd.

Deze willen we hier nu wat uitvoeriger citeren.

'De Vader is de niet-verwekte verwekker die de Zoon in de fysieke wereld plaatst. Maar tegelijkertijd bedient de Vader zich van de heilige Geest om aan de mensheid mee te delen dat in de Geest het bovenzinnelijke te vatten is, ook al wordt deze Geest niet geschouwd...

Destijds was het zenden van de heilige Geest – en de verschijning van de heilige Geest zelf bij de doop – door de Vader geschied. En toen de Christus deze heilige Geest aan de zijnen zond, gebeurde dit door de Christus, de Zoon. Daarom was het een oud dogma dat de Vader de verwekker is, maar dat hij zelf niet verwekt is. Dat de Zoon door de Vader is verwekt, en dat de heilige Geest door de Vader en de Zoon aan de mensheid is gezonden. Dit is zeker niet alleen maar een willekeurig opgesteld dogma. Het is de initiatiewijsheid uit de eerste christelijke eeuwen en het is alleen later aan het bewustzijn van de mensen onttrokken, zoals trouwens in het algemeen de drieledigheid en de triniteit in vergetelheid zijn geraakt.

Binnen de zich ontwikkelende mensheid is het in de zin van het christendom werkende, goddelijke principe niet te begrijpen zonder de triniteit. Als in de plaats van de triniteit een andere godsopenbaring treedt, dan is deze in feite geen volledig christelijke openbaring. Men moet de Vader, de Zoon en de heilige Geest begrijpen, als men concreet de godsopenbaring werkelijk wil begrijpen.'[123]

En in een voordracht van iets latere datum, maar uit dezelfde cyclus, lezen we: 'Het is niet alleen maar een uitgekiende formule: de triniteit van de Vadergod, van de Zoongod en van de Geestgod, de heilige Geest. Het is iets wat diep verbonden is met de gehele evolutie van de kosmos. Het wordt voor ons tot een levend, geen doods besef, als wij de Christus zelf, die de brenger van de heilige Geest is, als een herrezene in ons tot leven wekken.'[124]

Een derde citaat komt uit een voordracht die Rudolf Steiner ten tijde van de bouw van het Goetheanum voor arbeiders heeft gehouden.

'En zo hebben de mensen in de oudheid gezegd: Drieërlei wijzen zijn er, waarop de Godheid zich openbaart. Ziet u, ze hadden kunnen zeggen: Er is een God van de natuur, een God van de wil en een God van de geest, waar de wil weer geheiligd, vergeestelijkt wordt. Ze hebben het ook zo gezegd, want de oude woorden betekenen dit zeer zeker. 'Vader' betekent eigenlijk iets dat met de oorsprong van het fysieke samenhangt, iets natuur-lijks. Alleen is in de moderne talen de betekenis van deze woorden verloren gegaan. Maar vervolgens hebben deze oude mensen er nog iets aan toegevoegd, wanneer ze zeiden: Er is een God van de natuur, de Vader; een God van de wil, de Zoon; en een God die alles dat in de mens door de wil ziek kan worden, wederom heelt, de heilige Geest. Maar, hebben ze er nog aan toegevoegd, deze drie zij één. Ze hebben dus als hun belangrijkste zin, als hun belangrijkste overtuiging uitgesproken: Er zijn drie

gedaanten van de Godheid, maar deze drie zijn één.
En dan hebben ze nog iets gezegd. Als men de mens bekijkt, hebben ze gezegd, dan valt bij hem een groot verschil met de natuur op. Als men een steen bekijkt: wat werkt daar binnenin? De Vader. Als men een plant bekijkt: wat werkt daar binnenin? De Vadergod. Als men de mens als fysiek wezen bekijkt: wat werkt daar binnenin? De Vadergod. Als men echter een mens bekijkt als zielewezen, in zijn wil: wat werkt daar binnenin? De Godszoon. En als men op de toekomst van de mens rekent, hoe de mensheid eens zal worden, wanneer wederom alles in de wil gezond zal worden: daar werkt de Geestgod. Alle drie de goden, zo zei men, werken in de mens. Er zijn drie goden of goddelijke gestalten. Deze zijn echter één en ze werken in de mens ook als een eenheid. Dat was de oorspronkelijke overtuiging van het christendom.'[125]
Deze voorbeelden mogen ter karakterisering van de antroposofische hoofdlijnen voldoende zijn. Ze maken allereerst duidelijk, hoe sterk de trinitarische beschouwingswijze met het antroposofische wereldbeeld verbonden is. Dat zal nog duidelijker zichtbaar worden, als we afzonderlijke gebieden nauwkeuriger gaan bekijken.

DE KENNISTHEORIE VAN RUDOLF STEINER

Naast het tot nu toe gezegde is het belangrijk om vast te houden dat de antroposofie niet alleen op velerlei wijze over de triniteit *spreekt*, maar dat haar beschouwingswijze de werkzaamheid van de triniteit in de wereld ook in velerlei vorm *aanschouwelijk* kan maken. In het bijzonder dat haar eigen aanzet tot het verwerven van kennis, de kennistheorie, trinitarisch opgebouwd is. Deze 'trinitarische aanzet' in de antroposofische kennistheoretische grondbeginselen is niet vanuit dogmatische voorwaarden gezocht. Hij resulteert heel zakelijk uit de kennistheoretische beschouwing zelf en is geenszins van buitenaf aangedragen, want het trinitarische principe is de grondslag van alle bestaan. Dit motief zal ook bij de verdere uiteenzettingen over de antroposofische visie op de wereld van fundamentele betekenis blijken.
De wereld is doordrongen van de werkzaamheid van de triniteit. De desbetreffende wereldbeschouwing herkent ook daar de triniteit. Bij de beschouwing van de plant is ons dit reeds als een oerbeeld tegemoet gekomen.
In de kennistheorie van Rudolf Steiner, die hij in de jaren negentig van de vorige eeuw ontwikkelde, nog voordat hij met de antroposofie in de openbaarheid trad, verschijnt deze trinitarische aanzet op de volgende wijze:[126]

De wereld is aan de mens in eerste instantie in een overvloed van waarnemingsinhouden gegeven. De waargenomen wereld zou echter een onbestemde veelheid van 'zuivere waarnemingen' blijven, als de mens zich daar niet denkend tegenover zou plaatsen. Doordat de mens door middel van het denken begrippen toevoegt aan de waarnemingsinhouden, ontstaat kennis en werkelijkheid.
Tweeërlei vormt dus het uitgangspunt voor deze kennistheorie: waarneming en denken. Het is niet moeilijk om in deze tweeheid het vader- en het geestprincipe te herkennen. In de waarneming treedt de wereld de mens immers tegemoet als 'gegeven', als het ware dragend en substantie gevend. In het denken daarentegen moet de mens geestelijk actief worden. Hij is zelf betrokken bij het tot stand komen van de gedachteninhouden in zijn bewustzijn.
Er moet echter nog een derde element, een verbindende schakel, werkzaam worden, wil *inzicht* ontstaan: de juiste verbinding van waarneming en denken – pas daaruit komt voor de mens het werkelijke inzicht in de wereld, de wereld-*werkelijkheid* voort. Denken en waarneming moeten eerst 'verzoend' worden om tot werkelijkheid voor het menselijke kennen te leiden. Daarmee treedt hier het zoonsprincipe in zijn rechten. Noch de waarneming noch het denken alléén omvat dus voor het menselijk bewustzijn de volle werkelijkheid. Deze vindt zijn realisatie uiteindelijk pas in de verbinding van deze twee wereldprincipes.
Maar er moet nog iets worden toegevoegd – en daarmee wordt het in trinitarische zin begrijpen van de wereld pas ten volle zichtbaar. In de wereld-werkelijkheid als zodanig is de doordringing van het wereld-zijn, dat in de waarneming aan de mens verschijnt, met het geestaspect van de wereld, dat door de mens in begrippen als zin, gestalte, ordening, enzovoort, gevat moet worden en niet eenvoudig gegeven is, a priori aanwezig. Hier zien we geen scheiding, maar eenheid, en wel drie-eenheid van substantie, zin en hun verschijning in de wording van de wereld.
Laat ons dit aan de hand van een voorbeeld verduidelijken. In een plant hebben we enerzijds het *substantiële zijn*, de stoffelijkheid van de plant; anderzijds de *van zin vervulde gestalte*, waarin de idee van deze plant verschijnt, en als derde het samensmelten van idee en substantie in het *ontstaan en vergaan* van de concrete plantverschijning. In de werkelijkheid van de plant werken dus alle drie de elementen rechtstreeks met elkaar samen. Ze vormen in werkelijkheid een innerlijke, levende eenheid,[127] hoewel elk element – substantie, zinvolle gestalte (idee) en wording van de plant – zich van beide andere elementen heel duidelijk onderscheidt. In het menselijk bewustzijn echter treden ze op verschillende wijze op, namelijk door waarneming en denken van elkaar gescheiden, en ze kunnen pas door de levende verbinding van beide met elkaar verweven worden. We hebben hier in dit voorbeeld weer een klassieke bevestiging van de trinitarische werkzaamheid in de drieheid en in de eenheid van de drie. Deze werkzaamheid

kan – zoals moge blijken uit deze korte aanduidingen, waarmee we hier moeten volstaan – reeds in het kennis*proces* zelf gevonden worden, niet pas in de kennis*inhoud*, Daarmee krijgt deze werkzaamheid een veel fundamentelere, methodische betekenis. Hij ligt immers in het hele proces van kennen besloten en verschijnt niet pas als uiteindelijk resultaat.

DRIEGELEDING

Vervolgens willen we nog een ander belangrijk detail in ogenschouw nemen. Het behoort tot de grondbeginselen van het antroposofisch mens- en wereldbeeld het trinitarisch principe in de meest verschillende gebieden van de werkelijkheid als drieledigheid te herkennen. Van een dergelijke drieledigheid was zo pas sprake bij de plant. In de plant wordt de drie-heid in trinitarische zin werkelijk bij uitstek zichtbaar. Andere voorbeelden van een drieledigheid die trinitarisch opgevat kan worden, hebben we reeds eerder in dit boek genoemd (zie blz. 95 e.v)

De drieledigheid van de mens naar lichaam, ziel en geest speelt in de antroposofie een fundamentele rol. Zoals God in Vader, Zoon en Geest verschijnt, zo verschijnt de mens in de voor hem kenmerkende drieheid van lichaam, ziel en geest, die in de mens echter tevens een eenheid vormt. Een parallel met de goddelijke personen ligt voor de hand. Het lichaam komt overeen met de Vader, de ziel met de Zoon en de geest met de Geest. In elk van deze menselijke wezensdelen verschijnt nu echter opnieuw een drieheid. Het *lichaam* bestaat uit het zenuw-zintuig-systeem, het ritmische systeem (bloedsomloop en ademhaling) en het stofwisselings-ledematen-systeem.[128] De *ziel* leeft in een drieheid van zielekrachten: denken, voelen en willen. De *geest* zal zich naar de toekomst toe ontplooien in een drieheid van 'geestzelf', 'levensgeest' en 'geestmens', zoals Rudolf Steiner uiteenzet.[129]

De bovengenoemde drieheden kunnen alle in samenhang met de triniteit worden gezien, maar tegelijkertijd vormen ze ook steeds een hogere eenheid – zoals overeenkomt met de kern van de triniteitsopvatting. We vinden hier dus drie-eenheid.

De drieledigheid van de mens in zijn constitutie, fysiologie, ziele- en geestwezen heeft een belangrijke parallel op het sociale vlak: de drieledigheid van het sociale organisme.

Rudolf Steiner heeft met nadruk op deze voor het sociale leven van de mensheid fundamentele drieheid gewezen, toen hij na de eerste wereldoorlog een beslissende bijdrage trachtte te leveren aan het gezond maken van het sociale leven. Van de meest verschillende kanten heeft hij in deze tijd steeds weer duidelijk gemaakt dat stappen op weg naar een heilzame mensheidstoekomst alleen mogelijk zijn, als de samenwerking binnen de mensheid een juiste ordening krijgt: een driegeleding in geestesleven, rechtsleven en economisch leven – overeenkomstig de drie grote idealen van de Franse Revolutie: vrijheid, gelijkheid en broederschap.[130] Rudolf Steiner zet uiteen dat het door elkaar heen werken, maar ook het verloochenen van deze drie idealen slechts tot verdere moeilijkheden in de mensheid zal leiden. Pas wanneer een adequate scheiding van de drie gebieden – het geestesleven, waar vrijheid heersen moet, het rechtsleven, waar gelijkheid op zijn plaats is, het economisch leven, waar broederlijkheid als grondstemming aanwezig moet zijn – werkelijkheid wordt, is een gezond worden van het sociale leven te verwachten.

We kunnen deze verreikende gedachten alleen maar aanduiden. Ook hier komt op onverwachte wijze het trinitarisch principe te voorschijn, en wel opnieuw zo, dat fundamenteel voor deze sociale driegeleding de eenheid in de mens zelf is, die als één wezen aan alle drie de geledingen deel heeft. Ook hier zijn drie-eenheid en drie-vuldigheid door de zaak zelf gegeven.

DE TRINITEIT EN HET BOZE

Een ander terrein dat we met de antroposofische beschouwingswijze kunnen verkennen en waar we eveneens een trinitarische structuur vinden, is het gebied van het boze. De geenszins uniforme krachten van het boze naderen de mens als het ware van twee tegenovergestelde kanten: enerzijds als kracht van hoogmoed en egoïsme, anderzijds als tendens tot innerlijke verharding, tot eenzijdige binding aan de aarde. In vele vormen en op vele niveaus treffen we deze tegengesteld werkende krachten aan, die de mens eenzijdig laten worden en hem daarmee in twee richtingen van het goede afbrengen. Geestelijk manifesteren ze zich in eenzijdig idealisme enerzijds en eenzijdig materialisme anderzijds, in wegvluchten van de aarde en in regelrechte zucht naar het aardse. De lezer zal zich in dit verband onze beschouwingen over de heilige Geest herinneren, waar juist sprake was van het overwinnen van zulke eenzijdigheden, van het streven naar het gezonde *midden*, dit midden als het derde element tussen de beide extremen. Het is te vinden tussen aarde–vlucht en aarde–zucht in het streven het aardse niet te verloochenen, maar het vanuit een geestelijk perspectief vorm te geven, en het geestelijke niet uit egoïsme te zoeken, maar

als kracht voor onze taak op aarde (zie blz. 77 e.v.)
In het zielegebied vinden we de genoemde tegengestelde tendensen in velerlei processen: als gierigheid en spilzucht (midden: een juiste omgang met geld), als bangigheid en vermetelheid (midden: moedig handelen), als depressie en euforie (midden: een evenwichtige zielestemming), als pessimisme en optimisme, enzovoort. Op het lichamelijke vlak treden ze als ziektebeelden op: koude rillingen en koorts, anorexia nervosa en boulimie, verhardingsprocessen en een tendens tot verweking, om maar enkele te noemen. Steeds ligt het gezonde, zowel wat de ziel als wat het lichaam betreft, in het 'gulden midden' tussen de beide extremen.

Uit deze aanduidingen mag reeds duidelijk zijn geworden, waarom Rudolf Steiner over twee verschijningsvormen van het boze spreekt, over de twee tegenstanders van de mens: Lucifer en Ahriman, die in de bijbel onder meer als Diabolos en Satanas, als slang en draak verschijnen, in het boek Job als Leviathan en Behemoth.[131] Op de bekende gravure van Albrecht Dürer 'De ridder, de dood en de duivel' wordt de mens eveneens begeleid door twee tegenmachten. De dood is de extreme uitdrukking van de ahrimaanse kracht. Hier hebben we dus wederom een drieheid, maar anders dan tot nu toe. De mens te midden van de beide tegenstandermachten en het goede als gulden middenweg tussen de beide eenzijdigheden. Het besef dat in het gebied van de tegenstandermachten het vader- en het geestelement als karikaturen verschijnen, kan voor de mens iets schokkends hebben. De Zoon vertegenwoordigt ook hier het ware midden.

VADER, ZOON EN GEEST IN HET LEVEN VAN DE MENS

De verbondenheid van de mens met de drieënige God kan voor ons duidelijk worden, als we de menselijke levensloop beschouwen. We willen hier in elk geval twee motieven aanduiden, waaraan nog andere toegevoegd kunnen worden.
Tot de grondbeginselen van de pedagogische menskunde die vanuit de antroposofie is ontstaan,[132] behoort het inzicht dat de mens aan het begin van zijn leven, in de eerste drie perioden van zeven jaar, door verschillende sferen gaat, wat zijn beleven van de wereld en van zichzelf betreft.[133] Dit beleven is in de eerste zeven levensjaren van het kind anders dan tijdens de volgende zeven jaar en verschilt ook weer duidelijk van alles, wat de jongere tussen veertien en eenentwintig jaar beleeft. Deze drie levensperioden met hun karakteristieke

verschillen kunnen we in samenhang brengen met de triniteit. Op het eerste gezicht is deze samenhang het meest duidelijk bij de eerste periode van zeven jaar, die behoort bij het wezen van de Vader. Niet alleen dat het kind in die levensfase volledig afhankelijk is van zijn omgeving, zijn ouders, enzovoort, dat het geheel en al in de nabootsing leeft en de ontwikkeling van het *lichaam* op de voorgrond staat, ook religie beleeft het kind lichamelijk, aldus Rudolf Steiner. Dat wil zeggen: het is in deze periode nog van weinig betekenis voor het kind, wat het eventueel als abstracte inhoud, als lering krijgt aangeboden. Het neemt door middel van de zintuigen en het lichaam, door horen, zien, tasten, proeven, door middel van beweging, ritme en dergelijke veel meer in zich op wat voor het kind betekenis heeft, en wat het dan, dikwijls op intieme wijze, kan nabootsen.

De religiositeit van het kind in de eerste zeven levensjaren is als van nature gegeven. Met een vanzelfsprekend vertrouwen en vol overgave gaat het op alles af wat hem tegemoet komt. Op een natuurlijke wijze heeft het kind een religieuze verhouding tot de wereld. Daarom is ook, afgezien van de spreuk 's avonds en 's morgens en aan tafel, in deze levensfase geen specifiek religieus leven zoals godsdienstles en zondagsdienst nodig en mogelijk. Alles rondom het kind zouden we in deze periode zó vorm moeten geven dat het met kinderlijk vertrouwen kan worden opgenomen. Want het kind heeft op die leeftijd nog een heel naïeve, open verhouding tot zijn omgeving en is nog niet in staat zelf grenzen te trekken ten opzichte van zijn omgeving, maar is ervan afhankelijk.

Geheel anders ziet de situatie er na het veertiende levensjaar uit. De jongere worstelt om vrijheid en zelfstandigheid voor zijn *innerlijk* leven, dikwijls tegen zijn directe omgeving in. De grote levensvragen ontwaken nu in hem. Hij wil idealen kunnen nastreven en grootse doelen bereiken. We herkennen in deze veranderde situatie tekenen van de *Geest* die in de ziel werkzaam begint te worden, terwijl in de eerste zevenjaarsperiode het *vaderlijke zijn* allesbepalend was.

Natuurlijke religiositeit, afhankelijkheid van de omgeving door de zintuigen en het lichaam in de eerste zeven levensjaren: *werkzaamheid van de Vader*. Beginnende vrijheid en zelfstandigheid, innerlijke worsteling om doelen, idealen, levensvragen tussen veertien en eenentwintig jaar: *werkzaamheid van de Geest*. Daartussen staat van het zevende tot het veertiende levensjaar de *werkzaamheid van de Zoon*,[134] die vooral berust op de gezonde ontplooiing van de *zielekrachten* in denken, voelen en willen. In deze levensfase kan aan het kind alles worden aangereikt wat met het Christusleven en zijn betekenis voor de mens samenhangt. Gevoel voor de schoonheid van de wereld, liefde tot het bestaan, een beginnend aanvoelen van de zin van het menselijk lot kan worden gewekt.

De individuele krachten van het kind komen reeds in beweging. Ze behoeven nu een zorgvuldige verzorging en een gezonde stimulans om dan later in de derde zevenjaarsperiode steeds vrijer van binnenuit opgepakt en gehanteerd te kunnen worden.

Als we aan de samenhang van deze drie eerste levensperioden van de mens denken, kan ons opnieuw het beeld van de ontluikende plant voor ogen staan. Het mensenleven 'wortelt' als het ware in de eerste zevenjaarsperiode. Oneindig veel kan in deze tijd worden gedaan om te bewerkstelligen dat de mens op een juiste wijze in de aardewereld geworteld raakt. Er kan echter ook veel tegen gezondigd worden! In de tweede zevenjaarsperiode vindt het eerste ontluiken plaats, in de derde zevenjaarsperiode een eerste bloeien en vrucht dragen van het mensenwezen. Telkens wordt iets geheel nieuws voortgebracht en toch ontwikkelt het zich op basis van het voorafgaande.

Een geheel ander aspect van hoe de triniteit in het leven van de mens werkt, laat het tweede motief zien dat we hier willen bespreken. Rudolf Steiner noemt het de 'drievoudige ontmoeting' van de mens met de drievuldige God. Het zijn ontmoetingen van innerlijke aard. Ze betreffen het geest–zielewezen van de mens. De eerste ontmoeting vindt *elke nacht* in de slaap plaats. Het is de ontmoeting van de mens met zijn engel, de 'genius', waar het beleven van de Geestgod doorheenstraalt. Rudolf Steiner beschrijft het uitvoerig.

'Zo komen we te spreken over de eerste ontmoeting. Wanneer vindt deze plaats? Deze vindt bij de normale slaap eenvoudigweg elke keer ongeveer in het midden tussen inslapen en ontwaken plaats. Bij de mensen die nog dichter bij de natuur staan, bij de eenvoudige boeren die bij zonsondergang gaan slapen en dienovereenkomstig bij zonsopgang opstaan, valt dit midden van de slaap min of meer samen met het midden van de nacht. Bij de mens die zich losmaakt uit de natuurlijke samenhangen is dit minder het geval. Maar dat is immers de menselijke vrijheid, dat dit mogelijk is. De mens van de moderne cultuur kan zijn leven zo inrichten als hij wil. Niet zonder dat het van enige invloed op zijn leven is, maar toch: binnen zekere grenzen kan hij zijn leven zo inrichten als hij wil. Toch kan hij dan in het midden van een langere slaapperiode datgene ervaren wat men een innig samenzijn met het geestzelf noemt, dus met de geestelijke kwaliteiten waaruit het geestzelf zal zijn genomen, een ontmoeting met de genius. Deze ontmoeting met de genius vindt dus bij de mens elke nacht, dat wil zeggen in elke slaapperiode, plaats. En dit is belangrijk voor de mens. Wat we ook mogen ervaren als een de ziel bevredigend gevoel over de samenhang van de mens met de geestelijke wereld, het berust hierop dat deze ontmoeting tijdens de slaap met de genius nawerkt. Het gevoel dat we, als we wakker zijn, kunnen hebben van onze samenhang met de geestelijke wereld, is een nawerking van deze ontmoeting met de genius. Dit is de eerste ontmoeting met de hogere wereld, waarover men kan spreken als een aanvankelijk onbewust gebeuren voor de meeste mensen in deze tijd. De mensen zullen het echter steeds bewuster gaan beleven, naarmate ze de nawerking meer gewaarworden. Dit wordt mogelijk doordat ze hun helder bewustzijn in het gevoelsleven zó verfijnen door het opnemen van ideeën en voorstellingen uit de geesteswetenschap, dat de ziel dan niet meer te grof is om de nawerking opmerkzaam te kunnen waarnemen. Want het komt er alleen op aan dat de ziel fijn genoeg is, in haar innerlijk leven intiem genoeg om deze nawerkingen waar te nemen. In de een of andere vorm komt deze ontmoeting met de genius bij ieder mens dikwijls tot bewustzijn. Alleen is de hedendaagse, materialistische omgeving, het geheel en al vervuld zijn van begrippen die uit de materialistische wereldbeschouwing komen, en in het bijzonder het van materialistische gezindheid doortrokken leven, niet geschikt de ziel opmerkzaam te laten zijn voor dat wat door deze ontmoeting met de genius wordt gevormd. Eenvoudig doordat de mensen zich in geestelijker begrippen verdiepen dan het materialisme hun kan bieden, wordt de gedachte dat de mens elke nacht deze ontmoeting met de genius heeft tot iets meer en meer vanzelfsprekends voor de mens.'[135]

De tweede ontmoeting vindt plaats in *de* nacht van ieder jaar, de kerstnacht. Dan heeft elke mensenziel een, in eerste instantie onbewust blijvende, ontmoeting met de Christus, tot stand gebracht door een aartsengel (archangelos). Iets van de glans van het kerstfeest hangt samen met dit onbewuste gebeuren in de ziel. Rudolf Steiner zegt erover:

'Een ontmoeting van hogere orde is de tweede waarover we hier zullen spreken. Ziet u, reeds in de aanduiding die ik heb gegeven, kunt u opmaken dat deze eerste ontmoeting met de genius samenhangt met het verloop van de dag. Deze ontmoeting zou, als we ons uiterlijk leven helemaal zouden aanpassen als onvrijere mensen dan we in onze moderne cultuur zijn, samenvallen met het middernachtelijk uur. Elke nacht rond middernacht zou de mens deze ontmoeting met de genius hebben. Maar het is de vrijheid van de mens, dat dit gebeuren verschuift. Dus het moment waarop het ik een ontmoeting met de genius heeft, dat verschuift. Daarentegen kan de tweede ontmoeting veel minder verschuiven. Want datgene wat meer aan het astraallichaam en etherlichaam gevonden is, verschuift minder ten opzichte van de macrokosmische ordening. Wat met het ik en het fysieke lichaam verbonden is, dat verschuift bij de moderne mens heel sterk. De tweede ontmoeting is daarom reeds meer aan de grote macrokosmische ordening gebonden. Deze tweede ontmoeting nu is in gelijke mate aan het verloop van het jaar gebonden als de eerste ontmoeting aan het verloop van de dag gebonden is. In dit verband moet ik u op enkele dingen opmerkzaam maken, die ik aangaande dit onderwerp reeds vanuit andere gezichtspunten heb aangeduid. Het leven van de mens in zijn totaliteit verloopt feitelijk niet gedurende het gehele jaar op gelijkmatige wijze, maar de mens maakt veranderingen door in de loop van het jaar. In de zomer, wanneer de zon zijn grootste warmte-ontwikkeling heeft, geeft de mens zich veel meer over aan zijn fysieke bestaan en daarmee ook aan het fysieke bestaan van zijn omgeving. Dit in tegenstelling tot de winter, wanneer de mens in zekere zin moet strijden tegen de uiterlijke natuurverschijnselen, waar hij meer op zichzelf is aangewezen. In die tijd van het jaar rukt zijn geestelijk wezen zich ook meer van zichzelf en van de aarde los – de mens is dan met de geestelijke wereld, met de gehele geestelijke omgeving verbonden. Daarom is het bijzondere gevoel dat we met het mysterie van Kerstmis en het kerstfeest verbinden, geenszins iets willekeurigs, maar het hangt samen met de vastlegging van het kerstfeest. In die winterdagen waarop het feest is vastgelegd, is de mens, evenals de gehele aarde, werkelijk in overgave aan de Geest. Dan doorleeft de mens in zekere zin een rijk waar de Geest hem nabij is. En het gevolg daarvan is dat rond Kerstmis, zo tot aan ons tegenwoordige nieuwjaar, de mens evenzo een ontmoeting van zijn astraallichaam met de levensgeest ervaart als bij de eerste ontmoeting een ontmoeting van het ik met het geestzelf. Het berust op deze ontmoeting met de levensgeest dat we de Christus Jezus nabij zijn. Want door de levensgeest openbaart zich de Christus Jezus. Hij openbaart zich door een wezen uit het rijk van de archangeloi (aartsengelen). Uiteraard is hij een oneindig veel hoger wezen, maar dat is nu niet van belang. Belangrijk is dat hij zich openbaart door een wezen uit het rijk van de archangeloi. Zo komt het dat we voor de huidige ontwikkeling, voor de ontwikkeling sinds het mysterie van Golgotha, door deze ontmoeting de Christus Jezus in bijzondere mate nabij zijn. En voorts dat we de ontmoeting met de levensgeest ook in zekere zin de in de diepe ondergronden van de ziel plaatsvindende ontmoeting met de Christus Jezus kunnen noemen. Wanneer nu de mens, zij het door ontwikkeling van het geestbewustzijn in de sfeer van religieuze verdieping en oefening, zij het door het opnemen van voorstellingen uit de geesteswetenschap als aanvulling op de religieuze oefening en gewaarwording – wanneer nu de mens op de beschreven wijze zijn gevoelsleven verdiept en vergeestelijkt, dan zal hij, net zoals hij in het dagbewustzijn de nawerking van de ontmoeting met de genius kan beleven, de nawerking ervaren van de ontmoeting met de levensgeest, respectievelijk met de Christus. En het is werkelijk zo dat in de tijd die op de aangeduide kersttijd volgt, tot aan Pasen, de omstandigheden uitermate gunstig zijn om zich bewust te worden van de ontmoeting die de mens met de Christus Jezus heeft."[136]

De derde gebeurtenis vindt één keer in het leven plaats, ongeveer in het normale midden van het aardeleven, tussen het 30e en het 33e levensjaar: de ontmoeting met de Vadergod. Tegelijkertijd is dit een soort innerlijk doodsbeleven. Rudolf Steiner zegt hierover:

'En zoals men bij de tweede ontmoeting tevens kan spreken van een ontmoeting met de Christus Jezus, zo kan men bij de derde ontmoeting spreken van een ontmoeting met het vaderprincipe, met de Vader als het wezen dat aan de wereld ten grondslag ligt; met dat wat men ervaart, als men werkelijk voelt wat in de religies met de 'Vader' bedoeld wordt. Deze ontmoeting nu openbaart onze intieme verhouding tot de macrokosmos, tot het goddelijk-geestelijke universum. Het dagelijkse verloop van de universele processen, van de wereldprocessen, omvat voor ons de ontmoeting met de genius. Het jaarlijkse verloop omvat voor ons de ontmoeting met de Christus Jezus. En het verloop van het gehele mensenleven, van dit mensenleven dat normaal gesproken als een patriarchenleven van 70 jaar kan worden aangeduid, concentreert zich in de ontmoeting met het vaderprincipe. Gedurende een zekere periode van ons leven op aarde worden we voorbereid – met recht veelal onbewust als gevolg van de tegenwoordige opvoeding – en we beleven dan de ontmoeting met het vaderprincipe. Deze ontmoeting vindt tussen het 28e en 42e levensjaar meestal onbewust plaats, maar in de intieme diepten van de ziel is deze een volwaardige realiteit. Vervolgens kan de nawerking zich in het verdere leven uitstrekken, als we genoeg fijngevoeligheid ontwikkelen om attent te zijn op dat, wat zo vanuit onszelf als nawerking van de ontmoeting met het vaderprincipe in ons leven binnendringt.
Gedurende een zekere periode van ons leven, waarin we worden voorbereid, zou daarom de opvoeding zodanig moeten werken – dat kan met de meest verschillende middelen geschieden – dat deze ontmoeting met het vaderprincipe diep in de mens verankerd wordt. Dit kan plaatsvinden, als de mens tijdens zijn opvoeding wordt gestimuleerd echt een gevoel te ontwikkelen voor de heerlijkheid en grootsheid van de wereld, voor de verhevenheid van de wereldprocessen. We ontnemen de opgroeiende mens veel, als we hem te weinig laten merken – zó dat het op hem overgaat – dat we voor alles wat zich aan schoonheid en grootsheid in de wereld openbaart, de diepste bewondering en eerbied hebben. Door de opgroeiende mens werkelijk de gevoelssamenhang van het menselijke hart met de schoonheid, met de grootsheid van de wereld te laten ervaren, geven we hem de voorbereiding voor een echte ontmoeting met het vaderprincipe.'[137]

Aan deze twee voorbeelden mag duidelijk zijn geworden, hoe concreet de werkzaamheid van de triniteit voor het menselijke beleven kan worden door de antroposofie. Soortgelijke uitgangspunten zijn op alle gebieden van de antroposofische menskunde te vinden. Overal blijkt, hoe sterk het menselijk bestaan doordrongen, gedragen, geïnspireerd wordt door de werkzaamheid van de triniteit. Hetzelfde trinitarische principe is ook te vinden op het terrein van de natuurbeschouwing, als deze vanuit een antroposofische gezichtshoek plaatsvindt. Daarover willen we nu tot slot nog spreken.

TRINITEIT EN NATUURBESCHOUWING

We hebben reeds meermalen gewezen op natuurverschijnselen waaraan de werkzaamheid van de triniteit zichtbaar wordt. Aan de plant en aan het menselijk lichaam is ons duidelijk geworden dat in hun drieledigheid iets van het wezen van de triniteit verschijnt.
Angelus Silesius drukt dit geheim als volgt uit.

> 'Dat God drieënig is,
> dat toont u ieder kruis,
> daar zwavel, zout en kwik
> als eenheid wordt geschouwd.'

Met deze woorden sluit Angelus Silesius aan bij begrippen uit de middeleeuwse alchimie, die met 'zwavel, zout, kwik' natuurprocessen bedoelde die onder andere in de plant een grote betekenis hebben. Zoutprocessen in alchimistische zin maken het voor de plant mogelijk wortels te vormen in de harde aarde. Ze spelen echter ook een rol bij het opnemen van vaste zouten en voedingsstoffen uit de aardbodem voor de groei van de plant. Zwavelprocessen daarentegen liggen ten grondslag aan de bloemvorming die verwantschap vertoont met het licht. Een tendentie tot oplossen, tot lichtheid wordt zichtbaar – geheel in tegenstelling tot het 'zout' van de wortels. Kwikprocessen ten slotte bewerkstelligen de groei en ontwikkeling van de plant tussen wortel en bloem. Op deze wijze is de plant geplaatst tussen aarde en hemel, tussen zwaarte en lichtheid, tussen duisternis en licht. De plant maakt gebruik van de zout- en zwavelprocessen en van het kwik dat beide processen met elkaar verbindt, om zijn wezen in deze tegenstellingen te kunnen ontplooien: wederom een trinitarisch principe. Ook op vele andere gebieden van de natuur komen we dit als basisprincipe tegen. Reeds de indeling in drie natuurrijken _ mineraalrijk, plantenrijk en dierenrijk – die dan op een hoger niveau weerkeren in de mens, wordt door dit principe gekenmerkt. Ook de zogenaamde aggregatietoestanden van een stof – vast, vloeibaar en gasvormig – weerspiegelen het genoemde principe.[138]

In dit opzicht zouden we op vele bijzonderheden kunnen wijzen. Zo is bij voorbeeld, om er één te noemen, in de wereld van de insekten een interessante polariteit te vinden tussen kevers en vlinders, waarbij de bijen een middengebied vormen.[139] Ook hier vinden we de reeds genoemde vormkrachten als basis. Overal verschijnen ze als vormkrachten van de aarde: enerzijds in de koudegebieden aan de beide polen, anderzijds in de hete zone om de evenaar, en tussen beide wederom in een levend middengebied. Deze indeling wordt weerspiegeld in het jaarverloop binnen de gematigde zone; waar winter en zomer de uitersten vormen, terwijl voorjaar en herfst de verbindende elementen zijn.

In dit hoofdstuk mag duidelijk zijn geworden dat een dieper inzicht in de mens en de wereld overal de scheppende werkzaamheid van de triniteit ontdekt. De opvatting van de triniteit hoeft geen onbegrepen dogma van het christendom te blijven, maar kan, vooral met behulp van de antroposofie, vandaag de dag in diepere zin worden begrepen en verschijnt dan als het aan alle bestaan ten grondslag liggende wereldprincipe.

Van een dergelijk begrip zal ook het gehele religieuze beleven een doeltreffende steun en stimulans kunnen ontvangen.

3 Werkzaamheid vanuit de kracht van de triniteit: vernieuwd religieus leven

In dit laatste hoofdstuk richten we onze aandacht op het christelijk-religieuze leven zelf, zoals het in vernieuwde vorm binnen de Christengemeenschap tot leven is gekomen. Enkele motieven die in deze samenhang thuishoren, hebben we in voorafgaande hoofdstukken reeds aangeduid. In het eerste gedeelte van het boek hebben we ernaar gestreefd het *beleven* van de Vader, de Zoon en de Geest vanuit de hedendaagse bewustzijns- en ervaringsmogelijkheden tot ontplooiing te brengen en voor het religieuze streven toegankelijk te maken. Nu zal het er vooral om gaan te laten zien, hoe het centrum van het gehele religieuze leven – de cultus en in het bijzonder de zeven sacramenten – doordrongen is van de triniteit.

GRONDBEGINSELEN

In de oude cultus komen we veelvuldig de bekruisigingsformule tegen:
'In de naam van de Vader,
de Zoon
en de Heilige Geest.'
Deze formulering vinden we in de vernieuwde cultus in een – men mag wel zeggen – klassieke variant, eveneens verbonden met de bekruisiging. Er wordt in uitgesproken dat de Vadergod moge *zijn* in ons, de Zoongod moge *scheppen* in ons, en de Geestgod ons moge *verlichten*. Beknopter en duidelijker kan het wezen van de drievuldige Godheid nauwelijks worden uitgesproken. Tegelijk wordt duidelijk wat een geweldige stap voorwaarts er gedaan is tussen de oude, tot een formule verstarde formulering en de nieuwe die een levend beeld vermag te geven.
Deze formulering heeft nog een belangrijke uitbreiding gekregen, die als trinitarisch epistel in de 'feestloze' tijden van het jaar aan het begin en aan het

slot van de dienst aan het altaar klinkt. In de drie gedeelten van dit epistel wordt de oerverbondenheid van de mens met de Vader, de Zoon en de Geest uitgesproken:

- onze substantie en ons zijn hebben hun oorsprong in de substantie en het zijn van de Vader;
- ons wezen en ons leven komen voort uit het scheppen en leven van de Zoon;
- ons schouwen en ons kennen *mogen* worden opgenomen door het 'geestlichtende' leven van de Geestgod.

Opmerkelijk is in dit verband, hoe de eerste twee gedeelten van dit epistel, waarin feiten worden aangeduid, overgaan in de 'moge-vorm' (aanvoegende wijs) van het derde gedeelte. De verhouding van de mens tot de Vader en tot de Zoon berust in wezen op *feiten*: substantie, zijn, leven en wezen *zijn* reeds in meerdere of mindere mate gegeven, gevormd. Hoe echter ons waarnemen en kennen tot sfeer van de Geest kan worden gevormd, hangt voor een belangrijk deel van ons gedrag af. Daarom kan het nog niet als feit, maar slechts als mogelijkheid worden geformuleerd. Hier is met name het gebied, waar wij mensen zelf actief kunnen en moeten worden, vanwaaruit dan echter ook de verhouding tot de andere goddelijke personen op nieuwe wijze gestalte krijgt: bewuster, dieper, vruchtbaarder.

DE DOOP

De bekruisigingsformule is tegelijkertijd de formulering die in het christendom tot nu toe steeds een belangrijke rol heeft gespeeld bij de doop – aansluitend bij de laatste woorden van Christus in het evangelie volgens Mattheüs (28:19), waarin Christus de apostelen opdraagt alle volkeren te dopen:
'Doopt hen in de naam van de Vader
en van de Zoon
en van de heilige Geest.'[140]
Van de zijde van de protestantse kerk heeft men de Christengemeenschap het verwijt gemaakt dat in hun doop deze doopformule niet wordt gebruikt – en zo is het inderdaad. Uit onze beschouwingen kan echter duidelijk worden dat het de Christus bij zijn opdracht tot het dopen van alle volkeren vast niet zal zijn aangekomen op een *formule*, maar op de essentie die in deze woorden besloten ligt. En zoals het als een stap voorwaarts kan worden ervaren dat de formule

'In de naam van de Vader...' zich verder heeft ontwikkeld tot een in sterkere mate levende en aanschouwelijke formulering, zo kan ook de verdere ontwikkeling en vernieuwing van de woorden van het doopsacrament als iets belangrijks worden gezien. Ook al wordt de oude formule in het vernieuwde doopsacrament niet meer letterlijk uitgesproken, toch is deze naar geest en wezen in de doopvoltrekking reëel aanwezig. De priester tekent tijdens de doop driemaal een kruis boven het kind, terwijl hij de drieëenheid aanroept. Daarmee plaatst hij de dopeling in de wereldsubstantie die door de Vader gegeven is, in de woordenstroom die van Christus uitgaat, in de lichtglans die de Geest ons schenkt. Daarbij is ons reeds vertrouwd dat hier gesproken wordt over de 'wereldsubstantie' van de Vader en over de 'lichtglans' van de Geest. In de doop komt de 'woordenstroom' van Christus als formulering er nog bij. Deze sluit aan bij het evangelie volgens Johannes, waar de Zoon als 'logos', dat wil zeggen als 'het Woord' verschijnt. Dit is natuurlijk meer dan een willekeurige zinswending. Er wordt in uitgedrukt, hoe de Godheid door middel van de Zoon zich ten opzichte van de mensheid wil verhouden. De aandacht die God voor de mens heeft, wordt hiermee uitgesproken. Als ik spreek, spreek ik tegen een ander in de hoop dat hij mij hoort. Zo leeft in het Woord als het wezen van Christus de eeuwige 'toe-spraak' van God, zijn aandacht en 'toe-zegging' aan ons. God wendt zich in Christus tot ons en hoopt dat dit Woord kan worden gehoord. In deze goddelijke hoop wordt het kind aan het begin van zijn leven door de doop opgenomen.

Het doopsacrament in de Christengemeenschap is trinitarisch opgebouwd. Bij het *water*, waarmee gedoopt wordt, komen nog twee andere substanties: *zout* en *as*. Met deze substanties wordt de dopeling op drie plaatsen van zijn lichaam aangeraakt. Op het voorhoofd met het water, op de kin met het zout, op de borst met de as. Het zijn dezelfde plaatsen, waar later de volwassene bij het aanroepen van de triniteit een kruisteken maakt. We moeten hier volstaan met enkel te noemen dat zowel de drie substanties alsook voorhoofd, kin en borst in relatie staan tot de triniteit. Daarmee is het trinitarisch karakter van de doop aangeduid.[141]

HET JAARVERLOOP: TRINITARISCH

In de rij van de christelijke feesten laat het jaarverloop eveneens een trinitarisch karakter zien. Daar is om te beginnen de reeks feesten verbonden met de Vader:

- Advent
- Kerstmis
- Epifanie

Na een 'feestloze' tussentijd met het trinitarisch epistel volgt de reeks feesten verbonden met de Zoon:

- Lijdenstijd
- Pasen
- Hemelvaart

Daarbij sluiten aan de feesten verbonden met de Geest:

- Pinksteren
- Sint-Jan
- Michaël

Na de laatstgenoemde feesten volgt telkens een 'feestloze' tijd: tussen Pinksteren en Sint-Jan, tussen Sint-Jan en Michaël, tussen Michaël en Advent. Zo voegen zich bij de driemaal drie feesten nog vier 'feestloze' tijden.

Als we de drievoudige drieheid van deze feesten nauwkeuriger bekijken, krijgen we door het beleven van het jaarverloop nog eens een levend begrip van de samenwerking van de triniteit, van zijn wezenseenheid. Want in elk van deze drie reeksen van feesten leeft niet alleen het wezen van de bijbehorende goddelijke persoon, maar telkens drievoudig verschillend de *gehele* triniteit. In de drie bij de Vader behorende feesten bij voorbeeld, werken ook de Zoon en de Geest, en wel als volgt

- Advent / Vader
- Kerstmis / Zoon   in de Vader
- Epifanie / Geest

Overeenkomstig is het bij de twee andere reeksen van feesten. Kerstmis is in de reeks feesten behorend bij de Vader, het feest van de geboorte, betrekking hebbend op de Zoon. Maar men kan zeggen: hier werkt de Zoon als het ware nog in en vanuit de Vader. Bij Kerstmis gaat het nog niet om de kracht van de Zoon als zodanig, maar de Zoon verschijnt hier in het licht, in de 'aura' van de Vader. De Vader is het, die met de Zoon samenwerkt, terwijl bij Advent het vaderlijke zijn nog helemaal op de voorgrond staat.

Het feest dat zelf geheel en al aan de Zoon gewijd is, aan 'de Zoon vanuit de Zoon', is Pasen. Want hier gaat het niet om geboorte en binnentreden in de ruimtelijke wereld, zoals met Kerstmis, maar om het scheppend overwinnen van het aards-ruimtelijke zijn door dood en opstanding, door 'sterven om tot wording te komen' – het eigenlijke gebied van de Zoon.

Op soortgelijke wijze zou het drievoudige zijn van elk van de drie reeksen feesten in verband gebracht kunnen worden met het met elkaar en in elkaar verweven zijn van de drievoudige ontplooiing van Gods wezen. Zo kan het gaan door de christelijke feesten voor ons mensen elk jaar opnieuw resulteren in een telkens wisselend deelhebben aan de goddelijke drievuldigheid en drieëenheid, wat in het geheel niet dogmatisch bepaald is, maar ons door de stemming van het betreffende feest rechtstreeks met de goddelijke wereldkrachten in aanraking brengt. We hoeven ons alleen maar voor de geest te halen, hoe anders we Advent en Kerstmis beleven en ervaren dan de lijdenstijd en Pasen, om de diepe, werkzame betekenis van deze feiten aan te voelen. Het christelijke jaar zelf voert ons op een telkens geheel eigen, verschillende, kleurrijke wijze door het beleven van de triniteit.

DE EPISTELS

De christelijke feesten ontvangen in de cultus van de Christengemeenschap hun bijzondere kleur vooral door de gebeden, de epistels, die aan het begin en aan het eind van de mensenwijdingsdienst iets van het wezen van het betreffende feest tot uitdrukking brengen. Deze epistels bevatten vele bewoordingen die het wezen van de Vader, de Zoon en de Geest van steeds weer nieuwe kanten aanschouwelijk maken. Enkele daarvan willen we hier noemen.
Laat ons allereerst de bewoordingen nagaan, die het wezen van de *Vader* betreffen. Met Advent klinkt het indrukwekkende woord van de 'wereldrust' die in deze tijd van het jaar op bijzondere wijze kan worden beleefd, en waarin het 'weven' van de Vader kan worden aangevoeld. Maar in deze tijd van het jaar leeft ook de herinnering aan de 'goddelijke wereldmacht' die in de zon en de kleurenboog verschijnt, nu echter verschemert en in dit verschemeren een innerlijk ontstaan van zon en kleuren aankondigt: de geboorte van het goddelijke Wereldwoord uit de Vader.
Steeds wanneer we in de rust van onze ziel binnentreden, ontstaat er iets als een adventsstemming in de ziel. In een dergelijke zielerust komen we in aanraking met de wereldrust, waarin de Vader leeft. Maar deze rust is een scheppende, van binnenuit in beweging zijnde rust die een nieuwe, toekomstige wereld in zich draagt en uit zich geboren wil laten worden. Wanneer de uiterlijke wereld voorgoed 'verschemert', zal de nieuwe wereld uit de Vadergrond te voorschijn komen.
Zo wordt de Vader een oergrond voor al het zijn, waarin alles gegrondvest is en zijn grond vindt. In de Sint-Janstijd wordt dit nog op een bijzondere wijze

uitgedrukt: de Vader wordt 'alomwerkend' en 'alzeegnend' genoemd. 'Alzeegnend' – in dit woord krijgen we wel de diepste, meest innerlijke blik op de Vader: hoe hij leeft in de wereldrust, rustig en toch in scheppende beweging voor de geboorte van een nieuwe wereld, terwijl hij tegelijkertijd in deze scheppende rust zegenend alles doorweeft en doordringt.

Reeds uit deze aanduidingen mag duidelijk zijn, hoe zich de wereld van de triniteit zich in dergelijke bewoordingen waarachtig ontplooit en er tegenwoordig is.

Talrijk en veelsoortig zijn de zinswendingen die in de epistels op de *Zoon* duiden en iets van zijn wezen trachten uit te spreken. Om te beginnen is er al wat ons de 'heilbrengende macht van de Christus' laat ervaren. Deze formulering vinden we in het Credo. Reeds met Advent wordt gesproken over het heil dat we in ons hart kunnen voelen, en dat als belofte kiemt in de schoot der wereld. Met Kerstmis wil deze gewaarwording groeien tot het aanvoelend kennen van de Christus als die aan de mensen op aarde het heil brengt, en tot het voelen van de scheppende, helende kracht van zijn woord. Met Pasen verandert dit motief, wanneer gesproken wordt over de 'helende kracht' die door de Herrezene tot in het kloppen van ons hart werkzaam wil worden en die ook ons ik in de zielegrond vermag te helen. Met Sint-Jan wordt een zeker hoogtepunt bereikt, wanneer Christus, die als de arts der mensen werkzaam wordt – zoals met Michaël wordt uitgesproken – nu zelfs de 'redder' voor de 'heilbehoevende' mensheid wordt genoemd.

We zien hoe hier het oude, vernieuwing behoevende woord 'Heiland' in een levende, verdergaande ontwikkeling wordt gebracht:

- het heil kiemt in de wereldgrond;
- het kan in de cultus met Kerstmis worden beleefd als scheppende, helende kracht van het Woord en als degene die de mensen op aarde het heil brengt;
- het ontplooit met Pasen zijn kracht tot in de hartslag en de zielegronden in het ik van de aardemens;
- het kan zo met Sint-Jan als redding van de heilbehoevende mensheid worden ervaren.

Een hele theologie van het heil en de Heiland is in de kiem in dergelijke formuleringen aanwezig. Belangrijker is echter dat zulke teksten ons op de werkelijke krachtstromen wijzen, die door het betreffende feest helend de wereld willen binnenstromen.

Uit de veelheid van motieven willen we er nog slechts één oppakken. Een motief dat het wezen van de Zoon op een voor het traditionele christendom ongebruikelijke wijze laat uitkomen: het motief van de Christus-zon. Dit kan gemakkelijk ten onrechte als heidens worden bestempeld. Het is in elk geval in het traditionele christendom bijna helemaal verloren gegaan en is alleen nog bewaard gebleven in min of meer poëtische zinswendingen die niet meer als werkelijkheid worden opgevat. Bij voorbeeld in het Kerklied 'Morgenglans der eeuwigheid' of in het oudtestamentische woord van de 'zon der gerechtigheid' (Maleachi 4:2). Dergelijke formuleringen duiden op de kosmische, zonne-lichtende scheppermacht van de Christus, die in het Nieuwe Testament bij voorbeeld bij de verheerlijking op de berg (Mattheüs 17) of in de verschijning van de Mensenzoon (Openbaring 1) zichtbaar wordt, wanneer Christus' aangezicht 'straalt als de zon'. Dit kosmische, zonne-lichtende aspect van de Christus, waarover we reeds gesproken hebben in het hoofdstuk gewijd aan de Zoon (in het gedeelte over 'de kosmische Christus', blz. 51 e.v.), verschijnt ook in de tekst van de epistels.

Dit begint reeds met Advent, waar de Zoon het Woord wordt genoemd, het Woord dat eeuwig is en goddelijk werkt, dat uit het licht geboren is. In de tijd van Epifanie horen we dan dat Christus als ster wordt aangesproken: een ster die licht van genade uitstraalt. En door het licht van Christus verschijnt de genade in de wereld. De genade straalt als een ster, goddelijk en warm licht brengend als heil. Men kan hier reeds het zonnewezen van Christus zien oplichten, hoewel het pas met Sint-Jan geheel en al verschijnt.

Met Pasen neemt dit licht op grootse wijze aan intensiteit toe. Dan wordt uitgesproken dat door de opstanding van Christus de aarde zelf begint te stralen in geestlichtende kracht van de zon. In dit licht kan nieuw worden geboren, wat anders in de kluisters van de dood gevangen zou blijven. Dit licht deelt zich mee aan het mensen-ik, dat dan weer vermag te stralen. Dit zonnemotief hoort in het bijzonder bij Pasen. Het is immers geen toeval dat in het evangelie (Markus 16) het beeld van de uit de nachtelijke duisternis oprijzende zon uitdrukkelijk wordt genoemd, wanneer de vrouwen op paasmorgen aan het graf komen – een waarachtig beeld van diepe betekenis en kracht.

Met Sint-Jan ten slotte wordt Christus zelf als de zon aangeduid, wiens licht de mensen verlost. Dan wordt de Christus rechtstreeks aangeroepen als de 'zonnegeest' die in het gebied van de mensheid zijn intocht houdt, en wiens licht genade uitstraalt. Christus wordt nu ook aangeduid als schenker en schepper van het licht, die we met het innerlijke zintuig van een van-lichtvervulde liefde kunnen ervaren en in ons opnemen.

Christus, de 'heler' – dat is een oer-*christelijk* motief. Christus, de zonnegeest – met dit woord worden oergevoelens uit het mensheidsverleden weer opgenomen in het christelijk-religieuze leven, gevoelens die in de voorchristelijke tijd en later buiten het christendom behoorden tot de diepste religieuze ervaringen die mensen ooit hebben gehad: dat er een met de mensheid verbonden, goddelijk wezen is, dat straalt en leven schenkt, zoals in de kosmos de zon. Met de komst van Christus op aarde geraakten deze gevoelens op de achtergrond. Aanvankelijk moest een sterke verinnerlijking bezit nemen van het religieuze leven binnen het christendom en er een stempel op drukken. In onze tijd zijn we echter geroepen de kosmische dimensie van de Zoongod weer in het beleven op te nemen.

Zo staat de Christus in de epistels als genezer der aardemensheid, maar tevens als zonnegeest voor ons:

- uit de scheppende kracht van de zonnegeest verschijnt het Wereldwoord als 'geboren uit licht' (Advent);
- in de tijd van Epifanie wordt de genadevolle kracht van het zonnewezen ervaren als verschijning van genade en als licht van genade;
- deze kracht wordt met Pasen tot kracht van nieuwe geboorte, die de aarde geestlichtend doet stralen in zonnekracht;
- tot ten slotte met Sint-Jan de 'Christus-zon' zelf verschijnt.

Deze beide voorbeelden laten zien, hoe rijk aan inhoud de innerlijke beschouwing van de triniteit en zijn werkzaamheid in het meebeleven van het jaarverloop aan de hand van de epistels kan zijn. Wat ons vanuit de overlevering als een dor en droog dogma tegemoet komt, kan hier in levende veelheid en kleurrijke aanschouwelijkheid worden ervaren.

Niet zo rijk vertegenwoordigd zijn de formuleringen die betrekking hebben op de *Geestgod*. Dit hangt misschien samen met het feit dat in al de genoemde formuleringen, in het algemeen in alle formuleringen van de vernieuwde cultus, reeds het licht van de Geestgod leeft, zoals we al eerder hebben beschreven (zie het gedeelte 'Spirituele gedachten in de cultus', blz. 71 e.v.). In de cultus is tegenwoordig overal de bewustzijn-wekkende kracht vanuit het 'geestlichtende leven' van de Geestgod werkzaam. Deze kracht doordringt alles, werkt in alles mee en hoeft daarom niet steeds opnieuw te worden genoemd.

Met Pinksteren wordt dan echter toch iets van het wezen van de Geest uitgesproken. Het is vooral de helende kracht van de Geest, waar het eerst de blik op gericht wordt. De Geest verschijnt als de arts der wereld die de zwakheid van de zielen, de krankheid van de mensheid heelt. (We hebben dit helende aspect van de Geestgod ook al gezien in het gedeelte 'Helende Geest – heil-loze wereld', blz. 61 e.v.) Daarmee verschijnt nog een ander element dan in het voorafgaande, waar we gesproken hebben over de genezende werking van de Christus. Wat van hem als helende kracht uitgaat, hangt samen met het *leven* dat hij aan de mensheid en de aarde schenkt, offert. Zijn helende kracht is

151

zuivere levensstroom, is existentieel, en berust op het offer van zijn lichaam en bloed, die op de mens kunnen overgaan.

De helende kracht van de Geest begint in het *bewustzijn*, zoals we in de genoemde passages hebben beschreven. Krank en zwak is de mensheid door bewustzijnsduisternis die tot geestverloochening, zinnenzucht, tot gefascineerd zijn door schijnlicht en drogbeelden van het boze leidt. In deze duisternis moge het licht van spirituele gedachten binnenstralen en dat, wat in de zieleduisternis een woonstede heeft gevonden, verdrijven. Het genade-licht van de Geest straalt helend in de aardewereld, in de duisternis van onze zintuiglijke wereld – zoals met Kerstmis in het epistel wordt aangeduid. Hier begint het genezingsproces geheel van binnenuit.

Beide processen, uitgaande van de Zoon en van de Geest, moeten samenwerken. Het is te vergelijken met de werkzaamheid van een arts. Een arts heeft enerzijds te maken met kennis van de ziekte. Als hij aan de zieke het juiste inzicht in het wezen en het verloop van het ziekteproces, maar ook in de zin ervan weet over te brengen, is dat reeds het begin van de genezing. Ook moet de zieke leren begrijpen, wat hij zelf aan het genezingsproces kan bijdragen en hoe zijn houding moet zijn. Onontbeerlijk zijn anderzijds toch ook de 'helende artsenijen' die de genezing vanuit de levensprocessen pas mogelijk maken. Soms is ook een bloedtransfusie nodig om het leven op heel directe wijze te stimuleren.

Het is wel duidelijk, wat we met dit voorbeeld willen aanduiden. De Geest als arts der wereld stelt als het ware de 'werelddiagnose', voert tot inzicht, maakt de ziekmakende en helende krachten in de wereld zichtbaar en laat zien, wat te doen staat. Daarbij komt het echter in veel sterkere mate dan bij een lichamelijke ziekte aan op het actief meewerken, dat wil zeggen, op het begrijpen van de processen door de mens zelf. Het juiste bewustzijn is hier in nog veel sterkere mate de eerste stap op weg naar genezing.

Maar dan moeten ook hier de helende krachten die uit het levensoffer van Christus stammen, worden gewekt en benut.

DE TRINITEIT EN DE SACRAMENTEN

Alle sacramenten stammen uit het leven en het offer van Christus. In hen vloeit een zevenvoudige stroom van offersubstantie naar de mensheid en de aarde. In zoverre behoren alle zeven sacramenten op zevenvoudige wijze bij de Zoon. Toch komen ook hier in het gebied van de Zoon de andere aspecten van het wezen van de triniteit er weer bij – op soortgelijke wijze als we bij de christelijke feesten hebben gezien, waar we de veelzijdige samenwerking van de goddelijke personen konden waarnemen.

Over de *doop* hebben we reeds gesproken. Deze is door en door trinitarisch. Hoewel ook de doop naar zijn wezen uit het leven van Christus stamt, kan de doop nochtans in het bijzonder het sacrament van de Vader worden genoemd. De doop wordt immers bij het begin van het aardeleven voltrokken aan het nog onbewuste kind, dat nog helemaal vanuit de vaderlijke/moederlijke krachten van de wereld leeft en erdoor gedragen wordt.

Met de *jeugdwijding* komen we heel duidelijk aan de andere zijde: de jeugdwijding kan ook het sacrament van de Geest worden genoemd (zie onze beschouwingen over de eerste drie zevenjaarsperioden van de mens en hun samenhang met de triniteit, te vinden in het gedeelte 'Vader, Zoon en Geest in het leven van de mens', blz. 136 e.v.). Want nu gaat het erom het fundament te leggen voor een bewuste verhouding tot de Christus, iets wat vóór het veertiende levensjaar nog niet mogelijk is.

Om een dergelijke bewuste, in voortdurende oefening zich steeds vernieuwende verhouding tot Christus gaat het ook bij de *priesterwijding*, die daarom als één van de drie 'hogere' sacramenten eveneens in samenhang kan worden gebracht met de Geestgod.

De *mensenwijdingsdienst* is het sacrament voor elke dag. De priester celebreert dagelijks, aan het altaar of stil voor zichzelf. De mensenwijdingsdienst is op bijzondere wijze een Christussacrament: het wekt elke dag opnieuw de wereld-vernieuwende Christusstroom en het laat lichaam en bloed van Christus aan het altaar tegenwoordig zijn. Dit sacrament behoeft de innerlijkste trouw en toewijding.

Iets dergelijks kunnen we eveneens van de *huwelijkswijding* zeggen. Ook daar gaat het om dagelijkse toewijding, om trouw en zorg, om lichamelijkheid niet alleen in aardse zin, maar om de 'levensgemeenschap' die een hogere lichamelijkheid vormt en waaraan beide huwelijkspartners deel hebben. Deze hogere lichamelijkheid is de eigenlijke substantie van het huwelijkssacrament. Daarom staat ook aan het begin van de huwelijkswijding op onvergelijkelijke, indrukwekkende wijze de verbinding met Christus die, zoals wordt aangeduid door zijn offer de aardse werking verwandelde in geestwerking.

De *stervenswijding* die aan het einde van het aardeleven wordt voltrokken, voert ons ten slotte weer in het rijk van de Vader die de mens nu in Zijn wereld laat terugkeren. Dit motief wordt uitgesproken bij de mensenwijdingsdienst voor een overledene.

Deze aanduidingen zouden van andere gezichtspunten uit moeten worden aangevuld. Belangrijk is echter de grondstemming die door een dergelijke beschouwing kan worden gewekt. De samenwerking van de triniteit is ook hier op prachtige wijze waarneembaar. Het werken van de Zoon neemt de werkzaamheid van de Vader en van de Geest in zich op, verwandelt, intensiveert en verdicht deze. De Zoon neigt zich tot de Vader en verheft zich tot de Geest, waarbij hij de mens in deze gebaren meeneemt. De Vader schenkt zichzelf aan de Zoon en verwandelt zich in hem in liefde voor de mens, de Vader geeft kracht en substantie aan het licht van de Geestgod. De Geest verlicht de wereld van de Vader met helderheid, maar ook met schoonheid, lieflijkheid en oneindige rijkdom aan vormen en mogelijkheden. De Geest wendt zich tot de Zoon en verheft dat wat uit het offer van de Zoon komt, in het eeuwige van het geestbestaan. Een aanvoelen van hoe de triniteit weeft en leeft in de Godheid, wordt mogelijk.

Op bijzondere wijze geldt dit voor het verloop van de mensenwijdingsdienst. Aan het begin van deze dienst wenden priester en gemeente zich op heel innige wijze tot Christus met de bede om zijn reine leven in het spreken en horen van het *evangelie*. Uit het aangeraakt worden door dit leven van Christus komt de kracht zich nu in het *offer* tot de Vader te wenden, en willen, voelen en denken in een toegewijde verhouding tot de Godheid te brengen. Zo wordt aan het begin van het offer de Vader aangesproken. Spoedig daarna echter wordt opnieuw Christus aangeroepen, want ons offer alleen blijkt te zwak te zijn. Het heeft als aanvulling het grote offer van Christus nodig. Zo is het tweede deel van het offer weer geheel tot de Christus gericht. Hij voegt uit zijn wezen toe, wat aan ons offer ontbreekt.

Men moet niet schromen dat wat hier geschiedt, en wat we heel beknopt hebben beschreven, als realiteit te nemen, vervuld van geestelijke werkelijkheid. Uit het reine leven van Christus vloeit een stroom door het evangelie heen tot in ons hart. Wij antwoorden met de wil ons offerend te wijden aan de verheven wereld van de Vader. Een zwak waas van zo'n overgave stroomt van ons tot de Vadergod; maar het wordt tot een wolk van offerkracht, ja zelfs tot een vuur, doordat we Christus vragen ons offer aan te vullen, zich samen met ons offerend te wijden aan de Vadergod.

Aan het begin van de *verwandeling* richten we ons opnieuw tot de Vader, maar nu is ons offer reeds tegelijk offer van Christus. Dan begint, terwijl de priester knielt, als midden van de gehele verwandeling de samenspraak van de Zoon en de Vader: de Zoon ziet op tot de Vader, dankt hem en verenigt zich in offerende overgave met de Vader in de gaven van de Vadergod – brood en wijn. Nu ontstaat uit het offer kracht tot verwandeling. Wat als offersubstantie uit ons mensen en uit het Christusleven voortkomt en naar de Vader stroomt, wordt door hem op-genomen, op-geheven tot een hoger niveau en het wordt daardoor tot een kracht die ook in het natuurlijke bestaan, in het rijk van de Vader, verwandeling kan bewerkstelligen. Offerkracht is immers niet een natuurlijk gegeven, maar ontstaat uit de offerende mensenziel en haar verhouding tot Christus. Offerkracht is immers niet een natuurlijk gegeven, maar ontstaat uit de offerende mensenziel en haar verhouding tot Christus. Offerkracht is een kracht en substantie, die *zo* niet in de Vadergod leeft, die zo slechts uit de menselijke ziel en uit de mensgeworden God, de Christus, kan voortkomen. Maar doordat de Vadergod de offerkracht in zijn wereld opneemt, krijgt deze kracht een objectieve kwaliteit van zijn: zij wordt een bestanddeel van het wereldzijn en van de wereldsubstantie, zij kan van 'worden' opklimmen tot 'zijn'.[142]

Deze offerkracht vormt nu echter in de objectieve wereld niet eenvoudig weer een stuk natuur, maar een 'hogere natuur', een stuk wereldzijn dat objectieve werkelijkheid vermag op te nemen en vervolgens in een hogere werkelijkheid te voeren. De van de Vader stammende gaven in de natuur, brood en wijn, worden zo in een hogere werkelijkheid opgeheven en daarmee tot deel van de werkelijkheid, waarmee de Christus in de Vader leeft – ze worden tot lichaam en bloed van Christus.

Brood en wijn gaan door de 'trans-substantiatie', door de 'verwandeling', omdat de Vadergod in deze substanties nu niet alleen het natuurlijke zijn, maar een 'hogere natuur' – het wezen van de Zoon – laat leven. De Vader maakt in zijn rijk, in het gebied van het natuurlijke wereldzijn, als het ware plaats voor de Zoon en hij verheft wat van de Zoon komt tot 'zijn', tot wereldwerkelijkheid, tot grondsteen van een nieuwe, hogere wereld. Zo klinkt aan het einde van de verwandeling tweemaal 'Laat *zijn*...' als bede tot de Vadergod, om dat wat uit de *wording* der mensheid komt, tot *zijn* te verheffen en het daardoor eeuwigheid te verlenen. Hierbij is echter de medewerking van de Geestgod nodig, wiens genadekracht aardewaarts moge werken om deze verheffing in het eeuwige, geestelijke zijn, dat boven het oorspronkelijke Vader-zijn uit reikt, mede te bewerkstelligen.

Nu echter keert het hele proces, dat in het offer en in het eerste deel van de verwandeling tot de Vadergod was gericht, om en wendt zich weer tot de mens. Was het drievoudige 'ontvang' in de verwandeling tot dan toe gericht tot de Vader, nu klinkt, terwijl de mensen worden aangesproken, tweemaal 'neemt' en een derde keer 'neemt dit op'; direct daarna wordt gebeden dat dit in ons moge leven. Wij mensen zijn nu degenen die ontvangen. Wat uit de offerstroom aan verwandelende macht is ontstaan, moge nu naar de mens terugstromen en via hem ook de aarde doordringen. De hogere natuur, de toekomstige werkelijkheid moge in het aardebestaan beginnen te leven. Dat echter kan wederom alleen door Christus geschieden en tegelijkertijd door de in de mens werkende Geest. Zo is het niet verwonderlijk dat we ons opnieuw tot de Christus wenden, wanneer we nu de overgang naar de *communie* maken. In de veelvuldig klinkende aanroep van Christus, het 'o Christus', wordt deze hernieuwde wending tot Christus uitgedrukt. Zijn lichaam en zijn bloed mogen in ons lichaam, in ons bloed worden opgenomen. Maar *ons* lichaam en bloed zijn niet alleen van *ons*; wij dragen daarmee immers een stuk wereld in ons dat we, als iets wat we van de aarde hebben 'geleend', in de dood weer aan de aarde moeten teruggeven. Langs deze weg gaat wat we in onze aardse lichamelijkheid opnemen, ook heel concreet over op de wereld. We planten met hulp van de Zoon de hogere wereldwerkelijkheid in de eeuwig werkzame artsenij tot heling van de zondekrankheid in ons en daarmee in de aarde-werkelijkheid. Zo wordt wat op aarde ten prooi gevallen is aan de werking van de tegenstandermachten, weer teruggewonnen voor het leven van de triniteit en daarmee voor de toekomst van de mens.

Slotwoord

Met de beschouwing van de sacramenten en in het bijzonder de mensenwij-dingsdienst zijn we aan het einde van onze uiteenzettingen gekomen. Het ging ons niet om interessante en kennisrijke onderzoekingen. We hopen veeleer dat er een stimulans vanuit mag gaan voor het religieuze beleven en kracht voor de religieuze oefening. Als de achter ons liggende zeven hoofdstukken daartoe iets konden bijdragen, dan is de zin van dit boek vervuld.

Stuttgart, Pinksteren 1986

Aantekeningen

1. Zie het hoofdstuk 'De triniteit in de geestesgeschiedenis van de mensheid', blz. 114
2. Genesis 1:26, Statenvertaling
3. Het onderwerp van de zin 'Elohim' staat in het meervoud, terwijl de werkwoordsvorm, bij voorbeeld 'bara' (schiep), in het enkelvoud staat. Dat wil zeggen: het wezen van de Godheid wordt als meervoud beleefd, maar werkt nochtans als een innerlijke eenheid. Daarmee verschijnt reeds op de eerste bladzijden van de bijbel kennelijk een probleem dat later als triniteitsvraagstuk terugkeert. Vergelijk Eberhard Kurras, *Erneuerung des Christentums*, hoofdstuk 1: 'Die Elohim-Schöpfung und der ursprüngliche Mensch', Stuttgart 1965^2
4. Statenvertaling
5. De mysteriën en het Oude Testament komen uitvoeriger aan de orde in het hoofdstuk 'De triniteit in de geestesgeschiedenis van de mensheid', blz. 114
6. Men moet eraan toevoegen dat met het verschijnen van de Zoon op aarde – die zich nu als het ware losmaakt van de Vader – de drieheid van God in de zin van 'drie personen' pas werkelijk actueel, reëel en 'zichtbaar' werd.
7. Zie verder het hoofdstuk 'Levende opvatting van de triniteit in onze tijd: antroposofie', blz. 130
8. Zie verder het hoofdstuk 'Werkzaamheid vanuit de kracht van de triniteit: vernieuwd religieus leven', blz. 144
9. Deze belangrijke zienswijze van de *theologia negativa* vinden we reeds bij Dionysius Areopagita. Vele theologen zijn hem later gevolgd – tot en met Karl Barth.
10. Johann Auer en Joseph Ratzinger, *Kleine Katholische Dogmatik*, deel II, Gott der Eine und Dreieine, Regensburg 1978, blz. 101
11. Johann Auer en Joseph Ratzinger, o.c. blz. 104
12. Johann Auer schrijft verder:
'De laatste reden voor deze mogelijkheid, niet van een 'zakelijke rede over God', echter wel van een 'persoonlijke rede tot God, met God' te spreken, kan enkel en alleen daarin worden gezien dat God zichzelf in de diepte van onze menselijke persoonlijkheid heeft ontsloten: In de godgelijkheid van de diepte van onze ziel; – in Gods menswording in Christus, waardoor wij als broeders en zusters van Christus tot kinderen Gods worden; – in het zenden van de Geest in zijn kerk, waardoor wij deel hebben aan het in de goddelijke Geest levende bewustzijn omtrent God; – in de zich openbarende zelf-ontsluiting van God aan ons, die ons zich schenkende geloof aan God wakker roept en tot leven wekt.'
'Ons heeft God het geopenbaard door de geest; de geest doorgrondt alles, ook de diepten der Godheid.

Wie onder de mensen kent het menselijke wezen? Alleen de geest van de mens, die in hem is. Zo ook is niemand zich van Gods wezen bewust behalve Gods geest. Wij nu hebben niet de geest van deze wereld ontvangen, maar de geest die van God uitgaat, opdat wij zouden begrijpen welke gaven de goddelijke genade ons schenkt. Wat wij spreken zijn geen woorden die wij door menselijke wijsheid geleerd hebben, maar woorden die de geest ons leert, daar wij in geestwoorden de geestelijke dingen denken.' (1 Korinthiërs 2:10–13) (De brief aan de Korinthiërs is geciteerd naar de vertaling van H. Ogilvie in *Het Nieuwe Testament*, Zeist 1987^4

13 Een blik in de uitvoerige discussie hierover geven ons de volgende citaten uit: Hans-Georg Fritzsche, *Lehrbuch der Dogmatik*, deel II, Lehre von Gott und der Schöpfung, Berlijn 1984^2, blz. 97 e.v.

'Zich opnieuw te bezinnen op de *analogia entis*, dat wil zeggen: op de mogelijkheid van godskennis uit 'analogieën' als grondslag van natuurlijke godskennis, heeft zijn uitgangspunt in de nieuwere theologische geschiedenis, naar we mogen aannemen, in een artikel: 'Die Theologie der Krisis', dat Karl Adam in 1926 in het tijdschrift *Hochland* schreef dat gericht was tegen Karl Barths commentaar bij de brief aan de Romeinen. (Dus niet pas in Erich Przywaras in 1932 verschenen boek *Analogia entis, Metaphysik*, zoals Emil Brunner in zijn zeer leerzame verhandeling 'Zur Lehre von der analogia entis', *Dogmatik*, deel II, blz. 54–56, veronderstelde.)

We citeren uit het genoemde artikel van Karl Adam:

'Hoe komen Barth en zijn richting tot een dergelijke verdraaiing van de paulinische gedachten? Vast en zeker zijn ze door Luther en vooral door Calvijn geïnspireerd. Het Deo soli gloria (God alleen zij eer) liet zich niet stelliger verzekeren, alsof men elke soort van menselijk bankroet – en al uitte dit zich slechts in de vorm van een religieuze ervaring of een ontvankelijkheid in de ziel voor het goddelijke – radicaal uit de weg ruimde. Boven de dikke rookwolk van al het menselijke pathos straalt nu werkelijk de goddelijke genadezon alleen. Zonder twijfel staat ook Barths kosmologisch pessimisme onder de invloed van de transcendentale dialectiek van Kant, in het bijzonder zijn antinomieënleer. Uiteindelijk waren het echter toch niet alleen filosofische of calvinistische inzichten, maar daarachter een al bij voorbaat gesteld a priori, waarmee Barth aan zijn Paulus-commentaar begon. Hijzelf merkt in zijn voorwoord bij de 2e druk (XIII) op: 'Als ik een systeem heb, dan bestaat het daarin dat ik dat wat Kierkegaard het oneindige, kwalitatieve verschil tussen tijd en eeuwigheid heeft genoemd, in zijn negatieve en positieve betekenis zo consequent mogelijk in het oog houdt. God is in de hemel en gij op aarde.' Het is dus het *godsbegrip*, van waaruit Barth de brief aan de Romeinen leest. God is voor hem niet meer slechts de alleen-werkende in de zin van de reformatoren, maar *de God van de absolute tegenstelling*, van het pure 'anders zijn', het oneindige gebied aan gene zijde van alle mogelijkheden tot verhoudingen tussen schepsels, de God die in wezen al het geschapene als paradox, als ja en nee, tegemoet treedt. Is deze God van de scherpste tegenstelling de God van het christendom? De God van het christendom, zoals de oudchristelijke symbolen hem belijden, verhoudt zich tot de wereld als de *schepper* tot het schepsel, als de kunstenaar tot het kunstwerk. Daarom is hij wel sui generis, niet een oorzaak *naast* een andere, een ding naast alle andere, maar de oorzaak *vóór* alle andere, dat wat a priori gegeven is, de causa prima non causata.

Hij staat dus zeker niet in een verhouding van wezensgelijkheid tot de wereld, echter evenmin in die van de tegenstelling, maar in die van de *verwantschap* (analogia entis). Hier ligt het doorslaggevende punt van verschil tussen Barth en het katholicisme – in het katholieke grondbegrip 'analogia entis'.

Het 'totaal andere' van God vatten we niet als tegenstelling op, maar slechts als andersheid, zonder twijfel als een andersheid die door het geheel van het zijn dringt, die op geen enkel punt de lijn van de schepping raakt. Maar toch slechts als een andersheid zoals deze met het begrip schepper in wezen gegeven is, als een andersheid dus, die een radicale *betrokkenheid* van het schepsel bij de schepper, de gerichtheid op God van het gehele 'zijn' en zijn vormgeving niet uit–, maar insluit. Van dit scheppingsbegrip uit was het van oudsher een grondbeginsel van het christelijk geloof dat, omdat God niet anders dan overeenkomstig zijn scheppende wijsheid die hij zelf is, schept, de schepping op enigerlei wijze een spoor van zijn geest moet bevatten, in enigerlei vorm zijn beeld en gelijkenis moet zijn, dat dus de menselijke geest vanuit deze afspiegeling in de schepping tenminste in zoverre tot kennis van Gods bestaan en wezen vermag op te klimmen dat hij een onvolmaakte kennis sicut in aenigmate verwerft. Het katholieke dogma van de mogelijkheid van een natuurlijke godskennis berust dus op het fundamentele feit van de 'anologia entis', dat wil zeggen op de wezens*verwantschap* van wereld en wereldschepper, niet echter – zoals Gogarten en Brunner het ogenschijnlijk misverstaan – op de voorwaarde van een wezensgelijkheid. Daarom is deze kennis ook niet in staat zelf een werkelijk *deelhebben* aan Gods leven te geven, maar kan slechts tot aan die drempel voeren waar God zelf en als enige spreekt. Deze kennis is slechts *prae*ambulum fidei. Anderzijds gaat het, juist omdat de grondverhouding van God en de mens geen tegenstelling, maar analogie is, om een werkelijk kennen, om een van de gegeven wereld–werkelijkheid uit tot het goddelijke oergegeven dóórdringend, concluderend denken, niet om een uit de nood van het weten en geweten resulterende 'sprong' naar God, dat wil zeggen, om een door de vertwijfeling opgedrongen alleen maar postuleren van God.' (Karl Adam, *Hochland* 23/2, Kempten/München 1926, blz. 282 e.v.)

Daartegenover:

'Tussen mensen en het zijn van God bestaat geen analogie, maar gaapt een discrimen infinitum, een 'oneindig kwalitatief verschil' om met Kierkegaard te spreken, dat alleen Gods openbaring – eenzijdig van bovenaf – kan overbruggen, hierbij menselijke begrippen en denkschema's telkens, in actu, in gebruik nemend, dat wil zeggen, zó dat er geen concluderen en verder deduceren, geen systematiseren en completeren aangaande Gods wezen en eigenschappen buiten de bijbelse tendensen is.'

Met betrekking tot dit onderwerp ook Johann Auer, Joseph Ratzinger, o.c. blz. 113: 'De eerste aanzet tot het toepassen van de analogie in de theologie geeft toch wel het Boek der Wijsheid (13:5): '... want uit de grootheid en de schoonheid van de schepselen wordt men door vergelijking [analogie] hun Schepper gewaar.' (Hier is door ons gebruik gemaakt van de Willibrordvertaling, Katholieke Bijbelstichting, Boxtel 1978.)

14 Voor alle passages uit het Nieuwe Testament is gebruik gemaakt van de vertaling

van H. Ogilvie in *Het Nieuwe Testament*, Zeist 1987[4]
15 Leidse vertaling, Zaltbommel 1914
16 Vertaling van Petrus Canisius, Utrecht 1929
17 Enerzijds stelt de almacht van God zichzelf grenzen, opdat andere wezens ruimte om te leven en te werken hebben. Te vergelijken met een vader die zijn kind z'n gang laat gaan, ook als het stuntelt, om het de gelegenheid te geven zich tot een zelfstandig mens te ontwikkelen. Anderzijds is Gods almacht onder meer werkzaam in de alles doordringende wetmatigheid van de wereld, die immers de basis van ons aardse bestaan vormt en die als enige ons zekerheid biedt.
18 Hoe bij voorbeeld de dierenriem samenhangt met de hogere engelwezens (cherubijnen), zet Rudolf Steiner uiteen in *Geistige Hierarchien und ihre Widerspiegelung in der physischen Welt*, GA 110, voordracht van 13 april 1909
19 Dit wordt uitvoeriger behandeld in verschillende natuurwetenschappelijke boeken die vanuit een antroposofische visie zijn geschreven. We noemen hier:
Agnes Fyfe, *Die Signatur des Mondes im Pflanzenreich*, Stuttgart 1967
–, *Die Signatur des Merkur im Pflanzenreich*, Stuttgart 1973
–, *Die Signatur der Venus im Pflanzenreich*, Stuttgart 1978
–, *Die Signatur des Uranus im Pflanzenreich*, Stuttgart 1984
Lili Kolisko, *Sternenwirken in Erdenstoffen. Saturn und Blei. Ein Versuch, die Phänomene der Chemie*, Astronomie und Physiologie zusammenzuschauen, Stroud 1961
Ernst Michael Kranich, *Die Formensprache der Pflanze. Grundlinien einer kosmologischen Botanik*, Stuttgart 1979[2]
Theodor Schwenck, *Das sensible Chaos. Strömendes Formenschaffen in Wasser und Luft*, Stuttgart 1988[7]
20 Op deze plaats willen we erop wijzen dat de met behulp van ruimte en tijd gevormde voorstellingen niet zonder meer ook op het Godswezen van toepassing zijn. De zo ontstane grondstemmingen kunnen echter doorlaatbaar worden voor de gewaarwording van Gods wezen. Ze vormen als het ware een oculair, waardoorheen de grootsheid van God kan worden aangevoeld.
21 Twee belangrijke antwoorden zijn, buiten de religieuze wereldbeschouwingen, in onze tijd op deze vraag naar het zijn gegeven. De materialistische wereldbeschouwing (bij voorbeeld in het 'dialectisch materialisme') zegt: er is 'zijn', omdat er materie is, en die is eeuwig. De materie, wat daaronder ook verstaan mag worden, bezit zelf zijnskarakter, wat niet in twijfel getrokken kan worden. Het tweede antwoord geeft ons de huidige natuurwetenschap. Deze spreekt vanuit zijn inzichten consequent van een 'oerexplosie' als het begin van onze wereld, die als het ware de sprong in het zijn heeft bewerkstelligd, zonder duidelijke betekenis en zonder een doel. Hier is geen sprake meer van de 'eeuwigheid van de materie'. Wat voor ons van de buitenkant bezien als 'materie' verschijnt, heeft een zijns–achtergrond: 'energie', die de eigenlijke realiteit vormt, maar die zelf door een soort oerexplosie uit een andere zijnstoestand moet zijn voortgekomen.
Ten aanzien van beide opvattingen rijzen vragen. Hoe zou zich uit een volkomen onverschillige, chaotische en geesteloze begintoestand (om het even of deze nu wordt voorgesteld als materie of als energie die uit de 'oerknal' is ontstaan) een zinvol

gevormde, in schoonheid en oneindige verscheidenheid verschijnende wereld hebben kunnen vormen? Kan men zich werkelijk voorstellen dat de exacte opbouw van een vogelveer, de schoonheid van een vlindervleugel of zelfs de ontwikkeling van een klein kind uit zuivere werkingen van de materie of uit ongerichte energie als het ware 'vanzelf' zouden kunnen ontstaan, ook al gebeurt dit via de omweg van een lange evolutie? Is deze zienswijze niet minstens evenzeer een kwestie van overtuiging, namelijk een geloof in 'materiële wonderen', zoals bij een ieder die het meewerken van geestelijke, zin- en vormgevende krachten bij de wording van de wereld mogelijk acht? Zo min als bij voorbeeld een goedlopend horloge 'vanzelf' zonder toedoen van een horlogemaker tot stand komt, net zomin is het aannemelijk dat een wereld met oneindig vele zinvolle details die op elkaar betrekking hebben en zelfs van elkaar afhankelijk zijn – men denke alleen al aan de bouw en ontwikkeling van het menselijk lichaam met al zijn organen – *alleen* vanuit een uiterlijke dynamiek ontstaat.

Daarom verwondert het ons niet dat het juist belangrijke natuurwetenschappers zijn die op dit feit wijzen. Zo merkt Albert Einstein op: 'U zult moeilijk een wetenschappelijke geest met diepgang vinden die niet een geheel eigen religiositeit bezit... Zijn religiositeit ligt in een verwonderd-zijn vol verrukking over de harmonie van de natuurwetten, waarin zich een zó superieur verstand openbaart dat al het zinvolle, menselijke denken... een volkomen nietige afspiegeling is.'

En in een voordracht over 'Het wezen van de materie' zegt Max Planck: 'Als natuurkundige, dus als een man die zijn leven lang de nuchtere wetenschap, het onderzoek van de materie heeft gediend, ben ik vast en zeker vrij van de verdenking een fantast te zijn. Welnu, na mijn onderzoekingen van het atoom zeg ik het volgende: Er bestaat geen materie als zodanig. Alle materie ontstaat en bestaat slechts dank zij een kracht die de atoomdeeltjes in trilling brengt en ze als het kleinste zonnestelsel van het atoom bijeenhoudt. Aangezien er echter in het gehele universum noch een intelligente noch een eeuwige (abstracte) kracht te vinden is – het is de mensheid nooit gelukt het felbegeerde perpetuum mobile uit te vinden –, moeten we aannemen dat achter deze kracht een bewuste, intelligente geest werkzaam is. Deze geest is de oergrond van alle materie. Niet de zichtbare, doch vergankelijke materie is het reële, waarachtige, werkelijke (want de materie zou, zoals we hebben gezien, zonder deze geest helemaal niet bestaan!), maar de onzichtbare, onsterfelijke geest is het waarachtige. Aangezien echter geest als zodanig niet kan bestaan, en elke geest bij een wezen behoort, moeten we noodzakelijkerwijs het bestaan van geestwezens aannemen. Daar echter ook geestwezens niet van zichzelf uit kunnen bestaan, maar geschapen moeten zijn, schroom ik niet deze geheimzinnige schepper net zo te noemen als alle oude cultuurvolkeren op aarde duizenden jaren geleden hem genoemd hebben: God!'

Uit deze regels wordt duidelijk dat een natuurwetenschappelijke overtuiging vandaag de dag niet in strijd is met de zienswijze dat een geestelijke kracht de wereld omvat en met zin doordringt. Daarbij kijkt Einstein meer naar de *vorming* van de wereld, terwijl Planck meer kijkt naar dat wat als scheppende *kracht* aan de wereld ten grondslag ligt. Ook door zulke uitspraken van vooraanstaande natuurwetenschappers krijgen we echter nog geen zekerheid. Er is immers anderzijds ook veel zinnigs ter verdediging van de aangeduide zienswijze van een zuiver materiële evolutie naar voren gebracht. Zekerheid ten aanzien van het kennen ontstaat in onze tijd pas doordat vanuit de antroposofie de visie van een werkelijk spirituele ontwikkeling van heelal, aarde en mens kan worden uitgesproken. Deze visie die heden ten dage tot in vele details is beschreven, vormt de eigenlijke kentheoretische achtergrond van onze beschouwingen. In de antroposofische beschrijving van de wereldontwikkeling vanuit een geestelijk-goddelijke oergrond wordt duidelijk dat hetgeen op het vlak van de natuurwetenschappen uit onderzoek naar voren is gekomen, niet moet worden ontkend, maar dat het in een vanuit de geest gedacht wereldbeeld kan worden geïntegreerd. Daarbij kunnen veel natuurwetenschappelijke feiten in een nieuw licht verschijnen. Hiermee is de weg vrij voor een beantwoording van de aan het begin gestelde vraag, zonder de intellectuele eerlijkheid van ons hedendaagse, door de natuurwetenschap gevormde bewustzijn te schaden.

We kunnen dus met vrije, ook tegenover de natuurwetenschap te verantwoorden overtuiging zeggen: het 'zijn' van de wereld stamt uit God, het heeft zijn 'grond' in het zingevende, doel-stellende wezen van God.

22 Een overeenkomstig beeld van de wereldontwikkeling vinden we bij Rudolf Steiner in zijn boek *De wetenschap van de geheimen der ziel*, Zeist 1989[9]

23 Een werkelijk antwoord op de vraag naar de zin van het leven krijgen we pas, als we heel concreet kijken naar het verloop van de wereldontwikkeling, waarin de mens een belangrijke plaats inneemt. Zie in samenhang daarmee ook:
Hans-Werner Schroeder, *De mens en het kwaad. Oorsprong en rol van het kwaad in de ontwikkeling van mens en mensheid*, Zeist 1987, blz. 49 e.v.

24 Jürgen Moltmann, *Zukunft der Schöpfung*. Gesammelte Aufsätze, München 1977
-, *Schöpfung und Vollendung – Perspektiven einer Theologie der Natur*, uitgegeven door de Studiengemeinschaft Wort und Wissen, deel 6/2, 1979

25 Hier speelt mee wat als eenzijdigheid in de heidense verering van de natuur werkte. In het jodendom werd met recht het zich afwenden van deze eenzijdigheid doorgezet. De Godheid diende nu vooral in het innerlijk van de mens als *morele* instantie te worden beleefd. Dat ligt aan de openbaring aan Mozes en de tien geboden ten grondslag.
In de christelijke theologie heeft de leer van de 'schepping uit het niets' het gevoel van de 'nietigheid van de schepping' die door de mens dient te worden beheerst (Genesis 1:28) en mag worden uitgebuit, versterkt: als de wereld uit het 'niets' is, heeft deze in feite met God 'niets' te maken en mag dienovereenkomstig behandeld worden.

26 Ook de schepping draagt de sporen van de zondeval: 'Vervloekt zij de akker om uwentwil... doornen en distels zal hij u dragen.' (Genesis 3:17/18 in de Lutherse vertaling van Adolf Visscher, Amsterdam 1896)
'Aan een zinloos bestaan is de schepping onderworpen, niet door zichzelf, maar door de schuld van hem die haar onderworpen maakte.' (Romeinen 8:20)

27 Met het begrip 'substantie' raken we zeer veel filosofische, theologische en natuurwetenschappelijke problemen. Hiervan heeft het een en ander bij de opvatting van triniteit een rol gespeeld. We gebruiken dit begrip, terwijl we ons bewust zijn van de reikwijdte van onze uitspraken. Het is ons niet mogelijk er hier nader op in

te gaan.
28 'De kerkelijke scheppingsleer bevat dus de volgende grondwaarheden: God heeft de gehele wereld, de zichtbare en de onzichtbare, uit niets geschapen...' Geciteerd uit: Neueroos, *Der Glaube der Kirche in den Urkunden der Lehrverkündigung*, bewerkt door Karl Rahner en Karl-Heinz Weger, Regensburg 1979[10].
Deze leer berust naast Genesis 1 op Hebreeën 11:3 en 2 Maccabeeën 7:28, die echter – juist vertaald – op iets heel anders wijzen. Dat wordt duidelijk aan de hand van Hebreeën 11:3 in de vertaling van H. Ogilvie: '... zodat uit het bovenzinnelijke het zichtbare is ontstaan.' Ook andere vertalers zijn tot dit inzicht gekomen. Zo vinden we bij Petrus Canisius: '... dat het zichtbare uit het Onzichtbare is ontstaan.' Hiermee blijkt de vertaling van 2 Maccabeeën 7:28 in tegenspraak te zijn. Bij Petrus Canisius lezen we nu: 'Beschouw de hemel en de aarde, met alles wat ze bevatten, en bedenk, dat God dit uit het niet heeft geschapen.' Een juiste vertaling zou zijn: '... dat God dit niet uit dat wat is (uit het reeds bestaande) heeft gevormd.'
29 Vergelijk aantekening 21
30 We mogen God aanspreken met 'Gij' of met 'U'. Zo vinden we het in alle religieuze teksten, in het Onze Vader, waarvan de woorden immers door Christus zelf gegeven zijn, en ook in de vernieuwde cultus van de Christengemeenschap. Het laat zien dat ook de Vadergod in de zin van het christendom als een persoon tegenover ons kan worden beleefd en zelfs aangesproken.
31 Dietrich Bauer, Max Hoffmeister en Hartmut Görg, *Gespräche mit Ungeborenen. Kinder kündigen sich an*, Stuttgart 1988[2]
Hugo S. Verbrugh, *Een beetje terugkomen... Reïncarnatie als denkbeeld en ervaringsgegeven*, Zeist 1982[2]
Raymond A. Moody, *Leven na dit leven – gedachten over leven*, Naarden 1987[5]
–, *De tunnel en het licht*, Utrecht/Antwerpen 1988
32 Onder meer in de autobiografie van Rudolf von Koschützki, *Fahrt ins Erdenland*, Stuttgart 1952
33 Zie Rudolf Steiner, *Hoe verkrijgt men bewustzijn op hogere gebieden?*, GA 10, Zeist 1985[11]
34 Vergelijk Hans-Werner Schroeder, *De hemelse hiërarchieën. Rangorde en verscheidenheid*, Zeist 1986[2]
35 Hier naderen we reeds de sfeer van de Geestgod die in dit opzicht één is met de Vader.
36 Vergelijk Hans-Werner Schroeder, *De mens en het kwaad. Oorsprong en rol van het kwaad in de ontwikkeling van mens en mensheid*, Zeist 1987
37 Vergelijk Hans-Werner Schroeder, *Gebed en meditatie*, Rotterdam 1977
38 Zie aantekening 31
39 Maar ook reeds in het Oude Testament werd God als vaderlijk-moederlijk beleefd: 'Zoals een moeder haar kind troost, zo zal Ik u troosten.' (Jesaja 66:13) (Willibrordvertaling, Katholieke Bijbelstichting, Boxtel 1978)
40 Ook over de woorden 'geestelijk-natuurlijk' en 'Godswezen' zou veel te zeggen zijn. God ligt ook aan de natuurlijke, fysieke wereld ten grondslag; hij doordringt het aardse zijn. Echter niet het stoffelijke in de zin van materie is hier bedoeld, maar het feit dat Gods zijn en substantie ook de aardse wereld doordringt. – 'Godswezen' staat

hier in plaats van het betekenisarm geworden woord 'God'.
41 Een interessante aanzet vinden we bij Eberhard Jüngel, *Gottes Sein ist im Werden*, Tübingen 1976³
42 Rudolf Frieling, *Christendom en Islam*, Rotterdam 1978
43 Christian Morgenstern, *Wij vonden een pad*, Zeist 1988
44 Zie Franz Delitzsch, *Commentar über die Genesis*, Leipzig 1872, blz. 102. Overigens wordt in het Hebreeuws onderscheid gemaakt tussen 'tsèlem' (beeld) en 'demoeth' (gestalte, vorm).
45 Evenals in het voorafgaande wordt hier geciteerd uit Novalis' derde 'Hymne an die Nacht'.
46 Uit Novalis' 'Geistliche Lieder' (vierde gedicht).
47 idem, negende gedicht.
48 Geciteerd uit: Gunnar Hillerdal en Berndt Gustafsson, *Sie erlebten Christus*, Basel/Stuttgart, 1980²
49 'Hij schiep hen mannelijk-vrouwelijk' – niet: 'man en vrouw' (Genesis 1:27). Vergelijk ook Eberhard Kurras, o.c., (zie aantekening 3)
50 Onder andere Maria Thun, *Anbauversuche über Zusammenhänge zwischen Mondstellungen im Tierkreis und Kulturpflanzen*, Darmstadt 1983⁴. Vergelijk ook aantekening 18 en 19.
51 Het Griekse woord *hagios* betekent heilig, gewijd.
52 In Maria was een toestand bewaard gebleven die in vroegere tijden vanzelfsprekend was: niet de lichamelijke voortplantingsprocessen, maar de daarmee verbonden geestelijke ervaringen werden beleefd. Deze waren iets heiligs, het lichamelijke bleef bijna geheel onbewust. Zo waren ook bepaalde culten met 'geslachtelijke' handelingen verbonden, bij voorbeeld de 'heilige bruiloft' in de tempel, omdat daardoor spirituele ervaringen werden opgeroepen en geestelijke krachten gewekt.
Aan het begin van onze jaartelling was dit alles reeds zeer decadent geworden. Bij de verwekking van het kind Jezus spelen echter dergelijke oude bewustzijnstoestanden een rol: Jozef nam waar dat Maria in haar ziel niet door de geest van het Hebreeuwse volk, de volksgeest, vervuld werd, maar door een veel hogere geest, de Geestgod zelf. Vergelijk in dit verband Rudolf Steiner, *Pinksteren, het feest van de vrije individualiteit*, drie voordrachten, Keulen 1908 en Hamburg 1910, Zeist 1982
53 Zie hiervoor Emil Bock, *Tussen Bethlehem en de Jordaan. De onbekende jaren van Jezus van Nazareth*, Zeist 1988²
54 Dromen die toekomstige gebeurtenissen exact, niet symbolisch, voorspellen, hebben meer mensen dan men gewoonlijk denkt. Ze komen voort uit de nachtelijke ontmoeting met de engel, waar de mens aan zijn eigen toekomst werkt en daardoor zicht erop krijgt. Meestal worden deze belevingen bij het ontwaken onbewust.
55 Een oprecht gebed of werkelijke meditatie 's avonds geven de ziel kracht voor een goed vertoeven in de slaap. Vergelijk Hans-Werner Schroeder, *Gebed en meditatie*, Rotterdam 1977
56 Zie Hermann Poppelbaum, *Mens en dier. Vijf gezichtspunten omtrent hun verschil in wezen*, Zeist 1973
–, *Entwicklung, Vererbung und Abstammung*, Dornach 1974²
Friedrich A. Kipp, *Die Evolution des Menschen im Hinblick auf seinen lange*

Jugendzeit, Stuttgart 1980
57 Dit blijkt reeds uit het feit dat de theorieën over de rangschikking van de afzonderlijke vondsten in de afstammingslijn van de mens steeds weer, tot op de dag van vandaag, in beweging zijn: 'We beklemtonen daarbij nogmaals dat we slechts een provisorisch schema kunnen ontwerpen. We moeten bereid zijn te allen tijde het beeld te veranderen. Zo kan ook de stamboom slechts in grote lijnen de geschiedenis van de hominiden symboliseren.' (Ontleend aan Gerhard Heberer, *Der Ursprung des Menschen. Unser gegenwärtiger Wissensstand*, Stuttgart 1972^3, blz. 67)
Dat ook heel andere interpretaties van het feitenmateriaal mogelijk zijn, blijkt onder meer uit het werk van Adolf Portmann, *Vom Ursprung der Menschen, ein Querschnitt durch die Forschungsergebnisse*, Basel z.j., en van Heinrich Frieling, *Herkunft und Weg des Menschen, Abstammung oder Schöpfung?*, Stuttgart z.j. Laatstgenoemde schrijft samenvattend op blz. 120: 'Stamt de mens van de aap af? Kijk naar een kindergezichtje en antwoord zelf. De mens bouwt zijn lichaam op het fundament van het dier. Maar in zijn eigenlijke (voor de geschiedenis van de aarde unieke) wezen stamt hij natuurlijk niet van het dier af, want dan zou hij ook alleen maar dierlijke eigenschappen kunnen hebben en zijn kenmerken zouden slechts een voortzetting van het dierlijke zijn. Zijn oorsprong komt overeen met een geheel nieuwe idee van de soort, dit in tegenstelling tot elk dier. Ook kent men de vermeende voorouder van de mens (en de mensapen) uit de geschiedenis van de aarde niet. Alle bekende vormen zijn reeds te zeer gespecialiseerd en gaan aan de mens voor bij of zijn, beter gezegd, vóór hem reeds afgesplitst om de oeridee 'mens' tot verwerkelijking te brengen! Of deze verwerkelijking in aansluiting aan een dierlijk wezen door een scheppend werkzame mutatie geschiedde, weten we niet. We mogen echter aannemen dat de voortbrengende kracht van de aarde sinds het Tertiair is uitgedoofd, aangezien deze beslissende stap op weg naar menswording vandaag de dag in het laboratorium niet gereconstrueerd kan worden. De idee van de mens is als de stam van een stamboom, waaruit etagegewijs de diersoorten zich vertakken, gelijkend op verhardingen van verschillende menselijke karaktertrekken.'
Met betrekking tot de gedachte dat niet de mens van het dier, maar het dier van de mens afstamt, vinden we fundamentele beschouwingen bij Johannes Hemleben, *Biologie en christendom*, Zeist 1972. Vergelijk verder de in aantekening 55 genoemde werken van Poppelbaum en Kipp.
58 Zie aantekening 56 en 57
59 Op treffende wijze heeft Georg Kühlewind dit beschreven in zijn boek *Vom Normalen zum Gesunden. Wege zur Befreiung des erkrankten Bewusstseins*, Stuttgart 1983. Direct aan het begin van het boek zegt hij: 'Om dit voor u begrijpelijker te maken, stel ik u mijn dzjin, mijn tovergeest voor...
Zo ziet hij eruit. Een aangezien ik hem uit zijn gevangenschap in een fles heb bevrijd – na lering te hebben getrokken uit het lezen van de *Verhalen uit Duizend-en-één-Nacht* –, heeft hij beloofd voor mij een wens te vervullen. Hij is mij nu een karweitje schuldig. En ik geef hem de opdracht:
Ten eerste de gehele milieuvervuiling te laten verdwijnen. Lucht en water, bossen en akkers weer terug te brengen in de toestand van laten we zeggen het jaar 1750, het jaar waarin Johann Sebastian Bach gestorven is.

Ten tweede de olievoorraden aan te vullen, de bodemschatten aan erts, tin, lood, mangaan, enzovoort, weer op het peil te brengen waarop ze in het genoemde jaar waren.
Ten derde moet hij de inflatie wegwerken. Prijzen en lonen terug naar het peil van 1960. En dat alles moet morgenvroeg klaar zijn. – Hij zou het wel klaarspelen, Hoogstens zou hij grijnzen, als hij het hoorde.
Nu echter mijn vraag aan u: Wat gebeurt er *dan*? Een week later? Een jaar later? Hoe zal de wereld eruit zien? U weet het precies, beste lezer. Het zal zo zijn – vroeger of later – zoals het vandaag de dag is. En dat zegt iets: als de mentaliteit, het bewustzijn van de mensheid niet verandert, dan is het werk van mijn tovergeest tevergeefs. 'Nu goed', zult u zeggen, 'algemeen gesproken klopt er met het bewustzijn werkelijk iets niet. Maar *mijn bewustzijn* is toch helemaal gezond! Als het aan mij lag, zou ik er wel voor zorgen dat de hele misère niet kon terugkeren.'
Weest u niet boos op mij, maar ik geloof u niet. Ook u vormt geen uitzondering. We zijn allemaal een beetje ziek. Het is toch vanzelfsprekend dat, als een bewustzijn gezond is, de heer natuurlijk de baas in huis is, ik bedoel: in het huisje van het bewustzijn. Bent u werkelijk de heer van het huis? Doet u nooit iets waar u later spijt van hebt? Ik bedoel niet in het zakenleven, maar privé. Hier dan de proef op de som, een kinderspelletje. Als het er gezond aan toegaat, dan kunt u toch drie minuten lang aan een willekeurig onderwerp denken zonder af te dwalen. Laten we zeggen, aan de stropdas die u draagt. En als u er geen draagt, dan zoekt u een ander, zo mogelijk saai onderwerp. Probeert u het maar. Dus: drie minuten lang alleen maar aan de stropdas denken. Afgesproken?
Jawel, mijn beste lezer, hoe bent u nu zo plotseling bij de Azoren beland? Het lijkt erop dat u toch niet helemáál heer over uw bewustzijn bent.'

60 Het schisma tussen de oosterse en de westerse kerk ontstaat reeds in 867 en ontbrandt – naast uiterlijke strijd om de macht – vooral als gevolg van verschillende opvattingen over het vasten, het celibaat, de scheiding van doop en vormsel, en natuurlijk het 'filioque'. Echter pas in 1054 wordt de scheiding definitief.
61 Dit heeft Rudolf Steiner uitgesproken tegenover de stichters van de Christengemeenschap.
62 Vergelijk Rudolf Steiner, *Filosofie der Vrijheid*, GA 4, Katwijk 1989[10]
63 Christian Morgenstern, *Wij vonden een pad*, Zeist 1988, blz. 38/39
64 Zie onder meer Johann Gottlieb Fichte, *Grundlage der gesamten Wissenschaftslehre als Handschrift für seine Zuhörer*, 1794
65 Rudolf Meyer heeft in zijn boek *Christ und Antichrist – Friedrich Nietzsches Erleuchtung und Verfinsterung*, Schaffhausen 1945, Nietzsches worsteling om deze innerlijke grootheid van het mensbeeld op indrukwekkende wijze beschreven. Hij schrijft op blz. 59 e.v.: 'Als Friedrich Nietzsche in de geest van Goethe de gestalte van de mens als het einde der wegen van alle schepping der natuur had kunnen begrijpen, dan zou hij niet voor de verleiding zijn bezweken datgene wat met kracht boven de mens uit streeft, wat als het ware als Übermensch wil worstelen om de mogelijkheid tot bestaan, al te zeer op de wijze van de natuurontwikkeling weer te geven en het met de idee van de 'teelt' te verbinden. Er zou voor zijn innerlijk oog een bestaansvorm zijn ontstaan, die zich zo ver boven de mens kan verheffen dat

hij werkelijk de boeien van het dierlijke, de doffe dwang van het lichaamsgebonden bestaan van zich afschudt. Hij zou de geestmens in de kiem hebben begrepen, de geestmens die in elke in de zintuiglijke wereld levende mens op bovenzinnelijke wijze in het verborgene rust, die echter pas tot zijn ware bestaan ontwaakt, als hij de belemmeringen die de zintuigen vormen, doorbreekt en zich een weg baant naar het leven in lichaamsvrije bewustzijnstoestanden. De lichtgestalte van de geestmens is het die als 'Übernatur' in de natuur vermag op te lichten. Deze zweefde voor Nietzsches profetisch voorvoelende blik als een verheven doel van ontwikkeling. Hij voelde het verplichtende van dit doel, wanneer hij de sporen van al het leven naging en zijn diepste wil trachtte te vernemen. Zarathoestra getuigt hiervan:

En over dit geheim sprak het leven zelf tot mij: 'Zie', sprak het, 'ik ben datgene wat zich steeds zelf moet overwinnen.'

Dat wil zeggen: elke hogere levensvorm is in zekere zin de overwinning van het tot dan toe bereikte stadium. De meest radicale overwinning echter zou de overwinning moeten zijn van de in de mens ontwaakte geest over de aan de aarde gebonden gestalte in het algemeen. Het zou inderdaad de volmaakte 'zelf-overwinning' van het leven zijn, de triomf over zijn natuurlijke bestaansvorm, zoals die als meest vermetele mogelijkheid gedacht kan worden. De laatste consequentie van de aan de natuur afgelezen ontwikkelingsgedachte zou namelijk tevens de vervulling van de *paasgedachte* zijn: de opstanding van de gestalte uit het graf van de materie als de overwinning van de dood, als de vergoddelijking van de mens.'

66 Friedrich Nietzsche, *Aldus sprak Zarathoestra. Een boek voor allen en voor niemand*, vertaling P. Endt en H. Marsman, Amsterdam 1985[17], blz. 27/28 (uit: Zarathoestra's voorrede)

67 idem, o.c. blz. 220 (uit: 'Van de hogere mens')

68 Rudolf Steiner, *Wahrspruchworte*, GA 40, Dornach 1986[6], blz. 116 (Nederlandse vertaling in voorbereiding)

69 Rudolf Steiner, *Filosofie der Vrijheid*, GA 4, Katwijk 1989[10]
Friedrich Hiebel, *Paulus und die Erkenntnislehre der Freiheit*, Dornach 1959[2]
Rudolf Steiner schrijft in het laatste hoofdstuk van *Hoe verkrijgt men bewustzijn op hogere gebieden?*, GA 10, Zeist 1985[11], blz. 178/179: 'Wanneer de leerling der geestesscholing het gebied van het bovenzinnelijke binnengaat, krijgt het leven voor hem een geheel nieuwe betekenis; hij ziet de 'lagere' wereld als kweekplaats voor een 'hogere'. En deze zal hem in zekere zin onvolledig schijnen zonder de 'lagere' wereld. Twee vergezichten openen zich voor hem, het ene in het verleden, het andere in de toekomst. Hij ziet terug op vervlogen tijden, toen deze stoffelijke wereld nog niet was. Want hij is sinds lang het vooroordeel te boven als zou de bovenzinnelijke wereld zich hebben ontwikkeld uit die der zinnen. Hij weet dat eerst het bovenzinnelijke was en al het zinlijke zich hieruit ontwikkeld heeft. Hij ziet hoe hij zelf *voor* zijn eerste verschijnen in de stoffelijke wereld deel uitmaakte van een bovenzinnelijke. Maar voor die toenmalige bovenzinnelijke wereld was de doorgang door de stoffelijke wereld onontbeerlijk. Zonder deze doorgang ware haar verdere ontwikkeling niet mogelijk geweest. Eerst als in het rijk der stoffelijkheid wezens tot ontwikkeling zijn gekomen, wezens met bepaalde vermogens begaafd, kan de bovenzinnelijke wereld haar baan vervolgen. En deze wezens zijn de mensen. De

mensen in hun tegenwoordige staat zijn dus voortgekomen uit een geestelijk bestaan op een nog onvolkomen trap van ontwikkeling, van waaruit zij tot een graad van volmaaktheid worden gebracht, welke hen eenmaal geëigend zal doen zijn voor verdere arbeid aan de hogere wereld. – En van dit punt opent zich het perspectief in de toekomst, duidend op een hogere ontwikkelingstrap der bovenzinnelijke wereld. Deze zal de vruchten bevatten die gerijpt zijn in de stoffelijke wereld, die als zodanig wordt overwonnen – haar resultaten zijn echter in een hogere wereld opgenomen.' Een soortgelijk motief vinden we bij Rudolf Steiner in *Anthroposophische Leitsätze*, GA 26, Dornach 1989[9]: 'Menschheitszukunft und Michael-Tätigkeit', voordracht van 25 oktober 1924.

70 Voor de slang als beeld zie Hans-Werner Schroeder, *De mens en het kwaad. Oorsprong en rol van het kwaad in de ontwikkeling van mens en mensheid*, Zeist 1987
71 In een bijdrage onder de titel 'Von der Turteltaube' in het tijdschrift *Die Christengemeinschaft*, september 1974
72 Statenvertaling
73 Ten aanzien van het vraagstuk van de compositie van de bijbel, zie onder meer Emil Bock, *Das Evangelium. Betrachtungen zum Neuen Testament*, Stuttgart 1984, en Rudolf Frieling, *Christologische Aufsätze*, Stuttgart 1982
74 Imaginatie: eerste trap van reële, geestelijke ervaringen. De geestelijke werkelijkheid wordt in beelden waargenomen. Volgende trappen in antroposofische zin: inspiratie (ervaring van een geestelijk horen) en intuïtie (wezensdoordringing).
75 Emil Bock schrijft over het pinkstergebeuren in zijn boek *De jaarfeesten als kringloop door het jaar*, Zeist 1991[3]. Zie verder ook aantekening 73
76 Dit feit vormt ook de reden dat in de Christengemeenschap geen geloofsdwang heerst, maar vrijheid van belijden. Het meeleven met de religieuze en spirituele krachten wekt ook de mogelijkheid tot een vrije wijze van kennen en belijden te komen.
77 Alfred Schütze, *Vom Wesen der Trinität*, Stuttgart 1980[2]
78 Met betrekking tot de opstanding, zie onder meer:
Friedrich Benesch, *Pasen – kiem van menswording*, Zeist 1989[2]
Emil Bock, *Die drie Jahre*, Stuttgart 1987[7] (Nederlandse vertaling in voorbereiding onder de titel *Van de Jordaan tot Golgotha. De drie jaren van Christus*).
Horst Lindenberg, *Opstanding – werkelijkheid of illusie?*, Zeist 1985
Rudolf Meyer, *Der Auferstandene und die Erdenzukunft*, Stuttgart 1969
79 Rudolf Steiner, *Wahrspruchworte*, GA 40, Dornach 1986[6], blz. 120 (Nederlandse vertaling in voorbereiding)
80 Het laatstgenoemde beeld vinden we in het epistel van de Sint-Janstijd.
81 In de volksmythologieën is dikwijls mysteriewijsheid verborgen. Op deze wijze had ook het eenvoudige volk toegang tot dat wat anders slechts als kennis onder ingewijden zou leven.
82 Geciteerd uit: Bo Reicke en Leonhard Rost, *Biblisch-historisches Handwörterbuch*, Göttingen 1962, blz. 354
83 In de volksmythologieën zijn het 'goden', in christelijke zin engelen, aartsengelen en hogere hiërarchische wezens. Het eigenlijke wezen van de trinititeit staat daar nog

boven, maar wordt als het ware gespiegeld in de hier genoemde drietallen.
84 'Voorchristelijke opvattingen van de triniteit.
Reeds in de oude Indische cultuur vinden we een hele reeks aanduidingen van de triniteit. (Vergelijk Hermann Beck, 'Zur Entwicklung der Dreieinigkeitsgedanken im Bewusstsein der Menschheit' in *Tatchristentum*, 1923/24) Reeds lang voor de bekende drieheid Brahma–Visjnoe–Sjiva bestonden er verschillende cultische gebruiken die op een dergelijke drieheid wezen. Een drievoudig, cultisch vuur getuigt daarvan: het centrale vuur Garhapatya, het oostelijke vuur Ahavaniya en het zuidelijke vuur Anvaharyapacana. Drie priesters celebreren in samenhang daarmee de cultus: de een reciteert de hymnen van de Rigveda, de ander zingt de hymnen van de Samaveda en de derde verricht de cultische handelingen, terwijl hij spreuken van de Yajurveda prevelt. De oeroude, cultische roep Bhoer-Bhoevar-Swar is eveneens een uitdrukking van die vroege, trinitarische stemming. Bhoer is de aardse duisternis, Bhoevar het tussenrijk van de lucht en Swar het hemelse licht. Vele andere details getuigen daar nog van, bij voorbeeld de belangrijkste leer van de Oepanisjaden die een drievoudige moraal verlangt: in gedachten, woorden en daden. Of het drievoudige snoer dat de brahmanen op de borst dragen. In welke hoge mate gelijkt de formule bij opname in het latere boeddhisme op overeenkomstige christelijke elementen: 'Ik neem mijn toevlucht tot Boeddha, tot de leer, tot de gemeente.' Boeddha komt overeen met de Zoon, de leer (dharma: dat wat de wereld draagt en ordent) met de Vader, de gemeente doet direct denken aan de 'gemeenschap der heiligen'. Sinds Boeddha vinden we een nieuwe inslag in het Indische geestesleven. Terwijl in India ondanks de genoemde overeenkomsten met de triniteit toch meer één algemeen goddelijk wezen, Brahman, werd beleefd, volgt er nu een differentiatie in de bekende drieheid Brahma–Visjnoe–Sjiva. Brahma personifieert het immateriële zijn, de absolute substantie. Visjnoe die samenhangt met het water en die bij voorbeeld als vis op aarde komt, vertegenwoordigt het instandhoudende element. Hij is de behouder. En Sjiva die ook een negatief aspect als vernietiging zaaiend element in zich draagt, is de voortbrenger, de heilbrenger, de genadige.'
Geciteerd uit: Alfred Schütze, *Vom Wesen der Trinität*, Stuttgart 1980^2, blz. 178/179
85 Zie aantekening 82
86 Het wezen van de heilige Geest als 'Sophia' is vooral in de oosterse kerk op levende wijze aanwezig. Maria verschijnt reeds in het Nieuwe Testament als 'vervuld van de heilige Geest'.
87 *Mythen der Völker*, uitgegeven door Pierre Grimal, Frankfurt am Main/Hamburg 1867, deel I, blz. 43
88 Zie aantekening 82
89 Zie aantekening 87, deel III, blz. 84
90 Karl Simrock, *Handbuch der deutschen Mythologie*, Bonn 1878, blz. 94 en 432
91 Zie aantekening 87, deel III, blz. 20
92 Geciteerd uit Karl Kerényi, *Die Mysterien von Eleusis*, Zürich 1962, blz. 101
93 Zie aantekening 87, blz. 202
94 Zie aantekening 87, blz. 143 e.v.
95 Zie aantekening 87, blz. 143
96 Zie aantekening 87, blz. 155

97 Alfred Schütze, *Mithras*, Stuttgart 1972², blz. 47 e.v.
98 Zie aantekening 97, blz. 131
99 De zonnegod van de oude volkeren is een vooraanduiding van Christus, die van zichzelf zegt: 'Ik ben het licht der wereld', en wiens aangezicht 'straalt als de zon' (zoals bij de verheerlijking en in de Apocalypse wordt gezegd). In de vroegchristelijke tijd werd Christus ook als Apollo en Helios voorgesteld, net als in Griekenland.
100 Rudolf Steiner, *Das Geheimnis der Trinität. Der Mensch und sein Verhältnis zur Geistwelt im Wandel der Zeiten*, GA 214, Dornach 1980², voordracht van 30 juli 1922
101 In zijn boek *Het Christelijke opstandingsmysterie en de voorchristelijke mysteriën*, GA 8, Zeist 1985⁴
102 Rudolf Steiner, *Ursprungsimpulse der Geisteswissenschaft*, GA 96, Dornach 1989², voordracht van 1 april 1907
103 Rudolf Steiner, *Mysterienstätten des Mittelalters, Rosenkreuzertum und modernes Einweihungsprinzip – Das Osterfest als ein Stück Mysteriengeschichte der Menschheit*, GA 233a, Dornach 1980⁴, voordracht van 20 april 1924
104 Zie aantekening 100, voordracht van 27 augustus 1922
105 Zie aantekening 100
106 Ook in dit motief van het 'aangezicht' wordt de verbinding met de Geest aangeduid. Michaël, die 'het aangezicht van Christus' genoemd kan worden, is een wezen uit het rijk van de heilige Geest. Het aangezicht vertegenwoordigt als *geheel* het intelligente deel van de mens. – Toch valt niet te ontkennen dat bij Jakob het motief van de Geest nog niet in zijn zuivere vorm verschijnt.
107 Saul is een 'vaderfiguur', ook in zijn uiterlijke grote gestalte. David is daarentegen een jongeling, klein van gestalte. – Zoals bij Jakob het geest-motief, zo is bij Saul, die op latere leeftijd demonische trekken krijgt, het vadermotief vervormd.
108 Vertaling van prof. Obbink, Leiden 1934
109 Vertaling van het Nederlands Bijbelgenootschap, Amsterdam 1951. Dit woord dat Rudolf Steiner aanduidt als het wezenlijke woord bij de doop, is alleen te vinden in een handschrift van het evangelie volgens Lukas. Volgens de huidige opvattingen is het dus onvoldoende bewezen. Toch licht juist hier iets op van de diepere betekenis van de doop. Welke handschriften overgeleverd zijn, was dikwijls ook van het toeval afhankelijk. Ouderdom, aantal en onderlinge overeenstemming van de handschriften is niet als enige bepalend voor de betekenis van een zinswending, ook al zijn er onvoldoende bewijsplaatsen.
110 Zie blz. 60 e.v.
111 Zie aantekening 3
112 Statenvertaling
113 Vertaling van het Nederlands Bijbelgenootschap. Voor een uitvoeriger beschrijving verwijzen we naar: Rudolf Frieling, *Bomen, bronnen en stenen in het leven van Abraham, Isaäk en Jakob*, Rotterdam 1981, met name blz. 23-27
114 Ook de afbeeldingen van 'Maria ten-hemel-opneming' laten God zien in de gestalte van drie even oude, in kleding en uiterlijk eendere mannelijke personen. Deze voorstelling blijft bestaan totdat Benedictus XIV in 1745 door middel van een

'breve' hiervoor waarschuwt.
115 Zie aantekening 108
116 De druïden konden in de schaduw de geestkwaliteit van het licht waarnemen. Terwijl het aardse licht door een enorme steen werd tegengehouden, bij voorbeeld in de zogenaamde hunebedden, kon de geestelijke kwaliteit van het zonlicht dat in staat is door de materie heen te dringen, worden geschouwd. Dergelijke ervaringen liggen wellicht ten grondslag aan het hier genoemde 'overschaduwen'.
117 Hier zijn we enigszins afgeweken van de vertaling van H. Ogilvie (zie aantekening 14). We meenden er goed aan te doen te vertalen: 'doopt hen in de *naam* van...', terwijl Ogilvie heeft vertaald: 'doopt hen in de *kracht* van...'
De echtheid van deze passage is in twijfel getrokken, juist omdat hier uitdrukkelijk sprake is van de trinitarische personen. Daarentegen schrijven Johann Auer en Joseph Ratzinger in hun *Kleine Katholische Dogmatik*, deel II, Gott der Eine und Dreieine, Regensburg 1978, blz. 176 e.v.: 'De beste getuige voor dit triadische godsbegrip is toch wel de 'uitzending van de leerlingen' aan het eind van het evangelie volgens Mattheüs. Deze passage lijkt na de onder de aandacht gebrachte passages uit de brieven van Paulus niet zo nieuw, maar wijst toch reeds verder dan de economische trias-voorstelling. Christus spreekt hier tot zijn leerlingen: 'Daarom gaat en maakt tot leerlingen alle volken, doopt hen in de naam van de Vader en van de Zoon en van de heilige Geest' (Mattheüs 28:19). De doop is wijding aan God, wijding door God. En deze ene God is Vader, Zoon en heilige Geest. (Misschien is de enkelvoudsvorm 'naam' een verwijzing naar de onuitspreekbare naam van Jahwe in het Oude Verbond.) Dat deze passage van de 'uitzending van de leerlingen' in het evangelie volgens Mattheüs echt en oorspronkelijk is, kan vandaag de dag niet meer in twijfel getrokken worden. Ook al kunnen we niet over het hoofd zien dat Paulus zijn theologie van de doop (Romeinen 6:2-12) enkel en alleen bouwt op het Christusgebeuren, op dood en opstanding van Christus. In de Handelingen der apostelen (2:38, 10:48, 19:5) is ook uitsluitend sprake van de 'doop in de naam van Jezus'. De Didache (7:1.3) kent alleen nog de trinitarische doopformule, evenals 50 jaar later Justinus Martyr in zijn eerste Apologie (vers 61). Dat zou erop kunnen wijzen dat tenminste rond het jaar 100 de doopformule uit Mattheüs 28:19 ingang vindt, tenzij men aanneemt dat de formule 'In de naam van Jezus dopen' deze trinitarische formule reeds omvatte.'
118 Een soortgelijk fenomeen treffen we aan bij de totstandkoming van het Nieuwe Testament. Het feit dat na aanvankelijke onzekerheid uiteindelijk déze en geen andere geschriften uit de overvloed van getuigenissen die het duidelijke stempel van echtheid dragen, in het Nieuwe Testament zijn opgenomen, moet op echte kennis en inzicht berusten die als zodanig bij de vorming van de nieuwtestamentische canon helemaal niet meer naar voren komen.
119 Een nauwkeurig overzicht geven onder andere Johann Auer en Joseph Ratzinger, o.c.
120 Geciteerd uit: Gotthold Hasenhüttle, *Einführung in die Gotteslehre*, Darmstadt 1980, blz. 117. Anders, maar nauwelijks overtuigend formuleren Johann Auer en Joseph Ratzinger, o.c. blz. 118: 'Belangrijker dan de ontwikkeling van de triniteitsleer in de scholastieke theologie van onze tijd is het feit dat het tweede

Vaticaans Concilie in bijna al zijn decreten de heilige drievuldigheid als fundament van ons geloof aangeeft en dat het met name het nieuwe beeld van de kerk op dit geloof bouwt, als het uitspreekt: 'Voortkomend uit de liefde van de eeuwige Vader, in de tijd gegrondvest door Christus, de Verlosser, verenigd in de heilige Geest heeft de kerk als doel het heil in de eindtijd dat pas in de toekomstige wereldtijd kan worden verwerkelijkt.' (Vergelijk 'Gaudium et Spes', artikel 40, en 'Lumen Gentium', artikel 2-4) 'Het hoogste voorbeeld en oerbeeld van dit geheim (de eenheid van de kerk) is de eenheid van de ene God, van de Vader en de Zoon in de heilige Geest in de driehaid der personen' (zie 'Unitatis redintegratio', artikel 2). Uitgaande van dit nieuwe beeld van de kerk wordt het gehele leven van de christen vanuit de werkzaamheid van de drieënige God in de mens verduidelijkt. De viering van de heilige eucharistie laat ons door zijn trinitarische structuur (aan de Vader door Christus in de heilige Geest) deelhebben aan de goddelijke natuur (zie 'Unitatis redintegratio', artikel 15). Ook heeft de nieuwe formule van absolutie in het boetesacrament een trinitarische vorm gekregen. Het moet wel als een tegemoetkoming aan de oosterse kerk worden gezien dat algemeen de vorm 'aan de Vader door de Zoon in de heilige Geest' wordt gebruikt, ja dat zelfs wordt gezegd dat 'de Geest door de Zoon van de Vader uitgaat' (zie 'Ad Gentes', artikel 2). Er is wel geen concilie in het tweede millennium van de kerk dat zozeer trinitarisch gesproken heeft als dit laatste concilie van onze kerk. (Vergelijk B. de Margerie SJ, *La Trinité chrétienne dans l'Histoire*, Parijs 1975, met name blz. 303-334; bovendien als nieuwe pogingen: A. Brunner, *Dreifaltigkeit, personaler Zugang zum Geheimnis*, Einsiedeln 1976; K. Hemmerle, *Thesen zu einer trinitarischen Ontologie*, Einsiedeln 1976) Dit moge voor ons aanleiding zijn, dat wat tot nu toe in een historisch proces is gepresenteerd, nu naar zijn innerlijke kant te beschouwen.'
Werkelijk interessante literatuur over dit onderwerp is te vinden bij Jakob Böhme, in het Duitse idealisme en bij C.G. Jung.
121 George Adams, *Grundfragen der Naturwissenschaft. Aufsätze zu einer Wissenschaft des Ätherischen*, Stuttgart 1979
Johannes Hemleben, *Rudolf Steiner*, Rowohlt-Monographien nr. 79
A.P. Shepherd, *Ein Wissenschaftler des Unsichtbaren – Leben und Werk Rudolf Steiners*, Stuttgart 1977
122 Het is belangrijk op te merken dat dergelijke beschrijvingen niet bij de dogmatische traditie aanknopen, maar rechtstreeks uit modern geesteswetenschappelijk onderzoek voortkomen.
123 Zie aantekening 100
124 Zie aantekening 100, voordracht van 27 augustus 1922
125 Uit: Rudolf Steiner, *Die Geschichte der Menschheit und die Weltanschauungen der Kulturvölker*, GA 353, Dornach 1988^2, voordracht van 19 maart 1924
126 Hans Erhard Lauer, 'Das Motiv der Trinität im Lebenswerk Rudolf Steiners', in *Blätter für Anthroposofie und Mitteilungen aus der anthroposofischen Bewegung*, juli 1955
127 Een innerlijk beeld van deze eenheid verkrijgt men, als men in zichzelf een beweeglijke voorstelling schept, waarin de drie elementen uit elkaar voortkomen en zich onderling in elkaar veranderen.

128 Door Rudolf Steiner voor het eerst beschreven in: *Von Seelenrätseln*, GA 21, Dornach 1983[5]; later veelvuldig genoemd en beschreven. Zie ook Walther Bühler, *Het lichaam als instrument van de ziel*, Zeist 1989[2]

129 Zie Rudolf Steiner, *Theosofie. Inleiding tot de bovenzintuiglijke kennis van de wereld en van de bestemming van de mens*, GA 9, Zeist 1985[12]

130 Vrijheid in het geestesleven, gelijkheid in het rechtsleven, broederlijkheid in het economisch leven – zo geordend kunnen de drie grote idealen ook verwezenlijkt worden. Elke andere ordening is onrealistisch.

131 Zie aantekening 36

132 Het antroposofisch mensbeeld vormt de grondslag van de Vrije-Schoolbeweging. De eerste Vrije School werd door Rudolf Steiner in 1919 in Stuttgart gesticht. Tegenwoordig zijn Vrije Scholen over een groot deel van de wereld verbreid.

133 Zie hiervoor onder meer Rudolf Steiner, *Die pädagogische Praxis vom Gesichtspunkte geisteswissenschaftlicher Menschenerkenntnis. Die Erziehung des Kindes und jüngeren Menschen*, GA 306, Dornach 1982[3]

134 Het vaderlijke element werkt echter door tot in het negende/tiende levensjaar.

135 Uit: Rudolf Steiner, *Bausteine zu einer Erkenntnis des Mysteriums von Golgotha. Kosmische und menschliche Metamorphose*, GA 175, Dornach 1982[2], voordracht van 20 februari 1917

136 Zie aantekening 135

137 Zie aantekening 135

138 Nauwkeuriger gezegd: 'sal' werkt in het proces van stollen en vloeibaar worden, dus *tussen* vast en vloeibaar als leidend principe; tussen vloeibaar en luchtvormig respectievelijk tussen luchtelement en vuurelement (warmte) werken de beide andere principes. Zie Rudolf Steiner, *Geisteswissenschaft und Medizin*, GA 312, Dornach 1985[6]

139 Vergelijk het werk van Andreas Suchantke over metamorfosen in het insektenrijk, bij voorbeeld over het 'uitstrekken en samentrekken als polaire gebaren van de vorm bij vlinders en kevers'.

140 Zie de in aantekening 117 gemaakte opmerking met betrekking tot de vertaling.

141 Het sacrament van de doop is uitvoerig beschreven in het boek van Maarten Udo de Haes, *Noem mij bij mijn diepste naam. Doop en geboorte in de Christengemeenschap*, Zeist 1987[2]

142 Het motief van 'door wording opklimmen tot zijn' is door Rudolf Steiner verwoord in de vissenspreuk, één van de twaalf spreuken gewijd aan de tekens van de dierenriem, die onder de titel 'Zwölf Stimmungen' zijn verschenen in: Rudolf Steiner, *Wahrspruchworte*, GA 40, Dornach 1986[6], blz. 51-56 (Nederlandse vertaling in voorbereiding.)